Between Polis and Koinon

A Political History of Ancient Arkadia

在城邦与联邦之间

古代阿卡狄亚的政治史

齐 虹 著

中国社会科学出版社

图书在版编目（CIP）数据

在城邦与联邦之间：古代阿卡狄亚的政治史/齐虹著．—北京：中国社会科学出版社，2023.6
ISBN 978－7－5227－1241－3

Ⅰ.①在…　Ⅱ.①齐…　Ⅲ.①政治制度史—研究—古希腊
Ⅳ.①D754.59

中国国家版本馆 CIP 数据核字（2023）第 021947 号

出 版 人	赵剑英
责任编辑	张　湉
责任校对	姜志菊
责任印制	李寡寡

出　　版	中国社会科学出版社
社　　址	北京鼓楼西大街甲 158 号
邮　　编	100720
网　　址	http://www.csspw.cn
发 行 部	010－84083685
门 市 部	010－84029450
经　　销	新华书店及其他书店

印　　刷	北京明恒达印务有限公司
装　　订	廊坊市广阳区广增装订厂
版　　次	2023 年 6 月第 1 版
印　　次	2023 年 6 月第 1 次印刷

开　　本	710×1000　1/16
印　　张	14.5
插　　页	2
字　　数	205 千字
定　　价	78.00 元

目　录

绪　　论

一　选题的缘起与意义

由于史料和研究习惯的限制，学界对古希腊历史的研究多以雅典、斯巴达为中心。但"希腊历史是多中心的"[①]，若想深化对古希腊历史的认识，必须细致观察雅典、斯巴达以外的希腊其他地区的历史，而研究古希腊历史也必须建立在对古希腊不同地区全面考察的基础上。本书的研究理路便服务于这一更大目标，选择的研究对象是长期以来为人们所忽视的阿卡狄亚地区。

之所以选择阿卡狄亚，主要基于以下几方面考虑。

其一，在古希腊研究领域中，阿卡狄亚长期以来都是不怎么引人关注的"边缘"，但古代作家希罗多德、修昔底德、色诺芬、波利比乌斯等却又都在他们的著作中，或多或少地提到了该地区。[②] 近现代学者在研究古希腊，尤其是公元前4世纪的希腊历史时，也会提及阿

[①]　顾准:《希腊城邦制度》，中国社会科学出版社1982年版，第3—4页。

[②]　Homer, *Iliad* 2.134, 2.605, 2.611; *Homeric Hymns* 4.1, 18.1; Pindar, *Olympian Odes* 6.100, 6.619; Herodotus, *The Persian Wars* 1.146, 2.171.2, 8.26.1, 8.72.2, 9.28.16; Thucydides, *The Peloponnesian War* 1.2.3, 5.29.1, 5.60.3, 7.57–58, 8.18, 8.37, 8.58; Xenophon, *Hellenica* 2.2, 3.5, 4.8, 5.1–5.4, 6.2–6.5, 7.1–7.5; Polybius, *The Histories* 4.8, 4.19, 9.17.6, 12.4.13–14, 16.12, 36.17.

卡狄亚。① 由此可见，阿卡狄亚虽然不是古今历史学家叙述的中心，却是古希腊历史的重要组成部分，故而了解该地区的历史对于全面认知古希腊的历史十分关键。

其二，阿卡狄亚人是古希腊人的一部分，却又不同于希腊人的其他族群。阿卡狄亚人的神话祖先并未被编入希伦家族的谱系，而希伦正是神话中希腊人的名祖。希腊人相信其族称 Hellenes（系复数；单数则为 Hellen）来自于希伦之名 Hellen，而其内部几大族群的族称来自希伦的几位子孙之名，这些族称的获得被解释为由移民和传播所致。与希腊大多数族群的移民起源神话不同，阿卡狄亚人是一支号称"比月亮还古老"② 的土著族群，他们创造了一套土生土长的起源神话和祖先谱系。阿卡狄亚人自成一系的祖先家族，使他们成为希腊人中一个独特的族群。

其三，阿卡狄亚人的内部构成十分复杂。统一的阿卡狄亚族群之下，可以划分为多个次一级族群，如泰盖亚人、曼提内亚人、麦那利亚人等，而这些次一级族群又可以划分为更小的族群，比如麦那利亚人又可以细化为阿塞亚人、欧泰亚人、狄派亚人等。这些不同层级的族群拥有各自独立的认同，同时若干次一级族群又共享更高一级的族群认同，乃至于最后共同拥有统一的阿卡狄亚族群认同。阿卡狄亚族

---

① Carl Roebuck, "The Settlements of Philip II with the Greek States in 338 B. C.", *Classical Philology*, Vol. 43, 1948, pp. 73 – 92; Donald Kagan, "The Economic Origins of the Corinthian War (395 – 387 B. C.)", *La Parola del Passato*, 1961, pp. 321 – 342; T. T. B. Ryder, "Athenian Foreign Policy and the Peace-Conference at Sparta in 371 B. C.", *The Classical Quarterly*, Vol. 13, No. 2, 1963, pp. 237 – 241; Robin Seager, "The king's peace and the balance of power in Greece, 386 – 362 B. C.", *Athenaeum*, Vol. 52, 1974, pp. 36 – 63; James G. DeVoto, "Agesilaos II and the Politics of Sparta, 404 – 377 B. C.", Ph. D. diss., Loyola University of Chicago, 1982; R. Sealey, *A History of the Greek City States* 700 – 338 B. C., London: University of California Press, 1976; Graham Shilpey, *The Greek World After Alexander* 323 – 30 B. C., London and New York: Routledge, 2000; P. J. Rhodes, *A History of the Classical Greek World*, 478 – 323 B. C., Blackwell Publishing, 2006; John Buckler and Hans Beck, *Central Greece and the Politics of Power in the Fourth Century B. C.*, New York: Cambridge University Press, 2008.

② Apollonius Rhodius, *Argonautica* 4. 263 – 265, in Apollonius Rhodius, *Argonautica* (*The Loeb Classical Library*, 以下简称 Loeb), Cambridge, Massachusetts: Harvard University Press, 2008.

群的复杂构成，俨然是古希腊族群构成的缩影，因此，研究阿卡狄亚不仅可以了解阿卡狄亚族群的复杂性，同时还有助于深化对古希腊族群的结构性认识。

其四，阿卡狄亚地区存在多个地区性强邦，它们之间的相互关系对整个阿卡狄亚的地区局势以及政治发展有着重要影响。古典时代，泰盖亚和曼提内亚的相互关系一直影响着阿卡狄亚。这两个城邦的对立不仅使阿卡狄亚地区的东南部陷入了战乱动荡，还为斯巴达控制阿卡狄亚地区提供了可乘之机；而这两个城邦的合作不但促成了阿卡狄亚同盟的建立，还使该同盟发展成为伯罗奔尼撒半岛的一支新兴势力。古希腊最主要的国家关系就是城邦间的关系，因此，研究阿卡狄亚，尤其是其内部主要城邦间的关系，不仅有助于明确地区性强邦在古希腊区域政治中的作用，同时对于了解古希腊城邦间的关系，乃至希腊邦际体系下的国家关系都有重要的参考价值。

其五，阿卡狄亚同盟是全面认知古希腊国家形态的一个重要切入点。城邦一直以来都是古希腊政治文明的重要标志。实际上，除了城邦这类比较常见的国家形态外，古希腊还存在邦联制的同盟国家。公元前4世纪的阿卡狄亚同盟便是由阿卡狄亚的城邦和部落共同构成的一个邦联制国家。阿卡狄亚同盟成立后，不仅在伯罗奔尼撒半岛上发挥了重要作用，对整个希腊局势也产生了重要影响。因此，研究阿卡狄亚地区，尤其是阿卡狄亚同盟，不仅可以对古希腊世界中的同盟国家有一个比较客观的定位，还有助于丰富对古希腊国家形态的认知。

基于以上几点，笔者认为研究阿卡狄亚，尤其是该地区的政治发展与演变，具有重要的学术意义与价值。

为便于读者理解，笔者将对书名中"联邦"与书中"同盟"的使用加以说明。以往学界描述阿凯亚、埃托利亚、阿卡狄亚等地区性国家时，经常使用"同盟"一词。但"同盟"一词的涵义比较宽泛，可以表示古希腊各种类型的地区组织，如伯罗奔尼撒同盟、德尔菲近邻同盟，泛希腊同盟等，无法凸显地区性国家的特性。近年来，随着相关研究的深入，"联邦"一词逐渐流行起来。较之"同盟"，"联邦"一词能够更准确地反映地区性国家的双重政治构架，且更贴合古希腊语境。在古希腊，此类地区性国家通常被称为 koina（sing. koinon），koinon 一词的使用很灵活，可以表示"共同的事物"或"独立的政治共同体"，但作为一种政治组织的名称，通常指联邦国家。因此，笔者认为以"联邦"指代地区性国家更贴切。但是，为避免新旧词语的替换使读者产生不适感，本书沿用了"阿卡狄亚同盟"这一传统名称。

二　研究概况

（一）国外研究概况

古典历史研究萌芽于文艺复兴时期，古典文献的搜集和整理是该时期古典学术方面的最大成就；17、18 世纪，古典文献学及其辅助学科的发展，为 19 世纪的古史研究奠定了基础；19 世纪上半期，古史研究从古典文献学中分离出来，成为一个独立的历史学科；19 世纪后期到 20 世纪前期，古史研究取得了巨大发展，涌现出了一批大师级学者，许多重要著作相继问世；[①] 20 世纪 80 年代以来，古史研究更是达到了空前繁荣，在继续研究传统领域的同时，发现发掘新资料、发现

---

① Theodore Mommsen, *Romische Staatsrecht*, dritte Auflage, Lepzig: Verlag von S. Hirzel, 1887 - 1888; *The History of Rome*, W. P. Dickinson trans., New York: Charles Scriber's and Son, 1895; Numa Denis Fustel de Coulanges, *The Ancient City: A Study on the Religion, Laws, and Institutions of Greece and Rome*, W. Small trans., Boston: Lee and Shepard, 1901; Victor Duruy, *History of Greece and of the Greek People*, M. M. Ripley trans., Boston: Estes and Lauriat, 1892; Ernest Renan, *Etudes d' histoire religieuse*, Paris: M. Levy Frere, 1862; J. B. Bury and S. A. Cook and F. E. Adock eds., *The Cambridge Ancient History*, 12 vols., Cambridge: Cambridge University Press, 1928 - 1934; Gustav Glotz ed., *Histoire Générale*, 10 vols., Paris: Les Presses Universitaires de France, 1923 - 1939; M. I. Rostovtzeff, *Social and Economic History of Roman Empire*, Oxford: The Clarendon Press, 1926; Auguste Jarde, *The Formation of the Greek People*, M. R. Dobie trans., London: Kegan Paul, 1926; M. I. Rostovtzeff, *The Social and Economic History of the Hellenistic World*, Oxford: The Clarendon Press, 1941; H. H. Scullard, *A History of the Roman World*, 753 - 146 *B. C.*, London: Metheun and Co., 1953.

新课题、采用新视角、开拓新领域，成为新时代古史研究的特征。

在古史研究不断发展的过程中，古希腊史研究不断繁荣深化，尤以与雅典、斯巴达相关的成果最为丰富，但古希腊史研究也有一些不足之处，比如很少关注雅典、斯巴达以外的古希腊地区，尤其是阿卡狄亚这类相对落后的地区。这导致关于阿卡狄亚地区的研究及成果相对较少，以下笔者将从考古、宗教、族群、城邦与同盟等几个方面，对阿卡狄亚地区的相关研究成果进行归纳总结。

1. 关于阿卡狄亚地区的考古发现与研究成果

学界对阿卡狄亚地区的关注是从 19 世纪末 20 世纪初才慢慢开始，且主要集中于考古研究领域。W. 德普菲尔德（W. Dörpfeld）、G. 弗热尔（G. Fougères）、盖伊·迪金斯（Guy Dickins）、E. A. 加德纳（E. A. Gardner）、A. 奥兰多（A. Orlandos）等一批考古学者，在阿卡狄亚地区的泰盖亚、曼提内亚、吕科苏拉、麦伽罗波利斯、斯提姆法罗斯等地，对古时的雕像、石碑、神庙、剧院以及城市遗址等进行了考古发掘与研究，取得了不少成果。①

盖伊·迪金斯对吕科苏拉城的戴斯波伊娜神庙内部的雕像进行了细致研究，不仅复原了神庙雕像，还从考古角度证实了公元 2 世纪保

---

① W. Dörpfeld, "Der Tempel der Athena in Teagea", *AM* 8, 1883, pp. 174 – 285; G. Fougères, "Stèle de Mantinée", *BCH* 12, 1888, pp. 376 – 380; E. A. Gardner et al, *Excavations at Megalopolis*, 1890 – 1891, London: Pub. by the Council, 1892; E. A. Gardner, William Loring, G. C. Richards and W. J. Woodhouse, "The Theatre at Megalopolis", *The Journal of Hellenic Studies*, Vol. 11, 1890, pp. 294 – 298; Louis Dyer, E. Sellers, "The Theatre at Megalopolis", *The Classical Review*, Vol. 5, 1891, pp. 238 – 240; G. Mendel, "Fouille de Tégée", *BCH* 25, 1901, pp. 241 – 281; R. Vallois, "Le théatre de Tégée", *BCH* 50, 1926, pp. 135 – 173; C. Dugas, "Le sanctuaire d' Aléa Athéna à Tégée avant le IVᵉ siècle", *BCH* 45, 1921, pp. 335 – 435; K. Kourouniotes, "Ἀνασκαφή Λυκαίου", *Prakt*, 1903, pp. 50 – 52; "Ἀνασκαφή Λυκαίου", *Prakt*, 1904a, pp. 32 – 34; "Ἀνασκαφή Λυκαίου", *ArchEph*, 1904b, pp. 153 – 214; "Ἀνασκαφή Λυκαίου", *Prakt*, 1909, pp. 185 – 200; G. Blum and A. Plassart, "Orchmène d'Arcadie. Fouilles de 1913. Topographie, architecture, menus objets", *BCH* 38, 1914, pp. 71 – 88; W. Lamb, "Arcadian Bronze Statutettes", *BSA* 27, 1925 – 1926, pp. 133 – 148; A. Orlandos, "Ἀνασκαφαὶ ἐν Στυμφάλῳ", *Prakt*, 1922 – 24, pp. 117 – 123; "Ἀνασκαφαὶ ἐν Στυμφάλῳ (1925)", *Prakt*, 1925, pp. 51 – 55; "Ἀνασκαφαὶ ἐν Στυμφάλῳ", *Prakt*, 1926, pp. 131 – 139; "Ἀνασκαφαὶ ἐν Στυμφάλῳ", *Prakt*, 1927, pp. 53 – 56; "Ἀνασκαφαὶ Στυμφάλου", *Prakt*, 1928, pp. 120 – 123; "Ἐργασίαι ἐν Στυμφάλῳ", *Prakt*, 1929, p. 92.

萨尼亚斯（Pausanias）对戴斯波伊娜神庙内部雕像的描述。他指出，神庙内的雕像是由德墨特尔、阿尼托斯、戴斯波伊娜和阿尔特弥斯四个人物形象构成，是公元前 2 世纪雕刻家达摩丰（Damophon）的作品。他还指出，雕像的规模十分宏大，并非在一块大理石上雕刻完成，而是利用各种零部件对已雕刻好各部分的组合，由此认为戴斯波伊娜在阿卡狄亚地区确实享有很高声望。①

J. B. 布里（J. B. Bury）全面考察了麦伽罗波利斯城的遗址，他指出，以海利松（Helisson）河为界，麦伽罗波利斯城被划分为南北两座城市。北部城市与曼提内亚城市一样，是一个独立城市，不受同盟干涉。南部城市则属于阿卡狄亚同盟，同盟最高权力机构"万人大会"（hoi myrioi）的会议大厅、同盟金库及同盟档案存放处均在南部城市，而且同盟执政官（strategos）和其他官员也都居住在南部城市。他还指出，作为南北两城边界的海利松河具有双重作用，既可以防止北部城市与南部城市的权力混淆，又可以作为南部城市的北面防御，以确保南部城市免遭北部城市的侵犯；但是，当麦伽罗波利斯城面对共同敌人时，这条河流不会成为南北两城的障碍，一个城市被包围，另一个城市可以防守。②

20 世纪后期到 21 世纪初，关于阿卡狄亚地区的考古研究有了进一步发展。随着调查考古学（Survey Archaeology）被古典考古学者广泛接受并应用到实际考古活动中，阿卡狄亚地区的考古研究逐渐发展为集考古学、历史学、地质学、植物学等相关知识于一体的综合性研究。该时期，阿卡狄亚地区的考古主要集中在神庙和宗教圣所，例如阿塞亚的阿基奥斯·埃利亚斯（Agios Elias）神庙、吕凯昂山的宙斯

---

① Guy Dickins, "Damophon of Messene", *The Annual of the British School at Athens*, Vol. 12, 1905/1906, pp. 109 – 136; "Damophon of Messene III", *The Annual of the British School at Athens*, Vol. 17, 1910/1911, pp. 80 – 87; Guy Dickins and K. Kourouniotis, "Damophon of Messene：II", *The Annual of the British School at Athens*, Vol. 13, 1907, pp. 357 – 404.

② J. B. Bury, "The Double City of Megalopolis", *JHS* 18, 1898, pp. 15 – 22; E. F. Benson, "The Thersilion at Megalopolis", *The Journal of Hellenic Studies*, Vol. 13, 1892 – 1893, pp. 319 – 327.

圣所等。①

珍妮特·富森（Jeannette Forsén）、比约恩·福森（Björn Forsén）以及埃里克·厄斯特比（Erik Østby）研究了古风时代晚期阿塞亚的阿基奥斯·埃利亚斯神庙，指出该神庙建立于公元前 500 年左右，是阿卡狄亚地区最大的神庙之一；不同于奥尔科麦诺斯地区用木头、陶土及泥砖建成的神庙，阿基奥斯·埃利亚斯神庙在柱座以上的部分，几乎都使用了大理石。他们还指出，阿基奥斯·埃利亚斯神庙一度发展为了地区圣所，享有很高声望。②

大卫·吉尔曼·罗马诺（David Gilman Romano）和玛丽·E. 沃埃吉斯（Mary E. Voyatzis）对吕凯昂山的宙斯圣所进行了多年的调查研究，发表了十分细致的研究报告。在《吕凯昂山发掘和调查项目的第一部分：上圣所》③ 中，他们总结了在吕凯昂山宙斯的上圣所，即土堆祭坛和圣域的考古发现，指出吕凯昂山的土堆祭坛是迈锡尼时期的山顶神殿，从新石器时代晚期一直到古典时代晚期，该祭坛一直都被使用。在《吕凯昂山发掘和调查项目的第二部分：下圣所》④ 中，他

---

① Naomi J. Norman, "The Temple of Athena Alea at Tegea", *American Journal of Archaeology*, Vol. 88, No. 2, 1984, pp. 169 – 194; Gullög C. Nordquist, "A House for Athena Alea? On two Fragments of House Models from the Sanctuary at Tegea", in Erik Østby ed. , *Ancient Arcadia*, *Papers from the Third International Seminar on Ancient Arcadia*, *Held at the Norwegian Institute at Athens*, 7 – 10 *May* 2002, Athens, 2005, pp. 151 – 166; Britt M. Starkovich, Gregory W. L. Hodgins, Mary E. Voyatzis, David Gilman Romano, "Dating Gods: Radiocarbon Dates from the Sanctuary of Zeus on Mt. Lykaion (Arcadia, Greece)", in A. J. T. Jull and C. Hatté eds. , *Proceedings of the 21th International Radiocarbon Conference*, Vol. 55, No. 2 –3, 2013, pp. 501 – 513.

② Jeannette Forsén, Björn Forsén and Erik Østby, "The Sanctuary of Agios Elias: Its Significance, and its Relations to Surrounding Sanctuaries and Settlements", in Thomas Heine Nielsen and James Roy eds. , *Defining Ancient Arkadia*, Copenhagen: Det Kongelige Danske Videnskabernes, 1999, pp. 169 – 191.

③ David Gilman Romano and Mary E. Voyatzis, "Mt. Lykaion Excavation and Survey Project, Part 1: The Upper Sanctuary", *Hesperia*: *The Journal of the American School of Classical Studies at Athens*, 2014, Vol. 83, pp. 569 – 652.

④ David Gilman Romano and Mary E. Voyatzis, "Mt. Lykaion Excavation and Survey Project, Part 2: The Lower Sanctuary", *Hesperia*: *The Journal of the American School of Classical Studies at Athens*, 2015, Vol. 84, pp. 207 – 276.

们对包括柱廊、竞技场、体育场、洗浴设施等在内的下圣所，进行了调查研究，发现在下圣所的遗迹中，时间最久远的可追溯至公元前7世纪，而大规模建筑诞生于公元前425至公元前450年年间以及公元前1世纪；他们还指出，直到拜占庭时期，下圣所中的某些部分仍旧被继续使用。

玛丽·E.沃埃吉斯对阿卡狄亚地区的神庙建筑及其功能进行了概括总结，在《神庙建筑在巩固阿卡狄亚社群中的角色》[①]中，玛丽·E.沃埃吉斯首先回顾了古风和古典时代的阿卡狄亚地区神庙的发展状况，继而探究了阿卡狄亚神庙与其所在社群之间的联系，得出了以下结论：第一，神庙建设活动推动了社群团结与统一，同时也增强了社群间相互区别的独立意识；第二，在阿卡狄亚东部、南部以及东南部，神庙建筑的集中分布主要是因为阿卡狄亚社群对南部强邻斯巴达的回应；第三，神庙不仅具有宗教功能，还能促进地区团结，因为神庙是以有形、不朽形式存在的强大象征，是为所有人观看、敬仰和尊重的。

2. 关于阿卡狄亚地区宗教的研究

阿卡狄亚地区考古研究的主要对象是神庙、祭坛以及祭祀奉献物品等，这在客观上推动了对阿卡狄亚地区宗教的研究。其中，阿卡狄亚神祇崇研究获得了很大发展，出现了不少高质量的论著。

玛丽·E.沃埃吉斯在调查阿卡狄亚地区圣所和神庙的同时，研究了阿卡狄亚地区的宗教崇拜，例如泰盖亚的阿莱亚·雅典娜（Athena Alea）崇拜。在《泰盖亚的阿莱亚·雅典娜崇拜及其变化》[②]中，她把泰盖亚的阿莱亚·雅典娜神庙的发展过程划分为四个阶段，并依次

---

① Mary E. Voyatzis, "The Role of Temple Building in Consolidating Arkadian Communities", in Thomas Heine Nielsen and James Roy eds. , *Defining Ancient Arkadia*, pp. 130 – 168.

② Mary E. Voyatzis, "The Cult of Athena Alea at Tegea and its Transformation over Time", in Michael Wedde ed. , *Celebrations: Selected Papers and Discussions from the Tenth Anniversary Symposium of the Norwegian Institute at Athens*, 12 – 16 May 1999, Bergen: The Norwegian Institute at Athens, 2004, pp. 187 – 202; Mary E. Voyatzis, *The Early Sanctuaries of Athena Alea at Tegea and Other Archaic Sanctuaries in Arcadia*, Göteborg Sweden: P. Aströms, 1990.

对各阶段的阿莱亚·雅典娜宗教崇拜进行了分析，总结出，神庙选址会随时间不断发生变化，宗教崇拜在不同时期的表达方式也不同，这些不同的表达方式反映了不同时代的习俗与各地偏好，她还指出，在变化中也包含了一些共同发展模式，比如希腊大多数神庙都经历了从崇拜广泛神的朴实神殿到崇拜具体神祇的恢宏圣所的发展过程。

奥尔加·佐罗尼科瓦（Olga Zolotnikova）在《宙斯·吕凯奥斯崇拜》①中，探讨了宙斯·吕凯奥斯（Zeus Lykaios）崇拜，指出阿卡狄亚地区的宙斯·吕凯奥斯崇拜主要是在吕凯昂山，而宙斯·吕凯奥斯崇拜最初源自对某个原始印欧神的崇拜，Lykaios 这一称号源自原始印欧语中的 l（e）ukh-（"闪亮"）。他还指出，吕凯昂山流行的关于人变成狼的传说，很可能与宙斯·吕凯奥斯的祭祀以及某个崇拜狼神的阿卡狄亚群体有关。

阿卡狄亚地区的潘神崇拜也获得了不少关注。菲利普·博尔诺（Phillip Borgeaud）出版了《古代希腊的潘神崇拜》②，在广泛利用文献、历史以及考古证据的基础上，探讨了古典时代潘神外形的演化与改变，分析了潘神的阿卡狄亚起源，并将公元前5世纪潘神崇拜在雅典的流行归因于潘神是城镇与乡村的中介。在这部书中，菲利普·博尔诺还探讨了潘神传说、潘神特性以及为纪念潘神举行的节庆活动等内容。

除了对某个地区或某个神祇的个案研究外，也出现了关于阿卡狄亚地区神庙和宗教崇拜的总结性著作，例如玛德琳·乔斯特（Madeleine Jost）的《阿卡狄亚的神庙与宗教崇拜》③。在这部著作中，玛德

---

① Olga Zolotnikova, "The Cult Zeus Lykaios", in Erik Østby ed., *Ancient Arcadia*, *Papers from the Third International Seminar on Ancient Arcadia*, *Held at the Norwegian Institute at Athens*, 7 – 10 *May* 2002, Athens, 2005, pp. 105 – 119.

② Phillip Borgeaud, *The Cult of Pan in Ancient Greece*, K. Atlass and J. Redfield trans., University of Chicago Press, 1988.

③ Madeleine Jost, *Sanctuaires et Cultes d'Arcadie* (École française d'Athènes: Études péloponnésiennes 9), Paris: Librairie Philosophique J. Vrin, 1985.

琳·乔斯特在仔细甄选有用材料和细致考察现代理论的基础上，提出了许多关于阿卡狄亚宗教活动的令人信服且有趣的见解，并对整个阿卡狄亚地区的神庙以及宗教崇拜进行了总结。为了调查宗教崇拜之间所有可能的关联，玛德琳·乔斯特将这部著作分为两个部分。在第一部分，玛德琳·乔斯特从地形序列上考究了宗教崇拜和神庙的相关证据，依次考察了阿卡狄亚地区的主要城邦，对每个城邦中有关神庙以及官方崇拜的文献、铭文以及钱币证据进行评估，继而与考古挖掘和勘探进行比较；她还对麦伽罗波利斯建成之前的许多较小社会如帕拉西亚、麦那利亚分别进行了讨论。在第二部分，玛德琳·乔斯特依次考察了阿卡狄亚地区的神灵，列出了一份关于所有经常被崇拜的神灵的崇拜地点清单以及相关证据所指向的年代；之后，又依次考察了神灵的每一个崇拜，确定了每个神灵的特性与功能。在整部著作中，玛德琳·乔斯特一直保持客观严谨的学术态度，既没有构建任何关于阿卡狄亚宗教信仰的通用体系，也没有给不同崇拜中的单个神灵强加一种统一模式。《阿卡狄亚的神庙与宗教崇拜》是一部优秀的学术著作，不仅对研究古代阿卡狄亚地区的宗教与历史具有重要价值，同时对希腊宗教研究也具有重要意义。

玛德琳·乔斯特还研究了阿卡狄亚地区的神秘宗教。在《阿卡狄亚的神秘宗教》[①] 中，她指出，和希腊的其他地区一样，阿卡狄亚神秘宗教崇拜的主要对象是母女神——德墨特尔和科莱（Kore）；在阿卡狄亚的不同地区，这对母女神有着不同的名称，在麦伽罗波利斯城她们被称为"大女神"（hai Megalai theai），在吕科苏拉城则被称为德墨特尔和戴斯波伊娜。通过对比厄琉西斯秘仪和阿卡狄亚的德墨特尔和科莱崇拜，玛德琳·乔斯特指出，阿卡狄亚的神秘宗教虽然受到了厄琉西斯秘仪的影响，但其核心却是原始土著的。

---

① Madeleine Jost, "Mystery Cults in Arcadia", in Michael B. Cosmopoulos ed., *Greek Mysteries: The Archaeology and Ritual of Ancient Greek Secret Cult*, London and New York: Routledge, 2003, pp. 157 – 164.

3. 关于阿卡狄亚族群的研究

相比阿卡狄亚地区宗教的研究，关于阿卡狄亚族群的研究要少得多，主要学术成果出自托马斯·海涅·尼尔森（Thomas Heine Nielsen）。在《阿卡狄亚：城市族名与部落主义》①中，托马斯·海涅·尼尔森分别探讨了阿卡狄亚地区的城市族名与部落主义，他指出，城市族名的出现是城市"城邦化"的一个好迹象，是判定城市城邦化的一个重要依据，总结了从古风时代到希腊化时代阿卡狄亚地区城市族名的使用情况；之后，他对阿卡狄亚部落内部的社群进行了考察，发现部落中有很大一部分是城邦而非村社，他还指出，阿卡狄亚地区的主要城邦没有一个是属于部落的。

托马斯·海涅·尼尔森也对在公元前 4 世纪加入阿卡狄亚族群的特利菲利亚人进行了考察研究，发表了《特利菲利亚：族群构建与政治组织的尝试》②。他指出，特利菲利亚作为一个政治、族群及地理概念，建构于公元前 4 世纪上半期。特利菲利亚在公元前 5 世纪尚不存在，公元前 4 世纪时特利菲利亚人才创造了自己的族群认同，拥有了邦联特征的政治组织。他还指出，公元前 4 世纪 60 年代，特利菲利亚加入阿卡狄亚同盟，特利菲利亚人成为阿卡狄亚族群的一部分，标志着特利菲利亚创建族群认同与政治组织的尝试的结束。

托马斯·海涅·尼尔森还研究了整个阿卡狄亚族群，在《阿卡狄亚概念：民族、土地和组织》③中，他借用安东尼·D. 斯密斯（Anthony D. Smith）提出的定义前现代化时期族群的六大"维度"④，从共

---

①　Thomas Heine Nielsen, "Arkadia: City-Ethnics and Tribalism", in Mogens Herman Hansen ed., *Introduction to an Inventory of Poleis*, Copenhagen: Det Kongelige Danske Videnskabernes, 1996, pp. 117 – 163.

②　Thomas Heine Nielsen, "Triphylia: An Experiment in Ethnic Construction and Political Organization", in Thomas Heine Nielsen ed., *Yet More Studies in the Ancient Greek Polis*, Stuttgart: Franz Steiner, 1997, pp. 129 – 162.

③　Thomas Heine Nielsen, "The Concept of Arkadia—The People, Their Land, and Their Organization", in Thomas Heine Nielsen and James Roy eds., *Defining Ancient Arkadia*, pp. 16 – 79.

④　Anthony D. Smith, *The Ethnic Origins of Nations*, Basil Blackwell, 1988, pp. 22 – 31.

同的名称、共同的血缘神话、共同的历史、共同的文化、与特定领土的联系以及团结意识六个方面，详细探究了阿卡狄亚族群。他指出，阿卡狄亚人是一个能够吸纳新群体、具有扩张性的独特族群，而不是一个封闭的单元，而且阿卡狄亚族群也可以划分为许多次一级族群，每个次一级族群都以自己的方式呈现着它们的特征。他还指出，阿卡狄亚族群认同的政治化尝试主要是为了应对斯巴达，但这种尝试会受到地区性强邦的阻碍，因此，即便整个阿卡狄亚地区一致反斯巴达，并实现了阿卡狄亚族群认同的政治化，这种政治化的阿卡狄亚族群认同也会随斯巴达威胁的减弱而消散。

M. 普雷策勒（M. Pretzler）从神话和历史两个方面，考察了泰盖亚的地区传统与社群认同，发表了《泰盖亚的神话和历史：地区传统和社群认同》①。他指出，地区传统与社群认同的关系十分密切，传统可以成为社群向外界呈现自我的一种手段，也可以影响社群成员的自我呈现，某些传统的流行与持续取决于它们在变化的历史环境中反映社群认同的相关方面的潜力，泰盖亚的传统反映了希腊城邦国家中传统与社群认同之间的这种复杂关系。

4. 关于阿卡狄亚城邦与同盟的研究

关于阿卡狄亚城邦的研究，首先要提到的是托马斯·海涅·尼尔森，他发表的《关于古典时期阿卡狄亚依附性城邦的调查》②，对阿卡狄亚地区不同类型的依附性城邦进行了细致研究，依次分析了位于大城邦领土范围内的小城邦、边区城邦（Perioikoi，意为"居住于周边的人"）、通过霸权同盟及类似组织依附于大城邦的城邦、阿卡狄亚同盟内部的城邦和部落及部落国家中的城邦，指出古典时代阿卡狄亚地区的很多城邦具有依附性，强调应该区别看待这些依附性城邦与独立

① M. Pretzler, "Myth and History at Tegea: Local Traditional and Community Identity", in Thomas Heine Nielsen and James Roy eds., *Defining Ancient Arkadia*, pp. 89 – 192.

② Thomas Heine Nielsen, "A Survey of Dependent Poleis in Classical Arcadia", in M. H. Hansen, K. Raaflaub eds, *More Studies in the Ancient Greek Polis* (Historia Einz. 108), Stuttgart: Franz Steiner, 1996, pp. 63 – 105.

城邦。

托马斯·海涅·尼尔森还与摩根斯·赫尔曼·汉森（Mogens Herman Hansen）共同编辑完成了《古风与古典时代希腊城邦名录》①。该书整理了 1500 多个希腊城邦，阿卡狄亚地区的城邦也被收录其中。这部书将所有城邦按照名称排列，并对每个城邦的历史都进行了简要介绍，对于研究古希腊城邦，尤其是资料缺乏的阿卡狄亚地区的城邦，具有重要的参考价值。

在关于阿卡狄亚同盟的研究中，J. A. O. 拉尔森（J. A. O. Larsen）占有重要地位，他的《希腊联邦国家》②，对古希腊历史上曾经存在过的大大小小的同盟，尤其是同盟政府进行了细致深入的研究。在书中，拉尔森不仅分析了联邦国家组建的意图，还阐述了古希腊联邦主义的兴衰。该著作的第二部分包含了对阿卡狄亚同盟的讨论，在概述阿卡狄亚地区的地理环境以及同盟成立前的历史后，拉尔森叙述了阿卡狄亚同盟的历史，尤其介绍了同盟机构及其运作。拉尔森指出，不同于松散的军事同盟组织，同盟国家拥有政治、经济、军事、司法等多种职能，在古希腊历史发展中发挥着重要作用。《希腊联邦国家》为了解古希腊国家提供了一个全新视角，是研究古典城邦的必备参考。

克里斯蒂安·卡勒曼（Christian Callmer）研究了阿卡狄亚同盟成立前的历史，发表了《阿卡狄亚同盟成立前的阿卡狄亚历史》③。该文共包含四章内容，第一章描述了阿卡狄亚各地的地形，第二章探讨了自新石器时代以来阿卡狄亚人的经历以及阿卡狄亚与塞浦路斯之间的联系，第三章讲述了公元前 7、前 6 世纪斯巴达与阿卡狄亚的关系以及斯巴达对伯罗奔尼撒半岛的主导，第四章讲述了自希波战争至伯罗奔尼撒战争后阿卡狄亚地区的历史，尤其介绍了泰盖亚和曼提内亚这

---

① Mogens Herman Hansen, Thomas Heine Nielsen eds., *An Inventory of Archaic and Classical Poleis*, Oxford: Oxford University Press, 2004.

② J. A. O. Larsen, *Greek Federal States*, Oxford: Clarendon Press, 1968.

③ Christian Callmer, "Studien zur Geschichte Arkadiens bis zur Gründung des Arkadischen Bundes", Ph. D. diss., Lund: Gleerupska universitetsbokhandeln, 1943.

两个城邦的活动。克里斯蒂安·卡勒曼的这篇论文为了解同盟成立前的阿卡狄亚历史提供了参考，由于它仅讲到曼提内亚城邦被斯巴达肢解，没有讲述琉克特拉战役及其影响，因此，对阿卡狄亚同盟成立前的历史介绍并不是很充分。

卡伦·R. 胡弗（Karen R. Hoover）研究了公元前4世纪阿卡狄亚同盟的历史，发表了《麦伽罗波利斯和阿卡狄亚同盟的政治史（公元前370至公元前361年)》[①]，论述了同盟自成立至最终分裂瓦解的全过程，尤其介绍了阿卡狄亚同盟机构以及同盟首府麦伽罗波利斯。该文对阿卡狄亚同盟的历史进行了全面介绍，是一本不可多得的以阿卡狄亚同盟为研究对象的论文。

此外，关于阿卡狄亚城邦与同盟的研究性论著还包括斯蒂芬·霍金森（Stephen Hodkinson）和罗杰·布鲁克（Roger Brock）编著的《雅典以外的选择：古希腊政治组织与社群的多样性》，凯瑟琳·摩根（Catherine Morgen）的《城邦以外的早期希腊国家》以及 S. 杜沙尼克（S. Dušanić）的《公元前4世纪的阿卡狄亚同盟》。[②]

5. 有关阿卡狄亚的其他研究

阿卡狄亚钱币研究引起了不少学者的关注，同时也引发了学界争议，争议的焦点集中在公元前5世纪的阿卡狄亚钱币的性质问题上。R. T. 威廉姆（R. T. Williams）、G. K. 詹金森（G. K. Jenkins）等学者认为，公元前5世纪的阿卡狄亚钱币由阿卡狄亚同盟发行，是具有政治意义的钱币。对此，R. T. 威廉姆斯发表了《公元前5世纪的阿卡狄亚同盟钱币》[③]。还有一部分学者认为，公元前5世纪的阿卡狄亚钱币

---

① Karen R. Hoover, "A Political History of Megalopolis and the Arcadian Federation, 370–361 B. C. ", M. A. thesis. , Duquesne University, 1990.

② Roger Brock and Stephen Hodkinson eds. , *Alternatives to Athens: Varieties of Political Organization and Community in Ancient Greece*, Oxford: Oxford University Press, 2002; Catherine Morgen, *Early Greek States Beyond the Polis*, New York: Routledge (Taylor & Francis Group), 2003; S. Dušanić, *The Arcadian League of the Fourth Century*, Belgrade, 1970.

③ R. Williams, *The Confederate Coinage of the Arcadians in the Fifth Century*, New York: ANS, 1965.

并不具有政治含义。巴克利·文森特·黑德（Barclay Vincent Head）指出，公元前 5 世纪的阿卡狄亚货币可能是宗教性质的。① 托马斯·海涅·尼尔森发表的《阿卡狄亚同盟存在于公元前 5 世纪?》② 指出，公元前 5 世纪并不存在阿卡狄亚同盟，因而公元前 5 世纪的钱币并非同盟发行的钱币。

亚尼斯·A. 比库拉斯（Yanis A. Pikoulas）研究了阿卡狄亚地区的道路网，发表了《阿卡狄亚的道路网》③，对阿卡狄亚东部、中部以及西部地区主要城邦的古代道路进行了考察和总结，重新建构了阿卡狄亚地区的古代路网，他认为，阿卡狄亚的路网是一个分布密集且系统化的道路体系，并且是伯罗奔尼撒半岛道路网的重要构成。他还指出，道路网与定居点有着直接联系，可以帮助确定那些存有争议的定居点的位置。不仅如此，他还认为利用路网还可以解释和了解历史事件。

詹姆斯·罗伊（James Roy）研究了阿卡狄亚地区的经济，他的《阿卡狄亚的经济》④，全面介绍了阿卡狄亚地区的各类经济活动，比如农业种植、畜牧养殖、贸易活动以及雇佣军服务等。他指出，虽然阿卡狄亚地区存在许多相互独立的社群，但这些社群在经济活动方面仅有细微差别，所有阿卡狄亚社群在不同程度上似乎都从事着同一种经济活动，尤其是农业和动物饲养。他还指出，阿卡狄亚各社群从事相同的经济活动，但各社群政治实力的不同，导致一些社群在从事经济活动时更具活力。

---

① Barclay Vincent Head, *Historia Numorum*: *A Manual of Numismatics*, Oxford University Press, 1911.

② Thomas Heine Nielsen, "Was There an Arkadian Confederacy in the Fifth Century B. C. ?" in M. H. Hansen and K. Raaflaub eds. , *More Studies in the Ancient Greek Polis*, Stuttgart: Franz Steiner, 1996, pp. 39 –61.

③ Y. Pikoulas, "The Road – Network of Arkadia", in Thomas Heine Nielsen and James Roy eds. , *Defining Ancient Arkadia*, pp. 248 –319.

④ James Roy, "The Economies of Arcadia", in Thomas Heine Nielsen and James Roy eds. , *Defining Ancient Arkadia*, pp. 320 –381.

（二）国内研究概况

由于有关阿卡狄亚地区的史料比较缺乏，相关记载又较为零散，导致研究阿卡狄亚面临的困难比较大，加之传统研究习惯的影响，国内学者很少会关注到阿卡狄亚地区。但国内学者在古希腊族群、城邦以及同盟等方面的研究，为笔者研究阿卡狄亚，尤其是该地区政治提供了许多有益借鉴和参考。

徐晓旭关于古希腊族群以及族群认同的研究，^① 对笔者理解阿卡狄亚族群以及族群认同具有重要的指导意义。徐晓旭在《古希腊人的"民族"概念》中，分析了古希腊人独特的"民族"概念，指出古希腊人对"民族"及其相关族群属性有着不同的理解，但判定"民族"的标准是稳定的，即血缘、语言、宗教、生活方式等。徐晓旭还考察了古希腊民族认同中的个别主义和泛希腊主义，在分析相关代表性理论的基础上，重新界定了个别主义和泛希腊主义，分析了存在于个别主义与泛希腊主义之间的张力以及这种张力在古希腊民族认同中发挥的作用，指出希腊人正是在这种张力中，构建了自己的民族认同。徐晓旭对古希腊民族认同中的个别主义和泛希腊主义的探讨，对笔者思考和分析阿卡狄亚地区不同范围的族群以及族群认同有重要启发。

在《泛希腊崇拜与古代希腊民族认同》^② 中，蔡丽娟和徐晓旭从宗教认同的角度，探究了泛希腊崇拜体制的形成与运作，分析了该体制在古希腊民族认同机制中发挥的作用。该文对宗教崇拜与族群认同关系的分析，对研究阿卡狄亚宗教崇拜和阿卡狄亚族群认同的相互关系具有重要价值。在《古代希腊的城邦与宗教——以雅典为个案的探讨》^③

---

① 徐晓旭：《古希腊人的"民族"概念》，《世界民族》2004 年第 2 期；《古代希腊民族认同中的个别主义与泛希腊主义》，《华中师范大学学报》2008 年第 4 期；《文化选择与希腊化时代的族群认同》，《中国社会科学》2015 年第 3 期；《古代希腊人族群认同的形成》，《外国问题研究》2017 年第 1 期；《古代希腊人的族群话语》，《古代文明》2017 年第 2 期。

② 蔡丽娟、徐晓旭：《泛希腊崇拜与古代希腊民族认同》，《史林》2013 年第 6 期。

③ 黄洋：《古代希腊的城邦与宗教——以雅典为个案的探讨》，《北京大学学报》2010 年第 6 期。

中，黄洋以雅典为例，探究了城邦与宗教崇拜之间的相互关系，指出宗教崇拜为城邦提供了基础，对城邦政治共同体意识的塑造以及城邦的社会与结构的形成发挥了重要作用，反之，城邦引导并管理宗教崇拜，又是宗教崇拜的基础。该文对于探究阿卡狄亚地区的宗教与政治的关联具有重要借鉴意义。黄洋关于古希腊城邦的研究，[①] 对于理解阿卡狄亚城邦的形成和发展亦有重要参考价值。

此外，胡琳、杨婵对古希腊同盟国家的研究，[②] 对探究阿卡狄亚同盟具有重要意义。孙晶晶从宏观角度探讨了古希腊城邦的社会与文化，并对古希腊的城邦同盟进行了分类总结，[③] 她还注意到了阿卡狄亚同盟，在《古希腊城邦同盟的类型》[④] 中，依据不同的标准把古希腊城邦同盟划分为不同的类型，将阿卡狄亚同盟划归到邦联国家一类。

由于国内对阿卡狄亚地区的相关研究较少，系统性的研究更是鲜见。因此，本书关于阿卡狄亚地区政治的研究，对观察古希腊地区政治发展具有一定的学术价值和意义。

三 研究思路与方法

研究思路：本书主要考察阿卡狄亚地区的政治发展，尤其是从古风时代到希腊化时代，阿卡狄亚地区从分裂到统一，再从统一到分裂的变化轨迹，探究引起这种变化的内外原因以及变化带来的影响。

研究方法：本书运用历史学研究的基本方法，在搜集和整理古代文献、考古资料等一手材料的基础上，借鉴参考国内外学者的相关研究成果，尽可能地梳理阿卡狄亚地区政治发展的脉络。同时，本书还运用历史唯物论和唯物辩证法，分析了阿卡狄亚地区分裂—统一—分

---

① 黄洋：《迈锡尼文明、"黑暗时代"与希腊城邦的兴起》，《世界历史》2010 年第 3 期。
② 胡琳：《埃托利亚同盟的早期发展》，硕士学位论文，华中师范大学，2012 年；杨婵：《希腊化时代的阿卡亚同盟研究》，硕士学位论文，山西师范大学，2014 年。
③ 孙晶晶：《古希腊的社会文化与城邦同盟》，上海三联书店出版社 2011 年版。
④ 孙晶晶、李慎令：《古希腊城邦同盟的类型》，《前沿》2010 年第 7 期。

裂变化的历史原因。

四　重难点与创新

　　本书的重点在于完整叙述阿卡狄亚地区的政治发展史，阐述阿卡狄亚地区自古风时代至希腊化时代历经的分裂—统一—分裂的演变过程，剖析在不同阶段引起阿卡狄亚地区分裂或统一的内外因素。本书的难点有两个，其一，在原始资料相对有限，文献记载零散的情况下，如何整理出一条阿卡狄亚地区政治发展的清晰完整脉络；其二，阿卡狄亚是古希腊的一部分，研究阿卡狄亚地区的政治发展过程不能将视角局限于阿卡狄亚本土，如何在希腊世界的大背景下关注阿卡狄亚地区的政治发展是本书的又一难点。

　　本书的创新之处有两点。其一，研究对象比较新。如上文所说，阿卡狄亚地区虽然得到了越来越多国外学者的关注，但很少有国内学者注意到该地区，因此，本书研究具有一定的开创性。其二，研究内容比较全面。除了对阿卡狄亚地区政治发展过程的梳理，本书还介绍了阿卡狄亚地区的自然地理、方言、族群、宗教等内容，对全面认知阿卡狄亚及其历史具有重要意义。

第一章　古代阿卡狄亚的自然地理与社会文化

古罗马诗人维吉尔（Virgil）在其早期作品《牧歌》中，描绘了阿卡狄亚（Arkadia）牧羊人的闲适生活，并多次强调"阿卡狄亚人最善歌吟"①，让世人以为阿卡狄亚是一个田园牧歌的国度。文艺复兴时期，雅各布·桑纳扎罗（Jacopo Sannazaro）等一批人文主义者以《牧歌》为模板，进一步深化了"阿卡狄亚"与"田园牧歌"的联系，确立了现代"田园牧歌主义"（Arcanism），②"阿卡狄亚"也从一个地理名词演变为一个文化概念，即以田园牧歌生活为特征的世外桃源。《牧歌》中对"阿卡狄亚"的描绘仅是一个侧面，而非阿卡狄亚地区的全貌。本书的第一章将从自然、人文角度系统介绍阿卡狄亚，以期对阿卡狄亚地区政治演变的社会文化背景有一个总体的认知和把握。

第一节　自然地理与经济活动

古代阿卡狄亚位于伯罗奔尼撒半岛中部，被半岛上其他地区所包围，是一个闭塞的多山地区。北面，阿卡狄亚与阿凯亚（Achaia）相邻，以埃吕曼托斯（Erymanthos）山、阿罗尼亚（Aronia）山以及库

---

① Virgil, *Eclogues* X. 31 – 43, in G. P. Goold Rev. ed., *Virgil I*: *Eclogues*, *Georgics*, *Aeneid Books I – VI* (Loeb), Cambridge, Massachusetts: Harvard University Press, 1999.

② Richard Jenkyns, "Virgil and Arcadia", *The Journal of Roman Studies*, Vol. 79, 1989, p. 26.

莱奈（Kyllene）山的山脊高地作为两地边界，其中，阿罗尼亚山的大部分位于阿卡狄亚境内。东面，阿卡狄亚与科林提亚（Korinthia）、阿尔戈利斯（Argolis）毗邻，自奥利古尔托斯（Oligyrtos）山至帕泰尼昂（Parthenion）山南部是阿卡狄亚的东部边界。南面，在帕农（Parnon）山至陶盖托斯（Taugetos）山北部山麓之间的区域内，阿卡狄亚与拉科尼亚（Lakonia，又称 Lakedaimonia，"拉凯戴蒙尼亚"）接壤；在陶盖托斯山北部山麓至诺米亚（Nomia）山的区域内，阿卡狄亚与美塞尼亚（Messenia）相接。西面，阿卡狄亚和埃利斯（Elis）以埃莱奥斯（Elaeos）山和埃吕曼托斯河谷为界。阿卡狄亚是一个没有海岸线的内陆地区，直到公元前 4 世纪特利菲利亚（Triphylia）加入阿卡狄亚同盟，阿卡狄亚才在伯罗奔尼撒半岛的西海岸拥有了一段海岸。

阿卡狄亚地区内部山脉纵横，东部分布有库莱奈山、奥利古尔托斯山、斯克拉多斯（Sklathos）山、阿莱西奥斯（Alesios）山、麦那隆（Mainalon）山、帕泰尼昂山、帕农山等，以这些山脉为界，阿卡狄亚地区东部自北向南可以划分为若干区域，它们依次是斯提姆法罗斯（Stymphalos）、阿莱亚（Alea）、奥尔科麦诺斯（Orchomenos）、曼提内亚（Mantineia）、泰盖亚（Tegea）。阿卡狄亚地区中部，分布有阿罗尼亚山、奥吕克西斯（Oryxis）山、麦那隆山等，这些山脉与阿卡狄亚地区的两条主要河流——阿尔菲奥斯（Alpheios）河及其支流拉顿（Ladon）河，把中部地区从北至南地划分为了卡菲亚（Kaphyai）、库奈塔（Kynaitha）、菲奈奥斯（Pheneos）、克雷托尔（Kleitor）以及麦伽罗波利斯（Megalopolis）。阿卡狄亚地区西部，分布有埃吕曼托斯山、阿弗罗狄西翁（Aphrodision）山、吕凯昂山、诺米亚山等，这些山脉与埃吕曼托斯河、拉顿河、阿尔菲奥斯河构成了普索菲斯（Psophis）、泰尔普萨（Thelpousa）、赫莱亚（Heraia）、阿利菲拉（Alipheira）以及菲伽雷亚（Phigaleia）之间的天然边界。

阿卡狄亚的大部分地区是山地，但在这些交织分布的山脉间还存在着盆地。阿卡狄亚城邦卡菲亚、泰盖亚、曼提内亚、奥尔科麦诺斯以及麦伽罗波利斯均位于盆地内。其中，曼提内亚所在盆地拥有阿卡狄亚东部面积最大的平原——曼提内亚平原，该平原与北面的卡菲亚平原、奥尔科麦诺斯平原以及南面的泰盖亚平原，一同被称作阿卡狄亚东部平原。实际上，所谓的东部平原并非一个完整大平原，而是由若干分布于盆地内的小平原构成。麦伽罗波利斯所在的麦伽罗波利斯盆地，拥有阿卡狄亚地区南部面积最大的平原。阿卡狄亚内部的这些盆地，不仅是阿卡狄亚人的定居点，还是阿卡狄亚地区重要的农业中心。

阿卡狄亚地区高山连绵，整个地区的海拔普遍较高。北部的库莱奈山、阿罗尼亚山以及埃吕曼托斯山的海拔高度均在 2200 米以上，中部的麦那隆山和帕农山的海拔高度也均在 1900 米以上，即便是山谷底部，海拔也在 400 米以上，这导致阿卡狄亚地区的气温低于周围沿海地区，而且，一旦进入冬季，阿卡狄亚将会面临更加严重的低温天气。阿卡狄亚属于地中海气候，但由于该地区的海拔较高，原本温和多雨的冬季气候，在这里变成了寒冷多雨雪的严酷低温气候。每年的 11 月到次年的 4 月，阿卡狄亚地区都会迎来低温、降雪和霜冻，而且海拔越高，低温危险越大，这使得居住在阿卡狄亚，尤其是高海拔地区的居民，面临严峻的气候考验。不仅如此，冬季带来的大量降水也给阿卡狄亚人的生产和生活带来了不便。充沛的雨水为阿卡狄亚地区农作物的生长提供了水源，但由于阿卡狄亚地区多山且较为封闭，又缺少足够的地表排水口，使得冬雨带来的多余水源无法及时排泄，导致海拔较低地区，如盆地，经常会面临洪灾。曼提内亚平原和泰盖亚平原就经常因为水源过多无法排泄而遭受洪灾，菲奈奥斯、奥尔科麦诺斯、斯提姆法罗斯等地，也面临着类似的洪水危害。[①] 由此可见，地中海

---

　　① Thucydides, *History of The Peloponnesian War* 5. 65. 4, in *Thucydides III：Books Ⅴ - Ⅵ* (Loeb), Cambridge, Massachusetts：Harvard University Press, 1921；Pausanias, *Description of Greece* 8. 13. 4, 8. 14. 1 - 3, in Pausanias, *Description of Greece：Books Ⅵ - Ⅷ.* 21 (Loeb), Cambridge, Massachusetts：Harvard University Press, 1933；Pausanias, *Description of Greece* 8. 22. 3, 8. 23. 2, in Pausanias, *Description of Greece：Book Ⅷ.* 22 - Ⅹ (Loeb), Cambridge, Massachusetts：Harvard University Press, 1935.

气候对整个阿卡狄亚地区的居民而言，既是优势，也是挑战。

多山少耕地的地理条件限制了阿卡狄亚地区的农业生产，但却有利于地区畜牧业的发展。许多古代文献均提及阿卡狄亚地区畜牧业繁荣。《荷马颂歌》描述阿卡狄亚时写道，"阿卡狄亚畜群繁盛"（Ἀρκαδίης πολυμήου）、"阿卡狄亚是很多泉水和畜群的故乡"（Ἀρκαδίην πολυπίδακα, μητέρα μήλων）。① 荷马史诗《伊利亚特》和品达的《奥林匹亚颂歌》，也均有对阿卡狄亚"牛羊成群"的描述。②

阿卡狄亚地区的牲畜种类较多，除山羊、绵羊外，还包括了猪、马、驴、鹿、野兔、公牛等。③ 这些牲畜在用途上，可以划分为以下几类，其一，专门用于献祭，且在固定土地放牧的神圣畜群；④ 其二，用于农耕的耕畜；⑤ 其三，用于生产副产品的牲畜，如山羊和绵羊生产羊奶，山羊皮用于制作皮革，绵羊毛用于制作衣物。⑥ 阿卡狄亚地区的牲畜饲养还可以分为大规模季节性迁徙放牧和各家庭内部的小规模圈养。其中，大规模放牧的地点主要是在低洼沼泽和潮湿草地，尤其是阿卡狄亚东部的封闭盆地，放牧时间一般选在夏季和秋季，因为

---

① *Homeric Hymns* 4. 1, 18. 1, 19. 30, in Martin L. Weat ed. , *Homeric hymns*, *Homeric apocrypha*, *lives of Homer* (Loeb), Cambridge, Massachusetts: Harvard University Press, 2003.

② Homer, *Iliad* 2. 605, in *Iliad I*: *Books I – XII* (Loeb), Cambridge, Massachusetts: Harvard University Press, 1999; Pindar, *Olympian Odes* 6. 100, 6. 169, in *Pindar I*: *Olympian Odes*, *Pythian Odes* (Loeb), Cambridge, Massachusetts: Harvard University Press, 1997.

③ Strabo, *Geographica* 8. 8. 1, in Strabo, *Geography*: *Books 8 – 9* (Loeb), Cambridge, Massachusetts: Harvard University Press, 1927; Pausanias, *Description of Greece* 5. 27. 8, in Pausanias, *Description of Greece*: *Book III – V* (Loeb), Cambridge, Massachusetts: Harvard University Press, 1926; Pausanias, *Description of Greece* 8. 19. 2; Polybius, *The Histories* 9. 17. 6, 12. 4. 13 – 14, in *Polybius IV*: *Books 9 – 15* (Loeb), Cambridge, Massachusetts: Harvard University Press, 1925; H. Williams, G. Schaus and S. – M. Cronkite Price, "Excavations at Stymphalos, 1995", *EchCl* 15, 1996, pp. 87 – 88; H. Williams et al, "Excavations at Stymphalos, 1996", *EchCl* 16, 1997, p. 37.

④ *IG* V 2 3, in Friedrich Hiller von Gaertringen ed. , *Inscriptiones Graecae*, *V. 2. Inscriptiones Arcadiae*, Berlin, 1913; Polybius, *The Histories* 4. 8. 9 – 12, 4. 19. 4, in *Polybius II*: *Books 3 – 4* (Loeb), Cambridge, Massachusetts: Harvard University Press, 1922.

⑤ *IG* V 2 439; Pausanias, *Description of Greece* 8. 19. 2.

⑥ S. Hodkinson, "Animal Husbandry in the Greek Polis", in C. R. Whittaker ed. , *Pastoral Economies in Classical Antiquity*, Cambridege: The Cambridge Philological Society, 1988, pp. 35 – 74.

这两个季节的地下水位比较低。①

阿卡狄亚地区的畜牧业比农业更有优势，但农业依旧是阿卡狄亚地区主要的经济活动，而且个别地区在好年景时的谷物产量还相当可观。公元前385年，斯巴达包围曼提内亚时，曼提内亚城内有充足的谷物，依据色诺芬的记载，这些谷物是曼提内亚人前一年丰收所得。② 公元前2世纪早期，斯提姆法罗斯城接纳了被驱逐的来自佛基斯（Phokis）的埃拉提亚人（Elateians），斯提姆法罗斯人不仅花费公共资金给予埃拉提亚人谷物，当埃拉提亚人返回埃拉提亚（Elateia）时，斯提姆法罗斯人还允许他们带走大批谷物。③ 当然，上述内容仅是个别地区的个别情况，阿卡狄亚也存在着谷物供应不足的问题。公元前2世纪晚期，麦伽罗波利斯城表彰了一位缓解谷物缺乏问题的市民。④ 奥古斯都时代，曼提内亚和麦伽罗波利斯也对在谷物短缺时提供帮助的人们进行了表彰。⑤ 由此看来，阿卡狄亚地区的谷物丰收与谷物歉收，应该是规律发生的。阿卡狄亚地区的耕地资源总体缺乏且分布不均，个别地区的谷物丰收又有一定的随机性，因此，阿卡狄亚地区出产的谷物在整体上可能仍旧是供不应求。除谷物外，阿卡狄亚地区还种植了橄榄、葡萄、石榴、萝卜等作物，⑥ 这在很大程度上丰富了阿卡狄亚人的食谱。

阿卡狄亚地区的森林资源比较丰富，且树木品种较多，例如橡树、

① S. Hodkinson, "Animal Husbandry in the Greek Polis", pp. 47 – 48.

② Xenophon, *Hellenica* 5. 2. 4, in *Xenophon II*: *Hellenica*: *Books V – VII* (Loeb), Cambridge, Massachusetts: Harvard University Press, 1921.

③ *SEG* 11 1107, in Jacob E. Hondius ed. , *Supplementum Epigraphicum Graecum*, *Vols*. 1 – 11, Leiden, 1923 – 1954.

④ *IG* V 2 437. 6.

⑤ *IG* V 2 515. Bb. 13 – 14; *IG* V 2 268. 16 – 18.

⑥ Pausanias, *Description of Greece* 8. 37. 7, 8. 42. 11; Plutarch, *Philopoemen* 4. 2, in *Plutarch X*: *Agis and Cleomenes*, *Tiberius and Caius Gracchus*, *Philopoemen and Titus Flaminius* (Loeb), Cambridge, Massachusetts: Harvard University Press, 1921; *IG* V 2 269, 2 514; Athenaeus, *Deipnosophistae* 1. 4d, in S. Douglas Olson ed. , *Athenaeus I*: *The Learned Banqueters*: *Books I – III*. 106e (Loeb), Cambridge, Massachusetts: Harvard University Press, 2006; A. E. Bjune, A. Overland and K. Krzywinski, *Palynological Investigations of the Athena Alea Temple in Tegea*, *Greece. Report from a Preliminary Study of a Profile North of the Sanctuary*, University of Bergen, 1997.

冷杉、紫衫、银杉、雪松、椴树等。这些不同品种的树木有着不同的用途，橡树中的大鳞栎结出的橡果可以食用；银杉木在建筑中可用作椽子、梁子，在造船时可用作桁端和船桅，银杉树干下部受损后产生的坚硬黑木，可用于制作搅拌钵；圣栎木可以用于制造马车。①阿卡狄亚地区还有石矿资源，例如曼提内亚的石灰石矿，泰盖亚的大理石矿，奥尔科麦诺斯附近则有一种被称作"安特拉奇昂"（anthrakion）的可用于制造镜子的深色石头，② 这些石矿大多仅限本地使用。阿卡狄亚地区没有可供开发的金属矿产，金属在很大程度上主要依靠进口。阿卡狄亚没有海岸线，盐、鱼等也需要依赖进口。③ 阿卡狄亚的部分地区没有大理石矿，有的地区还缺乏橄榄油，故而这两样物品有时也需要依靠进口。

除了农牧生产和自然资源的开发利用，雇佣军服务也是阿卡狄亚人从事的一项重要经济活动。公元前 5 世纪时，阿卡狄亚人就已经从事海外雇佣军服务，公元前 5 世纪晚期，阿卡狄亚雇佣军的声望更是闻名希腊。④ 波斯王子小居鲁士（Kyros the Younger）招募希腊雇佣军

① Theophrastus, *Historia Plantarum* 4. 1. 2, 3. 7. 1, 5. 4. 6, 3. 4. 5, 3. 6. 4 – 5, 3. 16. 3, in *Theophrastus*: *Enquiry into Plants*: *Books I – V* (Loeb), Cambridge, Massachusetts: Harvard University Press, 1916.

② Stephen Hodkinson and Hilary Hodkinson, "Mantineia and the Mantinike: Settlement and Society in the Greek Polis", *The Annual of the British School at Athen*, Vol. 76, 1981, p. 265; M. Higgins and R. Higgins, A Geological Companion to Greece and the Aegean, London, 1996, p. 72; Theophrastus, *De lapidibus* 33, in D. E. Eichholz ed., *Theophrastus*: *De lapidibus*, Oxford: Clarendon Press, 1965.

③ Ernest A. Gardner et al, *Excavations at Megalopolis*, 1890 – 1891, London: Pub. by the Council, 1892, pp. 21, 24 – 29, 59 – 61, 79, 81; F. A. Cooper, *The Temple of Apollo Bassitas*, *Vol.* 1: *The Achitecture*, Princeton: American School of Classical Studies at Athens, 1996, pp. 107 – 114; M. Higgins and R. Higgins, *A Geological Companion to Greece and the Aegean*, London: Duckworth, 1996, p. 73; H. Williams, "Excavations at Stymphalos, 1995", *EchCl* 15, 1996, pp. 96 – 97.

④ Tod 93, in M. N. Tod ed., *A Selection of Greek Historical Inscriptions*, Oxford: Clarendon Press, 1948; *SEG* 37 676, in Henry W. Pleket and Ronald S. Stroud eds., *Supplementum Epigraphicum Draecum*, *Vols.* 26 – 41, Amsterdam, 1979 – 1994; Hick and Hill 136, in E. L. Hicks and G. F. Hill eds., *A Manual of Greek Historical Inscriptions*, Oxford: Clarendon Press, 1901; Hermippos, *Fragment* 63, in Douglas E. Gerber ed., *Greek Iambic Poetry*: *from the Seventh to the Fifth Centuries B. C.* (Loeb), Cambridge, Massachusetts: Harvard University Press, 1999; J. Roy, "The Mercenaries of Cyrus", *Historia* 16, 1967, pp. 308 – 309, 316; J. A. Krasilnikoff, "The Regular Payment of Aegean Mercenaries in the Classical Period", *ClMed* 44, 1993, p. 88.

时，决心雇佣来自伯罗奔尼撒半岛的"最优秀的"[①] 士兵，结果伯罗奔尼撒人成为小居鲁士的万人远征军的核心，而阿卡狄亚人占据了该核心一半以上的份额。[②] 在小居鲁士招募的万人远征军中，阿卡狄亚地区提供了最多的重装步兵。对此，色诺芬指出，军队中超过一半的人是阿卡狄亚人和阿凯亚人，[③] 之后，他还写道，无论何时，当人们需要雇佣军队时，都会选择阿卡狄亚人。[④]

阿卡狄亚雇佣军的兴盛，可能与阿卡狄亚地区贫困有关。赫伯特·威廉·帕克（Herbert William Park）指出，贫困是导致阿卡狄亚人在海外充当雇佣军是关键原因。[⑤] 古代文献对阿卡狄亚人从事雇佣军服务的动机描述，证明了这一点。温泉关战役后，一些阿卡狄亚人投奔波斯国王薛西斯一世（Xerxes I），依据希罗多德的记述，这些阿卡狄亚人之所以这样做是因为他们缺乏生计，渴望获得一份工作。[⑥] 修昔底德也强调，阿卡狄亚人从事雇佣军活动主要是为了获得报酬。[⑦] 其次，阿卡狄亚人强壮的体格以及善战且好战的民族特性，可能也是促使该地区雇佣军兴盛的一大原因。色诺芬记述到，阿卡狄亚人是所有希腊人中人数最多、体格最强壮的民族。[⑧] 荷马史诗《伊利亚特》也指出，阿卡狄亚人很善战。[⑨] 不仅如此，阿卡狄亚人也很重视军队

①　Xenophon, *Anabasis* 1. 1. 6, in *Xenophon III*: *Anabasis*（Loeb）, Cambridge, Massachusetts: Harvard University Press, 2001.

②　Matthew Freeman Trundle, "The Classical Greek Mercenary and his Relationship to the Greek Polis", Ph. D. diss., McMaster University, 1996, p. 67.

③　Xenophon, *Anabasis* 6. 2. 10, 7. 4. 18.

④　Xenophon, *Hellenica* 7. 1. 23.

⑤　Herbert William Parke, *Greek Mercenary Soldiers from the Earliest Times to the Battle of Ipsus*, Oxford: Clarendon Press, 1933, p. 229.

⑥　Herodotus, *The Persian Wars* 8. 26. 1, in *Herodotus IV*: *Books IIIV – IX*（Loeb）, Cambridge, Massachusetts: Harvard University Press, 1925.

⑦　Thucydides, *History of The Peloponnesian War* 1. 60, in *Thucydides I*: *Books I – II*（Loeb）, Cambridge, Massachusetts: Harvard University Press, 1919; Thucydides, *History of The Peloponnesian War* 7. 57. 5 – 8, in *Thucydides IV*: *Books VII – VIII*（Loeb）, Cambridge, Massachusetts: Harvard University Press, 1923.

⑧　Xenophon, *Hellenica* 7. 1. 23.

⑨　Homer, *Iliad* 2. 611.

训练。海尔米波斯（Hermippos）、埃佛罗斯（Ephoros）以及泽诺多托斯（Zenodotos）都明确指出，hoplomachia（"重装步兵战斗"）的教授和学习最早是在阿卡狄亚发展起来的。① 此外，阿卡狄亚雇佣军的兴盛，可能还与当时希腊内部战争频发有很大关系。公元前 4 世纪，希腊雇佣军数量的大幅增加与当时希腊城邦间的混战密切相关。马修·弗里曼·特兰德尔（Matthew Freeman Trundle）也指出，雇佣军服务是需求推动的结果。②

公元前 2 世纪时，有关阿卡狄亚雇佣军的记载变得非常少，到公元前 1 世纪，几乎没有关于阿卡狄亚雇佣军的记载，③ 这一情形可能与阿卡狄亚地区人口的减少有关。公元前 4 世纪，阿卡狄亚地区人口总数约在 10 万到 20 万之间，甚至更多，④ 之后，阿卡狄亚地区的人口总数逐渐呈下降趋势。波利比乌斯声称，在他所处的时代，整个希腊都面临低出生率和人口数量的持续下降；保萨尼亚斯也指出，在他所处的时代，阿卡狄亚地区的许多定居点都变成了荒地。⑤

第二节　阿卡狄亚方言

不同于伯罗奔尼撒半岛的其他地区，阿卡狄亚地区使用的是阿卡

---

① E. Wheeler, "Hoplomachia and Greek Dances in Arms", *Greek, Roman and Byzantine Studies* 23, 1982, pp. 225 – 226; Zenodotus, *FHG* IV. 516 frag 5, in C. Muller ed., *Fragmenta Historicorum Graearum*, Parisius: A Firmin Didot, 1841 – 1870; Hermippus and Ephorus, *FHG* III 35 frag 1, in C. Muller ed., *Fragmenta Historicorum Graearum*, Parisius: A Firmin Didot, 1841 – 1870; Ephorus, *FGrHist* 70 frag 54, in F. Jacoby ed., *Die Fragmente der Griechischen Historiker*, Leiden & New York: E. J. Brill, 1923.

② Matthew Freeman Trundle, "The Classical Greek Mercenary and his Relationship to the Greek Polis", Ph. D. diss., McMaster University, 1996, p. 309.

③ M. Launey, *Recherches sur les armées hellénistiques*, réimpression avec addenda et mise ā jour, en postface, par Y. Garlan, P. Gauthier, & C. Orrieux, Paris, 1987, pp. 124 – 126.

④ K. J. Beloch, *Historische Beiträge zur Bevölkerungslehre*, *Vol. I*: *Die bevölkerung der griechisch-römischen Welt*, Leipzig: Duncker & Humblot, 1886, pp. 125, 129.

⑤ Polybius, *The Histories* 36. 17. 5 – 7, in *Polybius VI*: *Books 28 – 39*（Loeb）, Cambridge, Massachusetts: Harvard University Press, 1927; Pausanias, *Description of Greece* 8. 25. 3, 8. 27. 7.

狄亚—塞浦路斯方言（Arkado – Cypriot）。阿卡狄亚方言被现代学者定义为古希腊四大方言类型之一，但它的流行范围比其余三种方言要小很多，仅存在于阿卡狄亚地区和塞浦路斯岛。

阿卡狄亚与塞浦路斯岛相距甚远，但两地方言却十分相近，拥有一些共同特征。首先，两地方言中，第一变格法中的阳性名词的单数属格形式均以 – αυ 结尾，例如阿卡狄亚方言中的 Ἀγαθίαυ、Ἀλεξιάδαυ，塞浦路斯方言中的 Ἀρισταγόραυ、Ἀριστίυαυ。其次，两地方言中，介词 ἀπύ 和 ἐς（ἐκ、ἐξ）后面跟随的名词，均使用与格形式。再次，两地方言中，第三人称的复数主动态均以 νσι 结尾，例如阿卡狄亚方言中的 κελεύωνσι，塞浦路斯方言中的 ἔξο（ν）σι。不过，两地方言也存在一些差别，塞浦路斯方言中保留了更古老的语言形式。在塞浦路斯方言中，βασιλῆϝος 一词保留了 ηυ – 词干最古老的属格形式。阿卡狄亚方言中属格 – κλέος 的古老形式 – κλέϝεος，以及阿卡狄亚方言中 πλήθι 的 – ες 词干更古老的与格形式 – ει，也都存在于塞浦路斯方言中。[1]阿卡狄亚与塞浦路斯岛在语言上的相近，表明两地可能存在着某种联系。

实际上，阿卡狄亚与塞浦路斯岛在很早的时候，可能就已经建立了联系。对此，古代文献有明确提及。依据保萨尼亚斯的记述，特洛伊战争时期，吕库尔戈斯（Lykourgos）的孙子、安凯奥斯（Ankaios）的儿子阿伽佩诺尔（Agapenor）带领阿卡狄亚人攻打特洛伊城，在返回阿卡狄亚的途中，阿伽佩诺尔与随行的载满阿卡狄亚人的船只遭遇到暴风，被吹至塞浦路斯岛，之后，阿伽佩诺尔在那里建立了帕佛斯（Paphos），并在帕莱帕佛斯（Palaepaphos）建造了阿弗罗狄特（Aphrodite）神庙。[2] 希罗多德记述了塞浦路斯人的构成，"按照塞浦路斯人的说法，他们的民族包括了……来自阿卡狄亚的人

---

[1] Herbert Weir Smyth, "The Arcado-Cyprian Dialect", *American Philological Association* (1869 – 1896), Vol. 18, 1887, pp. 129 – 130.

[2] Pausanias, *Description of Greece* 8. 5. 2.

们……"①

　　阿卡狄亚不是唯一一个使用阿卡狄亚—塞浦路斯方言的古希腊地区，但在伯罗奔尼撒半岛上它确实是一个孤立的语言区。这种语言上的孤立与阿卡狄亚地区的地理环境密切相关。四周高山环绕的闭塞环境，阻碍了阿卡狄亚与外界的交流，同时也限制了外部因素向阿卡狄亚地区的渗透，这恰恰保存了阿卡狄亚地区独特的语言。那么，阿卡狄亚方言究竟源起何处？

　　随着线形文字 B 的成功解读，学者们发现阿卡狄亚—塞浦路斯方言与迈锡尼语、阿提卡—伊奥尼亚方言存在相似性。E. 里施（E. Risch）指出，迈锡尼语、阿卡狄亚—塞浦路斯方言以及阿提卡—伊奥尼亚方言，均具有咝擦音化特征（–ti–转变为了–si–），三种语言中都有 δίδωσι［didōsi］，这与西希腊方言和艾奥里亚方言中的非咝擦音化的 δίδωτι［didōti］形成了鲜明对比，借此，E. 里施将最初的古希腊语划分为两大类，一类是具有咝擦音化特征的南希腊方言，其中包括了阿卡狄亚—塞浦路斯方言和阿提卡—伊奥尼亚方言；另一类是非咝擦音化特征的北希腊方言，其中包括了西希腊方言和艾奥里亚方言。② 在此基础之上，E. 里施指出，迈锡尼语、阿卡狄亚—塞浦路斯方言以及阿提卡—伊奥尼亚方言之间虽然存在关联，但前两种方言在语言上的相似性更多。他还认为，阿提卡—伊奥尼亚语在后来的发展中，可能受到了西希腊方言的影响，添加了新元素，演变为一种更具创新性的语言；而迈锡尼语和阿卡狄亚—塞浦路斯方言则保留了更多的传统古语，少有创新，例如迈锡尼语和阿卡狄亚—塞浦路斯方言中，一直保持着自古便传承下来的中动态词尾 –（μ）αι，–σοι，–τοι，–ντοι，这不同于其他方言使用的由 –μαι 衍生而来的词尾形式 –

---

　　① Herodotus, *The Persian Wars* 7. 90, in *Herodotus III*: *Books V – VII*（Loeb）, Cambridge, Massachusetts: Harvard University Press, 1925.

　　② Jonathan M. Hall, *Ethnic Indentity in Greek Antiquity*, Cambridge: Cambridge University Press, 1997, p. 160, no. 68; E. Risch, "La posizione del dialetto dorico", in D. Musti ed., *Le origini dei Greci*: *Dori e mondo egeo*, 1985, pp. 27 – 28.

σαι，－ται，－νται。① 由此，E. 里施认为阿卡狄亚—塞浦路斯方言与迈锡尼语的关联更加密切。

就阿卡狄亚—塞浦路斯方言与迈锡尼语之间的关系，学者们提出了各自的看法。罗尔夫·希尔斯切（Rolf Hiersche）和康奈利斯·乔德·鲁伊约（Cornelis Jord Ruijgh）认为，迈锡尼语可能是阿卡狄亚—塞浦路斯方言的原型。D. 加里·米勒（D. Gary Miller）认为，亚该亚人的帝国瓦解后，在伯罗奔尼撒半岛、塞浦路斯岛以及其他地方，还残存有一小部分南亚该亚人，他们使用的语言与迈锡尼人稍有不同，同时也与构成阿提卡—伊奥尼亚方言基础的北亚该亚人使用的方言存在差异。霍尔特·N. 帕克（Holt N. Parker）指出，阿卡狄亚语、塞浦路斯语以及迈锡尼语均属于南希腊语。②

综合上述各位学者的不同看法，笔者倾向于认为，迈锡尼语是阿卡狄亚方言的原型，后者继承自前者。在这一前提下，迈锡尼语向阿卡狄亚传播的时间，存在两种可能的情形，其一，迈锡尼文明遭遇灾难后，逃亡的迈锡尼人将语言带到了阿卡狄亚地区；其二，迈锡尼文明崩溃之前，阿卡狄亚地区就已经处于迈锡尼文明的影响下，迈锡尼语在那时渗透到了阿卡狄亚。对此，笔者认为第二种情形存在的可能性更大。在迈锡尼文明时期，阿卡狄亚地区就已经处于该文明的影响中。③ 公元前

---

① E. Risch, "La posizione del dialetto dorico", pp. 27 – 28.

② Rolf Hiersche, *Grundzüge der griechischen Sprachgeschichte bis zur klassischen Zeit*, Wiesbaden: Reichert, 1970, p. 42; Cornelis Jord Ruijgh, *études sur la grammaire et le vocabulaire du grec mycénien*, Amsterdam: Hakkert, 1967, chapter 2; D. Gary Miller, *Ancient Greek Dialects and Early Authors*, Göttingen: Hubert & Co. Gmbh & Co. KG, 2014, p. 290; Holt N. Parker, "The Linguistic Case for Aiolian Migration Reconsidered", *Hesperia*, Vol. 77, No. 3, 2008, p. 443.

③ 塞浦路斯岛在很早时候也受到了迈锡尼文明的影响。公元前 1700 至公元前 1500 年，塞浦路斯岛就已接触到迈锡尼陶器。公元前 1400 至公元前 1300 年，塞浦路斯岛更成为了大量迈锡尼物品的输入地，塞浦路斯岛南部和东部的城市中心和贸易中心，保存了大量迈锡尼时期的陶器。对此，路易斯·斯蒂尔（Louise Steel）指出，塞浦路斯岛是迈锡尼进口商品的重要或主要接收国，同时它可能还控制了爱琴海的部分贸易。具体参见 Louise Steel, "The Social Impact of Mycenaean Imported Pottery in Cyprus", *The Annual of the British School at Athens*, Vol. 93, 1998, p. 287.

16、前 15 世纪，迈锡尼陶器等物品就普遍流行于阿卡狄亚。[1] 埃莱尼·撒拉弗瓦（Eleni Salavoura）指出，阿卡狄亚看似一个被主要迈锡尼中心所包围的"边缘地区"，但它可能也处于这些主要中心的影响下。[2] 因此，如果阿卡狄亚方言继承自迈锡尼语，那么早在迈锡尼文明存在期间，这种关系可能就已经确立。由于流行于迈锡尼王宫内部的线形文字 B 使用范围狭小，在迈锡尼文明崩溃后，线形文字 B 及其所记录的语言很快随之消失；而阿卡狄亚方言因为在实际使用中更灵活，方言流行的地区环境又相对闭塞，使之得以保存并延续下来。目前学界关于阿卡狄亚方言与迈锡尼语的确切关系还未有定论，但无论两种语言关系如何，可以确定的是它们之间的联系是古老的。

阿卡狄亚地区使用的语言是阿卡狄亚方言，但具体到各地，其语言习惯又是不同的。古希腊语中的原始软腭音，在阿卡狄亚其他地区变成 $-\tau-$ ［$-t-$］，在泰盖亚变为 $-(\tau)\zeta-$ ［$-(t)z-$］，在曼提内亚则变成 $-\sigma-$ ［$-s-$］；泰盖亚使用的是以 $-\varepsilon\nu$ ［$-en$］ 结尾的不定式，但吕科苏拉（Lykosoura）使用的却是以 $-\eta\nu$ ［$-ēn$］ 结尾的不定式形式。[3] 由此可见，阿卡狄亚方言在各地的具体应用是不同的。

第三节　阿卡狄亚族群与起源神话

英语中的族群一词 ethnos，源自古希腊名词 ἔθνος（"群体、民族、族群"）。在古希腊，ἔθνος 一词的应用范围非常广泛，既可以表示各种动物群体，如鸟、蜜蜂等，也可以指不同的人类群体，如同伴、

---

① M. Benzi, G. Graziadio and G. Boschian, "The Last Mycenaeans in Italy? Late LH IIIC Pottery from Punta Meliso, Leuca", *SMEA* 38, 1996, p. 97.

② Eleni Salavoura, "Μυκηναϊκή Αρκαδία：Αποτίμηση των γνώσεών μας", in Erik Østby ed., *Ancient Arcadia*, Athen：The Norwegian Institute, 2005, p. 35.

③ Jonathan M. Hall, *Ethnic Indentity in Greek Antiquity*, p. 175.

死者、男人或女人。① 古代作家在描述民族、族群时，也会使用该词，例如 τὸ Μηδικὸν ἔθνος（"米底亚人"或"米底亚族群"）②。阿卡狄亚人也是一个 ἔθνος，希罗多德指出，在伯罗奔尼撒半岛上居住着"七个民族"（ἔθνεα ἑπτά），阿卡狄亚人是其中之一，他们是土著居民，一直住在他们过去居住的地方。③ 埃佛罗斯和狄奥多罗斯，也将阿卡狄亚人描述为一个 ἔθνος。④

此外，ἔθνος 的同义词 φυλή（"部落、部族"），也可用于表示民族。阿卡狄亚人吕科摩戴斯（Lykomodes）在演说时指出："阿卡狄亚人是希腊最大的族群"（πλεῖστον δὲ τῶν Ἑλληνικῶν φύλων τὸ Ἀρκαδικὸν）⑤。阿卡狄亚人有时也用 λαός（"人"）称呼自己。⑥ 无论使用 ἔθνο、φυλή，还是 λαός，可以肯定的是，在古典时代甚至古风时代，阿卡狄亚人已经是一个客观存在的族群。

作为一个族群，阿卡狄亚人有自己的族名 Ἀρκάδες，译作"阿卡狄亚人"。该名称早在荷马时代就已存在，《伊利亚特》在描述阿伽佩诺尔带领 60 只船前往特洛伊时指出："每艘只船上都满载阿卡狄亚战士"（πολέες δ' ἐν νηῒ ἑκάστῃ Ἀρκάδες ἄνδρες）⑦；史诗中，阿卡狄亚人还被刻画为"持矛作战的阿卡狄亚人"（Ἀρκάδες ἐγχεσίμωροι）⑧。

---

① Homer, *Iliad* 2.87, 2.459, 2.469, 7.115; Homer, *Odyssey* 10.526, in *Odyssey I*：*Books I - XII*（Loeb）, Cambridge, Massachusetts：Harvard University Press, 1995; Pindar, *Olympian Odes* 1.33; Pindar, *Pythian Odes* 4.252.

② Herodotus, *The Persian Wars* 1.101, in *Herodotus I*：*Books I - II*（Loeb）, Cambridge, Massachusetts：Harvard University Press, 1920.

③ Herodotus, *The Persian Wars* 8.73.1 - 3

④ Ephoros, *FGrHist* 70; Diodorus Siculus, *The Library of History* 12.11.3, in *Diodorus Siculus IV*：*The Library of History*：*Books IX - XII.40*（Loeb）, Cambridge, Massachusetts：Harvard University Press, 1946; Diodorus Siculus, *The Library of History* 15.82.2, in *Diodorus Siculus VII*：*The Library of History*：*Books XV.20 - XVI.65*（Loeb）, Cambridge, Massachusetts：Harvard University Press, 1952.

⑤ Xenophon, *Hellenica* 7.1.23.5.

⑥ *CEG* 2 824, in Petrus Allanus Hansen ed., *Carmina Epigraphica Graeca Saeculi IV A. Chr. N.*, Berlin and New York：de Gruyter, 1989.

⑦ Homer, *Iliad* 2.611.

⑧ Homer, *Iliad* 2.134.

公元前 5 世纪时，古代作家继续使用 Ἀρκάδες 称呼阿卡狄亚人。希罗多德指出，伯罗奔尼撒半岛上的民族包括了 Ἀρκάδες。① 该名称还多次出现在希腊多德的《历史》中，例如"仅有阿卡狄亚人保留了它"（Ἀρκάδες διέσῳζον αὐτὴν μοῦνοι）、"全体阿卡狄亚人"（Ἀρκάδες πάντες）等。② 修昔底德记述汇集在奈麦亚（Nemea）的希腊军队时指出："（军队）包含了全体拉凯戴蒙人、阿卡狄亚人、贝奥提亚人、科林斯人、西库昂人、佩莱奈人、弗雷乌斯人和麦加拉人"（ἐν ῷ Λακεδαιμόνιοί τε πανστρατιᾷ ἦσαν καὶ Ἀρκάδες καὶ Βοιωτοὶ καὶ Κορίνθιοι καὶ Σικυώνιοι καὶ Πελληνῆς καὶ Φλειάσιοι καὶ Μεγαρῆς）。③ 公元前 4 世纪，Ἀρκάδες 一词更频繁出现于色诺芬的《希腊史》和《远征记》中。④

从上述文献记载的内容可以看出，在古风时代，Ἀρκάδες 已经成为全体阿卡狄亚人的统一称谓，并且在后来被一直沿用。使用 Ἀρκάδες 称呼阿卡狄亚人的古代作家，并非阿卡狄亚人，这是否表示该名称仅代表阿卡狄亚地区以外的人们的看法？那么，阿卡狄亚人又是如何称呼自己的？

实际上，Ἀρκάδες 这一称呼同样流行于阿卡狄亚地区。考古学家发现的公元前 4 世纪的阿卡狄亚铭文表明，阿卡狄亚人也使用该名称称呼自己。泰盖亚地区的一份铭文中写有："吕西克拉图斯的儿子菲拉尔科斯（Phylarchos）将是在雅典的外国领事和全体阿卡狄亚人的援助者"（Φύλαρχον Λυσικράτους: Ἀθηναῖον πρόξενον: καὶ εὐεργέτην εἶναι Ἀρκάδων πάντων αὐτὸν）⑤ 吕凯昂地区的一篇铭文残缺严

---

① Herodotus, *The Persian Wars* 8. 73. 1 – 3.

② Herodotus, *The Persian Wars* 1. 146. 7, 2. 171. 12, 8. 72. 2, 9. 28. 16.

③ Thucydides, *History of The Peloponnesian War* 5. 60. 3. 3 – 5.

④ Xenophon, *Hellenica* 5. 2. 19, 6. 5. 11 – 16, 6. 5. 20 – 27, 6. 5. 30, 6. 5. 36, 6. 5. 50, 7. 1. 24 – 29, 7. 1. 41 – 45, 7. 4. 11 – 36, 7. 5. 14; Xenophon, *Anabasis* 6. 1. 30, 6. 2. 9, 6. 2. 11 – 12, 6. 2. 16 – 17, 6. 3. 2, 6. 3. 25, 6. 4. 9.

⑤ *IG* V 2 1.

重，但其开头所写的"Ἀρκάδων Κλ［----］｛²⁷Κα［--］?｝²⁷δαμιοργ
ός"① 中的 Ἀρκάδων（"阿卡狄亚人的"），表明阿卡狄亚人拥有共同
的名称。另外两篇来自泰盖亚和奥尔科麦诺斯的铭文，也有类似表
达。② 不仅如此，公元前 5 世纪时，阿卡狄亚人将他们的族名刻于钱
币上，使用 ΑΡΚΑΔΙΚΟΝ（系 Ἀρκάδες 的形容词形式，意为"阿卡
狄亚人的"）或其简写形式ΑΚΚΑ。③

Ἀρκάδες 用于指代全体阿卡狄亚人，而其单数形式 Ἀρκάς 则可以
表示单个阿卡狄亚人。当标识单个人的阿卡狄亚身份时，Ἀρκάς 经常
会出现在阿卡狄亚人的姓名中。众所周知，古希腊人的姓名通常由自
己的名、父亲的名以及所属族群的名构成，阿卡狄亚人的姓名构成亦
是如此。希罗多德描述公元前 6 世纪西库昂（Sikyon）僭主克雷斯泰
奈斯（Kleisthenes）的女儿阿伽利斯泰（Agariste）的求婚者时，提到
两个来自阿卡狄亚的青年，他们是"来自特拉佩祖斯（Trapezous）的
阿卡狄亚人吕库尔戈斯（Lykourgos）的儿子阿米安托斯（Amiantos），
以及来自派昂（Paion）的阿扎尼亚人欧佛利翁诺斯（Euphorionos）的
儿子拉法奈斯（Laphanes）"（Ἀμίαντος Λυκούργου Ἀρκὰς ἐκ Τραπεζο
ῦντος καὶ Ἀζὴν ἐκ Παίου πόλιος Λαφάνης Εὐφορίωνος）④。其中，阿米
安托斯姓名中的 Ἀρκάς 是其姓名的族名构成，旨在标明其阿卡狄亚人
身份。修昔底德也有类似记述，他在提及第 90 届奥林匹亚赛会的胜利
者时写道："在这个夏季举办的奥林匹亚赛会上，阿卡狄亚人安德罗
斯泰奈斯（Androsthenes）首次在角力比赛中获胜"（Ὀλύμπια δ' ἐ γέ
νετο τοῦ θέρους τούτου, οἷς Ἀνδροσθένης Ἀρκὰς παγκράτιον τὸ πρῶ
τον ἐνίκα·）⑤。希腊三大悲剧作家欧里庇德斯、埃斯库罗斯和索福克

---

① *IG* V 2 548.

② *IG* V 2 343. A；*IG* V 2 173.

③ Barclay Vincent Head, *Historia Numorum：A Manual of Numismatics*, Oxford University Press,
1911, p. 447f.

④ Herodotus, *The Persian Wars* 6. 127. 3.

⑤ Thucydides, *History of The Peloponnesian War* 5. 49. 1.

勒斯也都使用单数名词 Ἀρκάς 标识单个人的阿卡狄亚身份。欧里庇德斯写道："阿塔兰泰的儿子不是阿尔戈斯人，而是阿卡狄亚人"（ὁ δ' Ἀρκάς, οὐκ Ἀργεῖος, Ἀταλάντης γόνος）①；在称呼阿塔兰泰时，他将其姓名写为"阿卡狄亚人阿塔兰泰"（Ἀρκάς Ἀταλάντη）②。埃斯库罗斯和索福克勒斯称呼帕耳忒诺派俄斯为 Παρθενοπαῖος Ἀρκάς，译作"阿卡狄亚人帕耳忒诺派俄斯"。③ 在色诺芬的《远征记》和普鲁塔克的《阿拉托斯传》中，Ἀρκάς 也被用作单个阿卡狄亚人姓名的构成部分。④ 由此可见，早在公元前 6 世纪，用 Ἀρκάς 标识单个人阿卡狄亚人身份的做法就已经存在，并且在后来也一直流行。

　　无论是用于标明单个人的阿卡狄亚人身份的单数名词 Ἀρκάς，还是表示全体阿卡狄亚人的阿卡狄亚身份的复数名词 Ἀρκάδες，可以确定的是"阿卡狄亚人"这一称呼在古风时代和古典时代就已经存在，并且普遍流行于阿卡狄亚地区及其以外的世界。

　　全体阿卡狄亚人共同享有统一的族名"阿卡狄亚人"，但同时他们又可以划分为多个次一级族群。关于阿卡狄亚族群内部的次一级族群的最早记载，出现于荷马史诗。《伊利亚特》描述特洛伊战争时期，伯罗奔尼撒半岛上召集军队的场景时指出："阿卡狄亚勇士来自埃皮托斯（Aipytos）墓旁那陡峭的库莱奈山脚，他们经常进行近距离交战，（他们）有的居住在菲奈奥斯，有的居住在奥尔科麦诺斯并拥有

---

① Euripides, *Phoenissae* 1153, in *Euripides V*: *Helen*, *Phoenician Women*, *Orestes* (Loeb), Cambridge, Massachusetts: Harvard University Press, 2002.

② Euripides, *Trag Fragment* 530. 4, in Christopher Collard and Martin Cropp eds and trans., *Euripides VII*: *Fragments Aegeus-Meleager* (Loeb), Cambridge, Massachusetts: Harvard University Press, 2008.

③ Aeschylus, *Seven Against Thebes* 547, in *Aeschylus I*: *Persians*, *Seven against Thebes*, *Suppliants*, *Prometheus Bound* (Loeb), Cambridge, Massachusetts: Harvard University Press, 2008; Sophocles, *Oedipus at Colonus* 1320, in *Sophocles II*: *Antigone*, *The Women of Trachus*, *Philoctetes*, *Oedipus at Colonus* (Loeb), Cambridge, Massachusetts: Harvard University Press, 1994.

④ Plutarch, *Aratus* 5. 1. 3, in *Plutarch XI*: *Aratus*, *Artaxerxes*, *Galba*, *Otho* (Loeb), Cambridge, Massachusetts: Harvard University Press, 1926; Xenophon, *Anabasis* 1. 4. 7, 2. 1. 10, 2. 5. 31, 2. 5. 33, 2. 6. 30, 3. 1. 47, 4. 1. 18, 4. 1. 27.

大量牲畜，有的居住在利佩（Rhipe）、斯特拉提亚（Stratia）和风暴中的埃尼斯佩（Enispe），有的占据着泰盖亚和曼提内亚，有的占据着斯提姆法罗斯，有的居住在帕拉西亚（Parrhasia）。所有这些人都是由安凯奥斯之子阿伽佩诺尔统领。"① 这段文字记载清楚表明，统一的阿卡狄亚族群中还存在多个次一级族群，它们因居住地的不同而被划分开来。

阿卡狄亚地区内部多个次一级族群并存的状态，直到公元前 5 世纪还依旧存在。希罗多德描述在温泉关战役中抗击波斯人的希腊人时指出："来自阿卡狄亚地区的泰盖亚人和曼提内亚人各有 500 人，奥尔科麦诺斯人有 120 人，阿卡狄亚其他地区的人口则有 1000 人……"② 希罗多德还指出："（斯巴达人）在泰盖亚战役中，战胜了泰盖亚人和阿尔戈斯人；之后，又在狄派亚（Dipaia）战役中，战胜了所有阿卡狄亚人，但曼提内亚人除外……"③

修昔底德描述阿卡狄亚地区时，不仅指明了其内部存在多个次一级族群，还揭示了这种多个次一级族群并存所带来的问题，即阿卡狄亚地区常常陷入一种对立竞争状态。修昔底德记述了公元前 5 世纪晚期，曼提内亚人迫使帕拉西亚人依附自己，建立了以曼提内亚为核心的地方军事组织；大约同时，泰盖亚人也建立了包括麦那利亚人在内的地区军事组织。④ 这些内容表明，阿卡狄亚内部的次一级族群间存在互相吞并的情况，而这些族群之间的相互关系对阿卡狄亚地区稳定产生着影响，多数情况下是妨碍阿卡狄亚地区团结的一大阻力。在古典时代大部分时间里，阿卡狄亚地区的长期分裂，与其内部多个次一级族群之间的相互对立有很大关系。

① Homer, *Iliad* 2. 603 – 609.

② Herodotus, *The Persian Wars* 7. 202.

③ Herodotus, *The Persian Wars* 9. 35.

④ Thucydides, *History of The Peloponnesian War* 4. 134, in *Thucydides II*: *Books III – IV* (Loeb), Cambridge, Massachusetts: Harvard University Press, 1920; Thucydides, *The Peloponnesian War* 5. 28. 3 – 29. 2, 5. 33. 1 – 3.

阿卡狄亚族群内部的次一级族群处于一种彼此独立的状态，并以所在城邦或部落作为它们构建各自认同的基础，以城邦名或部落名作为它们更具体的身份标识，这一点在许多古代文献和铭文中均有体现。公元前 5 世纪的一份奥林匹亚的铭文记录了："戴隆（Tellon）是光荣的戴蒙（Daemon）的儿子，来自奥莱斯塔西昂的阿卡狄亚人，他赢得了少年拳击比赛的冠军，奉献了这个碑"（［Τέλλων τόνδ'］ἀνέ［θ］ε⁻［κε］Δαέ⁻μονος υἱὸ［ς ἀγαυοῦ］［Ἀρκά］ς Ὀ［ρ］εσθάσιος παῖ［ς ἀπὸ πυγμαχίας］）①。这份铭文指明了戴蒙的阿卡狄亚人身份，同时也强调了他更为具体的归属，即奥莱斯塔西昂人。公元前 5 世纪的一座奥林匹亚胜利者雕像上刻写的警句，在标明其由来的同时，也记录了类似内容："佛尔米斯（Phormis）奉献了我，（他）是来自麦那利亚的阿卡狄亚人，现在是叙拉古人（Syrakousai）。"（Φόρμις ἀνέθηκεν Ἀρκὰς Μαινάλιος, νῦν δὲ Συρακόσιος.）②。依据该警句刻写的内容，佛尔米斯贡献此雕像时已不是阿卡狄亚人，但他的最初身份是阿卡狄亚的麦那利亚人。色诺芬也多次使用阿卡狄亚内部的某个城邦名或某个部落名，标明单个阿卡狄亚人的具体身份，例如"曼提内亚人吕科摩戴斯"（Λυκομήδης Μαντινεύς）、"斯提姆法罗斯人埃奈阿斯"（Αἰνέας Στυμφάλιος）、"奥尔科麦诺斯人克莱亚诺尔和斯提姆法罗斯人索派奈托斯"（Κλεάνωρ Ὀρχομένιος καὶ Σοφαίνετος Στυμφάλιος）、"斯提姆法罗斯人阿伽西亚斯"（Ἀγασίας Στυμφάλιος）、"帕拉西亚人卡利马科斯"（Καλλίμαχος Παρράσιος）、"麦提德里昂人阿利斯托尼摩斯"（Ἀριστώνυμος Μεθυδριεὺς）、"鲁索伊人欧吕罗科斯"（Εὐρύλοχον τὸν Λουσιέα）等。③ 保萨尼亚斯描述奥林匹

---

① *IvO* 147, in Wilhelm Dittenberger and Karl Purgold eds. , *Olympia*, *Vol. V*: *Die Inschriften von Olympia*, Berlin 1896.

② Pausanias, *Description of Greece* 5. 27. 2.

③ Xenopon, *Hellenica* 7. 1. 23, 7. 3. 1; Xenophon, *Anabasis* 2. 5. 37, 3. 1. 31, 4. 7. 8, 4. 7. 9, 4. 7. 11.

亚赛会的阿卡狄亚胜利者时写道："麦那利亚人尼科达摩斯（Niko-damos）制作了麦那利亚安德罗斯泰奈斯的雕像，安德罗斯泰奈斯是罗凯奥斯（Lochaios）的儿子，他曾两次取得男子角力比赛的胜利"（〈Νικοδάμου〉δὲ ἔργον τοῦ Μαιναλίου παγκρατιαστής ἐστιν ἐκ Μαινάλου, δύο νίκας ἐν ἀνδράσιν ἀνελόμενος, Ἀνδροσθένης Λοχαίου）①。从以上内容可以看出，至少在公元前 5 世纪，阿卡狄亚族群内部的次一级族群就已经使用城邦名或部落名标识其具体归属。

不同于希腊人的其他族群，阿卡狄亚人的神话祖先并未被编入希伦家族的谱系，而希伦正是神话中希腊人的名祖。希腊人相信其族称 Hellenes 来自于希伦之名 Hellen，而其内部几大族群的族称来自希伦的几位子孙之名，这些族称的获得被解释为由移民和传播所致。与希腊大多数族群的移民起源神话不同，阿卡狄亚人是一支号称"比月亮还古老"（πρόσθε σεληναίης）②的土著族群，他们创造了一套土生土长的起源神话和祖先谱系。

古风时代和古典时代留下的残篇没有关于阿卡狄亚人起源传说的完整记述，阿卡狄亚起源神话参考的主要古代文献是保萨尼亚斯的《希腊志》。保萨尼亚斯在这部著作中详细记述了阿卡狄亚地区的起源神话与祖谱，这些记述对于解释阿卡狄亚人的由来、发展与命运，了解阿卡狄亚族群的独特性，定位阿卡狄亚人在古希腊的位置都至关重要。

保萨尼亚斯游历阿卡狄亚时，记录了当地流行的祖先神话。按照阿卡狄亚人的说法，佩拉斯戈斯（Pelasgos）是出生在阿卡狄亚的第一代人，他成为国王后，发明了遮风避雨的房屋和抵御严寒的羊皮外衣，并开始确立食用橡树果实的饮食习惯。③ 这种饮食习惯一直延续至公

---

① Pausanias, *Description of Greece* 6. 6. 1.

② Apollonius Rhodius, *Argonautica* 4. 263 – 5, in Apollonius Rhodius, *Argonautica*（Loeb）, Cambridge, Massachusetts：Harvard University Press, 2008.

③ Pausanias, *Description of Greece* 8. 1. 4 – 6.

元前 6 世纪，德尔菲（Delphi）女祭司给拉凯戴蒙人的神谕指示，表明了这一内容：

> 皮西亚给出神的意旨：
> 你们向我请求阿卡狄亚吗？你们向我所求的是一个伟大民族，
> 我不能给予你们。
> 许多食用橡树果实的男人居住在阿卡狄亚，
> 他们将会阻止你们。但对你们我并不吝惜，
> 我将把泰盖亚送给你们，你们可以在那里跳舞
> 并用绳子丈量丰饶的田地。①

在佩拉斯戈斯的领导下，人们的生活水平有了很大提高，鉴于此，这片土地被命名为佩拉斯吉亚（Pelasgia），而居住在这里的人被称作佩拉斯戈斯人。② 佩拉斯戈斯之后，其子吕卡昂（Lykaon）继位，吕卡昂统治期间建立了吕科苏拉城，并创办了专门庆祝吕凯奥斯·宙斯（Zeus Lykaios）的吕凯亚节（Lykaia）。吕卡昂之后，其长子尼克提摩斯（Nyktimos）继位为王，其余诸子则在各地选建自己的城市，成为各地的名祖。尼克提摩斯没有子嗣，王位由其姐姐卡利斯托（Kallisto）的儿子阿尔卡斯（Arkas）继承。阿尔卡斯担任国王后，引入谷物种植并教授人们制作面包、纺织衣物等方面的技艺，再次提升了人们的生活品质。自阿尔卡斯之后，这片土地被称作 Ἀρκαδία（"阿卡狄亚"），居住在这里的人开始被称为 Ἀρκάδες（"阿卡狄亚人"）。③

保萨尼亚斯记录的阿卡狄亚人的祖先谱系看似一个虚构的故事集合，实际上是以一定客观事实为基础。阿卡狄亚人称他们的始祖佩拉

---

① Herodotus, *The Persian Wars* 1. 66. 8 – 13.
② Pausanias, *Description of Greece* 8. 1. 6.
③ Pausanias, *Description of Greece* 8. 2. 1, 8. 3. 1, 8. 3. 6 – 7, 8. 4. 1.

斯戈斯为出生于阿卡狄亚的第一代人，其实是对他们土著民族身份的强调。希罗多德和修昔底德均认为，阿卡狄亚人是伯罗奔尼撒半岛上的土著居民。希罗多德指出，在伯罗奔尼撒半岛上，阿卡狄亚人是唯一一个庆祝泰斯摩佛利亚秘仪（Thesmophoria）①的民族。对此，希罗多德的解释是伯罗奔尼撒半岛上的大部分居民遭到多利斯人（Dorieis）的驱赶，仅有阿卡狄亚人在多利斯人的入侵中幸存了下来。② 修昔底德也指出，阿卡狄亚从未经历过移民浪潮。③ 此外，穿羊皮衣、食橡果以及对吕凯奥斯·宙斯的崇拜等内容，也均是阿卡狄亚人的真正经历。这些传说故事所描绘的细节，还在一定程度上反映了阿卡狄亚地区的发展与进步，尤其是人们衣着和饮食结构的改变，从原始的生活方式到居房屋、食橡果、穿羊皮衣，再到后来的食面包、穿纺织衣物。

需要注意的是，上述关于阿卡狄亚人的祖先传说，并非一开始就是一个完整体系，而是不断累积完善的结果。古风时代，关于阿卡狄亚人祖先的神话传说已经存在，只不过该时期的神话故事在内容和主题上相对简单零散，且没有形成体系。公元前6世纪的诗人阿西奥斯（Asios）写道："神一样的佩拉斯戈斯在繁茂的山林中，黑土赋予他生命，由此人类种族在这里产生。"④ 赫西奥德残篇记述到："佩拉斯戈斯生育了吕卡昂，神一样的吕卡昂生育了很多儿子。"⑤ 公元前6世纪的菲莱库戴斯（Pherekydes）写道："佩拉斯戈斯同狄亚内拉（Deianeira）生育了吕卡昂，吕卡昂娶水泽仙女库莱奈（Kyllene）为妻，库莱奈山就是

---

① 泰斯摩佛利亚（Thesmophoria）普遍流行于希腊、西西里和小亚细亚地区，是每年秋季举行的妇女们庆祝女神德墨特尔及其女儿珀尔塞福涅的重要节庆。在雅典，该节日在每年摘果月（Pyanopsion）的第11、12、13天举行，共持续三天。第一天，妇女们前往节日举办地泰斯摩佛利昂（Thesmophorion），第二天禁食，第三天是祈求活动。节日中，妇女们向德墨特尔和珀尔塞福涅奉献猪、面团制作的蛇、男性生殖器以及其他代表丰饶的象征物，以祈祷生育和丰收。

② Herodotus, *The Persian Wars* 2. 171.

③ Thucydides, *History of The Peloponnesian War* 1. 2. 3.

④ Pausanias, *Description of Greece* 8. 1. 4.

⑤ Pausanias, *Description of Greece* 8. 1. 4；Hesiod, *Fragment* 161, in Glenn W. Most ed., *Hesiod II: The Shield, Catalogue of Women, Other fragments* (Loeb), Cambridge, Massachusetts：Harvard University Press, 2007.

以这个女神的名字命名。"① 比较完整的神话故事是在古典时代之后才逐渐确立，它们被阿波罗多洛斯和保萨尼亚斯记录了下来。②

阿卡狄亚人的起源神话体系是许多单一、零散故事不断糅合的结果，阿卡狄亚人的祖先谱系也是自古风时代起经过不断累积才最终形成。在这一过程中，阿卡狄亚人的起源神话与祖先谱系历经了几个世纪的编排重组，逐渐形成了具有一定"逻辑"的体系。这种"逻辑"虽不是完全基于真实事实，却凝聚了全体阿卡狄亚人的智慧。这些费力拼凑到一起的故事虽是人为编造，却被阿卡狄亚人视为共同的历史和民族记忆，它们记录的阿卡狄亚人的起源与传承，寄托着阿卡狄亚人期望的民族团结与族群认同，在阿卡狄亚人心中，这些起源神话就是"真实的历史"。对阿卡狄亚人而言，神话内容是否真实并不重要，重要的是他们借助这些故事所要传达的对共同祖先的情感归属与同一认知。

全体阿卡狄亚人拥有共同的祖先，但各地又有着自己的地方名祖和神话传说。传说，吕卡昂的儿子们在阿卡狄亚各地建立城市，并成为各地的名祖。③ 在认可共同祖先吕卡昂的前提下，各地以自己

---

① Dionysius of Halicarnassus, *Antiquitate Romanae* 1. 13. 1, in *Dionysius of Halicarnassus I: Roman Antiquities: Books I–II* (Loeb), Cambridge, Massachusetts: Harvard University Press, 1937.

② Apollodorus, *The Library* 3. 8. 1–2, in *Apollodorus, The Library I: Books 1–3.9* (Loeb), Cambridge, Massachusetts: Harvard University Press, 1921; Pausanias, *Description of Greece* 8. 1. 4–5.

③ 帕拉斯（Pallas）建立了帕拉提昂（Pallantion），奥莱斯塔奥斯（Orestheos）建立了奥莱斯塔西昂（Oresthasion），菲伽罗斯（Phigalos）建立了菲伽雷亚，特拉佩泽奥斯（Trapezeos）建立了特拉佩祖斯，泰盖亚泰斯（Tegeates）建立了泰盖亚，曼提奈奥斯（Mantineos）建立了曼提内亚，阿塞亚塔斯（Aseatas）建立了阿塞亚（Asea），达塞亚塔斯（Daseatas）建立了达塞亚（Dasea），特里克罗诺斯（Trikolonos）建立了特里克罗尼（Trikolonoi），赫莱奥斯（Heraios）建立了赫莱亚，麦卡瑞奥斯（Makareos）建立了麦卡里亚（Makaria），奥尔科麦诺斯建立了奥尔科麦诺斯和麦提德里昂（Methydrion），海利松（Helisson）建立了海利松并将附近的一条河流也命名为海利松河，吕克奥斯（Lykeos? 姓名丢失）建立了吕科阿（Lykoa），麦那罗斯（Mainalos）建立了麦那罗斯，（姓名丢失）建立了麦拉内亚（Melaneiai），阿利菲罗斯（Alipheros）建立了阿利菲拉，阿卡考斯（Akakos）建立了阿卡盖西昂（Akakesion），提莱奥斯（Thyreos）建立了提莱翁（Thyraion），卡利西奥斯（Charisios）建立了卡利西亚（Charisia），克罗摩斯（Kromos）建立了克罗米（Kromi），托克诺斯（Thoknos）建立了托克尼亚（Thoknia），叙普索斯（Hypsos）建立了叙普索斯，佩莱多斯（Peraithos）建立了佩莱提斯（Peraitheis），奥伊诺特罗斯（Oinotros），吕凯昂最小的儿子前往意大利，在那里建立了奥伊诺特利亚（Oinotria）。参见 Pausanias, *Description of Greece* 8. 3. 1–8. 3. 5.

的地方名祖为新起点，编织了自己的地方谱系和祖先神话。由于阿卡狄亚各地祖先传说的相关资料比较缺乏，无法全面介绍各地神话，故笔者选择了资料相对丰富的泰盖亚，详细说明并分析该地在信奉阿卡狄亚人共同祖先的基础上，如何对地方神话进行个性化编排。

传说，阿尔卡斯死后，他的三个儿子阿菲达斯（Apheidas）、埃拉托斯（Elatos）以及阿赞（Azan）划分了阿卡狄亚王国。阿菲达斯得到了东南部的泰盖亚，埃拉托斯得到了东北部库勒奈山附近的土地，阿赞获得了北部以他的名字命名的地区。阿菲达斯之后，其子阿莱奥斯（Aleos）继位为泰盖亚地区的王。阿莱奥斯在位期间，确立了阿莱亚·雅典娜（Athena Alea）宗教崇拜，建立泰盖亚城，并让他的女儿奥盖（Auge）① 担任阿莱亚·雅典娜的女祭司。阿莱奥斯有两个儿子，吕库尔戈斯和凯菲奥斯（Kepheos）。传说这两个人都曾统治过泰盖亚。吕库尔戈斯生育了安凯奥斯和伊亚西奥斯（Iasios）。安凯奥斯是阿伽佩诺尔的父亲，而阿伽佩诺尔是领导阿卡狄亚人前往特洛伊的领袖。伊亚西奥斯是阿塔兰塔（Atalanta）② 的父亲。阿莱奥斯的另一个儿子凯菲奥斯，生育了二十个儿子，但凯菲奥斯与他的儿子们帮助赫拉克莱斯对抗希波科翁时，不幸身亡。③ 之后，比较有名的泰盖亚英雄是凯菲奥斯的孙子或曾孙埃盖摩斯（Echemos），传闻埃盖摩斯杀死了赫拉克莱斯的儿子叙罗斯（Hyllos），并阻止赫拉克莱斯入侵伯罗奔尼撒半岛。④

---

① 赫拉克莱斯（Herakles）结束了与斯巴达国王希波科翁（Hippokoon）的对抗返回途径泰盖亚时，享用了奥盖，使之怀孕生下泰勒福斯（Telephos）。奥盖将泰勒福斯藏在阿莱亚·雅典娜禁地的行为，招致了饥荒与瘟疫。阿莱奥斯得知后，将奥盖卖往国外，泰勒福斯则被抛弃在帕泰尼昂山。泰特福斯先被母鹿哺育，后为牧羊人搭救，长大后他受德尔菲神谕指点与母亲重聚，并在特洛伊战争爆发前，继承他的养父泰乌特拉斯（Teuthras）的王位。

② 传说，阿塔兰塔出生不久便被偏爱男孩的父亲伊亚西奥斯抛弃在帕泰尼昂山。她先是被一只母狼哺育，后被途径的牧羊人救起。阿塔兰塔长大后，成为了一名英勇的女狩猎者。

③ Pausanias, *Description of Greece* 8.47.5；Apollodorus, *The Library* 2.7.3；Diodorus Siculus, *The Library of History* 4.33.5, in *Diodorus Siculus II：The Library of History：Books II.35 – IV.58* (Loeb), Cambridge, Massachusetts：Harvard University Press, 1935.

④ Apollodorus, *The Library* 2.7.3 – 4, 3.9.1 – 2；Pausanias, *Description of Greece*, 8.4.8, 8.45.1, 8.47.5, 8.5.1 – 2；Homer, *Iliad* 2.609 – 14；Diodorus Siculus, *The Library of History* 4.33.6；Herodotus, *The Persian Wars* 9.26.

以上便是在泰盖亚流传的地方祖先神话的主要内容。从这些神话传说的故事情节中可以看出，泰盖亚的一些当地元素被融入到了地方神话传说中。例如，泰盖亚东部的帕泰尼昂山多次出现在神话故事中，并且与故事人物的命运息息相关，而牧羊人也多次以落难王子或公主的拯救者的身份出现在故事中，这一切实际反映了泰盖亚当地的潘神崇拜。帕泰尼昂山一直以来都被视作潘神圣地，它与潘神的密切联系是全体希腊人普遍接受并认可的。许多古代文献在描述马拉松战役时，都提及了发生在帕泰尼昂山的潘神与希腊传令官菲利皮戴斯（Philippides）的对话。① 由此可见，泰盖亚地区的神话故事在地点和人物的选择上，借用了与当地潘神崇拜相关联的元素。不仅如此，泰盖亚的神话故事还融入了阿莱亚·雅典娜崇拜。阿莱奥斯创立阿莱亚·雅典娜崇拜，并让自己的女儿奥盖担任女祭司一职，表明泰盖亚人在编织他们的地方传说时加入了一些真实元素。因此，泰盖亚的地方神话传说是泰盖亚人在认同共同祖先阿尔卡斯的基础上，融合当地传统，发挥想象力，不断构建的结果。

第四节 泛阿卡狄亚宗教崇拜

阿卡狄亚各地居民信奉不同的神，② 但全体阿卡狄亚人又有着共同崇拜的神。在阿卡狄亚，普遍为人们认可且敬奉的地区性神祇有三

---

① Herodotus, *The Persian Wars* 6. 105; Pausanias, *Description of Greece* 8. 54. 6.

② 戈提斯（Gortys）崇拜的主神是阿斯克莱皮奥斯（Asklepios），克雷托尔崇拜的是科拉·雅典娜（Athena Kora，"少女神雅典娜"），曼提内亚崇拜的是马神波塞冬（Poseidon Hippios），泰盖亚崇拜的是阿莱亚·雅典娜（Athena Alea），奥尔科麦诺斯崇拜的是麦索波利提斯·阿尔特弥斯（Artemis Mesopolitis，"城邦中的阿尔特弥斯"），麦伽罗波利斯崇拜的是波利亚斯·雅典娜（Athena Polias，"城邦雅典娜"）和吕凯昂·宙斯、鲁索伊（Lousoi）崇拜的是海麦拉·阿尔特弥斯（Artemis Hemera，"月神阿尔特弥斯"），吕科苏拉崇拜的是德墨特尔和戴斯波伊娜，菲奈奥斯崇拜的是赫尔墨斯，菲伽雷亚崇拜的是狄奥尼索斯，普索菲斯崇拜的是埃吕奇奈·阿特弥斯（Artemis Erykine），斯提姆法罗斯崇拜的是阿特弥斯。参见 Mogens Herman Hansen, Thomas Heine Nielsen eds., *An Inventory of Archaic and Classical Poleis*, Oxford：Oxford University Press, 2004, pp. 505 – 546.

个：吕凯奥斯·宙斯、潘（Pan）和戴斯波伊娜（Despoina）。这三位神祇共同构成了泛阿卡狄亚宗教崇拜体系，同时也是阿卡狄亚族群认同与地区文化的象征。

在阿卡狄亚，和在整个希腊一样，宙斯是最为广泛崇拜的神祇，其崇拜也有着多种多样的地方变体，具有不同身份、神性、功能、神话和称号的宙斯会出现在不同的地点和场合。但宙斯·吕凯奥斯（Zeus Lykaios）或称吕凯奥斯·宙斯（Lykaios Zeus）是一位全体阿卡狄亚人都崇拜的"民族之神"。

对于这位宙斯的称号 Lykaios 的词源和含义，学者们看法不一。一些人认为该称与 lykos（"狼"）一词相关，另一种意见则把它解释为 lykē（"光明，光亮"）派生的形容词形式。由此，宙斯·吕凯奥斯也分别被理解为两种不同性质的神祇，"狼神"或"光明之神"。[①]在笔者看来，这两种理论均过于顾忌字面词形和晚起的诠释，脱离了这位宙斯崇拜的原始语境。事实上，Lykaios 之称有更直接的来源，它应该源自这位受全阿卡狄亚崇拜的宙斯的圣所所在地吕凯昂山的名称 Lykaion。

保萨尼亚斯记载的一个阿卡狄亚传说，将吕凯昂山宙斯圣所的创建和宙斯称号的发明归功于国王吕卡昂（Lykaōn）。佩拉斯戈斯之子吕卡昂"在吕凯昂山（Lykaion）建造吕科苏拉城，赋予宙斯'吕凯奥

---

① 一部分学者认为"吕凯奥斯"与"狼"相关联。F. 克罗伊泽（F. Creuzer）认为"Lykaios"表示"与狼对抗的保护者"。O. 雅恩（O. Jahn）指出，地方神话中的狼象征的是被流放的吕凯奥斯·宙斯宗教崇拜的创建者。O. 格鲁佩（O. Gruppe）认为吕凯奥斯·宙斯是狼神或者流放者的守护神。另一批学者则认为 Lykaios 表示"光，光亮"，吕凯奥斯·宙斯是"光明之神"。参见 F. Creuzer, *Symbolik und Mythologie der alten Völker, besonders der Griechen*, Vol. 3, Leipzig and Darmstadt：C. W. Leske, 1841, p. 76；O. Jahn, "Über Lykoreus", in *Berichte über die Verhandlungen der königlich sächsischen Gesellschaft der Wissenschaften zu Leipzig*, Leipzig：Weidmann'sche Buchhandlung, 1848, p. 423；O. Gruppe, *Griechische mythologie und religionsgeschichte*, Beck, 1902；C. O. Müller, *The History and Antiquities of the Doric Race*, H. Tufnell and G. C. Lewis trans., Oxford：Oxford University Press, 1830, p. 326；J. F. Lauer, *System der griechischen Mythologie*, Berlin, 1853, pp. 180ff.；Hermann Usener, *Götternamen：Versuch einer Lehre von der religiösen Begriffsbildung*, Bonn：F. Cohen, 1896, pp. 177 – 216.

斯'（Lykaios）的称号，并设立吕凯亚节（Lykaia）。"① 这显然属于一个创建神话（founding myth）或释因神话（etiological myth），比照古代希腊人创造的大量同类神话，其生成过程可以很容易推测出来。山名 Lykaion 应该是最早存在的，继而在吕凯昂山区发展起宙斯崇拜，宙斯自然得名为 Lykaios，意即"吕凯昂山的"，祭祀他的节日也相应地以山名 Lykaion 的中性复数形容词 Lykaia 命名。甚至于国王吕卡昂之名应该也是由山名衍生创造出来的。他在该神话中具有名祖（eponymous founder）的地位，山名 Lykaion 在形式上表现为其名 Lykaōn 的形容词，但实际情形更可能是先有 Lykaion 存在，而 Lykaōn 系由 Lykaion 逆构而来。换言之，吕凯昂山才是国王、宙斯、节日等一切名号的来源。我们有理由将 Zeus Lykaios 和 Lykaios Zeus 译为"吕凯昂的宙斯"②。

斯特拉波讲道，吕凯昂的宙斯圣所位于吕凯昂山。③ 保萨尼亚斯详细描述了这座宙斯圣所："吕凯昂山的宙斯圣域，禁止人类进入……山顶最高处的一个土堆是吕凯昂的宙斯的祭坛，从这里可以俯瞰伯罗奔尼撒半岛的大部分地区。祭坛前朝向太阳初升的方向矗立着两根柱子，柱子上有古时雕塑的镀金的鹰。在这座祭坛上人们向宙斯秘密献

---

① Pausanias, *Description of Greece* 8. 2. 1.

② 依据保萨尼亚斯（Pausanias, *Description of Greece* 8. 2. 3，8. 2. 6），从国王吕卡昂开始，吕凯奥斯·宙斯的祭祀仪式中便有了人变成狼的传说，但这种狼人身份并非终身，而是以 9 年为限。在此期间，如果狼人弃绝食用人肉，9 年后可以再次变成人，否则将永远为狼。吕凯奥斯·宙斯祭祀与狼人的关联，可能是因为吕凯昂山曾有大量狼群出没，但这仅是一种猜测。依据波利比乌斯［Polybius, *The Histories* 16. 12. 7，Polybius V: *Books* 16 – 27（Loeb），Cambridge, Massachusetts: Harvard University Press, 1926.］对吕凯昂山光线很好的描述，将"吕凯奥斯"解读为"光明，光亮"，这虽然与吕凯昂山顶处光明敞亮的客观环境有一定的切合度，但也有某种附会之嫌。严格衡量，这些年代较晚的古代文献的记载都不足以构成将"宙斯·吕凯奥斯"解释为"狼神宙斯"或"光明之神宙斯"的确凿根据，它们充其量只能说明吕凯昂山之名 Lykaion 有可能来自 Lykos（"狼"）或 Lykē，但此种猜测依然缺乏足够的直接证据。目前更有把握断定的是"吕凯奥斯"指的应该是吕凯昂山，故笔者认为应将"吕凯奥斯·宙斯"解释为"吕凯昂的宙斯"意即吕凯昂山的宙斯。

③ Strabo, *Geographica* 8. 8. 2.

祭。"① 经考古证实，宙斯祭坛是一个几乎覆盖整个吕凯昂山山顶的露天土堆。② 通过对祭坛最底层物质的检测，考古学家发现该祭坛早在迈锡尼时代就已用于祭祀活动。③ 但这里最初供奉的可能是某个原始神，吕凯昂的宙斯很可能是后来才兴起。考古学家在祭坛及其南面不远处的圣域，发现了大量献给宙斯的物品，如钱币、铁制小刀、青铜雕像、小型赤土塑像和小型青铜三脚架等。④ 这些器物大多属于公元前6世纪和公元前5世纪，年代最远的可追溯至公元前7世纪。⑤ 由此推测，吕凯昂山的宙斯崇拜至少在公元前7世纪就已经存在，并在后来获得了越来越多的信众。

考古学家在祭坛还发现了大量焚烧过的动物骨骼碎片，⑥ 它们可能是献给神的动物祭品残骸。这些骨骼残骸的时间跨度较大，从迈锡尼时代一直延续到公元前5世纪甚至更晚。其中，以公元前10世

① Pausanias, *Description of Greece* 8. 38. 6 – 7.

② 这种露天土堆祭坛广泛流行于早期希腊宗教崇拜中。对于吕凯昂山顶祭坛，学者们提出了各自的看法。G. 米洛纳斯（G. Mylonas）认为吕凯昂山顶的祭坛是由史前时代的古老圣地演变而来；O. 派隆（O. Pelon）和 M. 吉姆布塔斯（M. Gimbutas）认为，这是源自印欧人制作的土堆圣地，存在于古希腊青铜器时代。参见 Homer, *Iliad* 8. 238 – 240；G. Mylonas, "The Lykaian Altar of Zeus", in *Classical Studies in Honor of W. A. Oldfather*, Urbana：University of Illinois Press, 1943, pp. 122 – 133；O. Pelon, *Tholoi*, *Tumuliet Cercles Funeraires*：*Recherches sur lesmonumentsfuneraires de plan circulaire dan I'Égée de l'âge du Bronze* (*IIIe et IIe millenairesav. J. - C.*), Paris：Écolefrançaise d'Athènes, 1976；M. Gimbutas, *The Kurgan Culture and the Indo-Europeanization of Europe*：*Selected Articles from 1952 to 1993*, Washington D. C.：Institute for the Study of Man, 1997, pp. 169 – 170.

③ Britt M. Starkovich, Gregory W. L. Hodgins, Mary E. Voyatzis and David Gilman Romano, "Dating Gods：Radiocarbon Dates from the Sanctuary of Zeus on Mt. Lykaion (Arcadia, Greece)", in A. J. T. Jull and C. Hatté eds., *Proceedings of the 21th International Radiocarbon Conference*, Vol. 55, No. 2 – 3, 2013, pp. 501 – 513.

④ G. Mylonas, "The Lykaian Altar of Zeus", pp. 122 – 133；K. Kourouniotes, "Ἀνασκαφαὶ Λυκαίου", *ArchEph*, 1904, pp. 178 – 211；D. G. Romano, "A New Topographical and Architectural Survey of the Sanctuary of Zeus at Mt. Lykaion", in E. Østby ed., *Ancient Arcadia*：*Papers from the Third International Seminar on Ancient Arcadia*, *Held at the Norwegian Institute at Athens*, 7 – 10 May, 2002, Athens：Norwegian Institute at Athens, 2005, pp. 381 – 391.

⑤ K. Kourouniotes, "Ἀνασκαφαὶ Λυκαίου", pp. 183 – 184.

⑥ B. M. Starkovich, Forthcoming. Appendix 5：Mt. Lykaion preliminary faunal report, in D. G. Romano and M. E. Voyatzis eds., Mt. Lykaion Excavation and Survey Project Part 1：Upper Sanctuary：Preliminary Report 2004 – 2010, *Hesperia*：*The Journal of the American School of Classical Studies at Athens*, Vol. 83, No. 4, 2014, pp. 569 – 652.

纪至公元前 5 世纪这一阶段的骨骼残余物最为丰富。① 通过对残骸的检测发现，这些动物骨骼上原先附着肉体或为脂肪所包裹，与荷马史诗《伊利亚特》和《奥德赛》中记述的内容存在一定相似性。② 因此，吕凯昂山宙斯祭仪中的动物祭祀，可能属于荷马时代确立的传统。

除动物祭祀外，吕凯昂的宙斯崇拜可能还包括人祭。古代文献中保留了大量关于吕凯昂人祭的内容。其中，最早记述出现在公元前 4 世纪柏拉图的《理想国》中。苏格拉底在论述由保护人向僭主演变的问题时，提及吕凯昂的宙斯神庙流传的人祭传说——食用混杂人类和动物内脏祭品中的人肉者，必将变为狼人。③ 公元前 4 世纪的另外两部著作中，也有关于人祭的描述。在《米诺斯篇》中，苏格拉底的同伴在与之论及法律时，以人祭为例论述了外族人、阿卡狄亚人与希腊人在法律认知上的差别，指出迦太基人将人祭视为神圣且合法的，甚至会将自己的儿子献给克诺索斯（Knossos），吕凯昂地区居民也奉行同样的做法。④ 波尔菲里残篇记录了泰奥弗拉斯托斯对人祭的感叹："在我所处时代，阿卡狄亚的吕凯亚节是由官方举行人祭，整个世界的人们都来参加。"⑤ 公元 2 世纪，保萨尼亚斯游历吕凯昂时，提及了这里的人祭传说。吕卡昂将一名男婴作为祭品献给了吕凯昂的宙斯，他将男婴的血洒在祭坛上，祭祀结束后吕卡昂立刻变成一只狼。保萨

---

① C. M. Hüls, H. Erlenkeuser, M. J. Nadeau, P. M. Grootes and N. Andersen, "Experimental Study on the Origin of Cremated Bone Apatite Carbon", *Radiocarbon*, Vol. 55, No. 2 – 3, 2013, pp. 501 – 513.

② 荷马时代的动物祭祀被称为"ῥέζειν、ἔρδειν、ἱερεύειν、σφάζειν"，与古典时代"θύσία"含义接近。这是一种献祭仪式。一般是将体型较大的动物引领到祭坛前，点撒大麦和水，之后将之杀死肢解，经焚烧献给神灵，动物的剩余部分则由祭拜者享用。参见 Homer, *Iliad* 2. 420 – 430；Homer, *Odyssey* 3. 418 – 463.

③ Plato, *Republic* 8. 565d, in *Plato VI*: *Republic*: *Books VI – X* (Loeb), Cambridge, Massachusetts: Harvard University Press, 1935.

④ Plato, *Minos* 315c, in *Plato XII*: *Charmides*, *Alcibiades I and II*, *Hipparchus*, *The Lovers*, *Theages*, *Minos*, *Epinomis* (Loeb), Cambridge, Massachusetts: Harvard University Press, 1927.

⑤ Porphyry, *On Abstinence from Animal Food* 2. 27. 2, in Thomas Taylor ed., *Select Works of Porphyry*: *Containing his four Books On Abstinence from Animal Food*, *his Treatise On the Homeric Cave of the Nymphs*, *and his Auxiliaries to the Perception of Intelligible Natures*, London: T. Rodd, 1823.

尼亚斯还补充道，在他所处时代，人祭依旧存在。① 公元3、4世纪的尤西比乌斯在《福音的准备》中说道："到我所在的时代，阿卡狄亚没有了吕凯昂人祭，迦太基人也不再向克诺索斯供奉人祭，但依照传统，部落巡视者总会将鲜血洒在带有基座的祭坛上。"②

　　许多古代作家认为人祭是真实存在的。对此，现代学者却有不同看法。丹尼斯·D. 休斯（Dennis D. Hughes）和 P. 邦内切尔（P. Bonnechere）对吕凯昂的宙斯崇拜中的人祭，持怀疑态度。休斯认为，人祭可能是对吕卡昂神话和仪式本身混淆的结果。③ 邦内切尔则提出，人祭或是一种成年入会仪式，是一种象征性死亡，人类想象力推动了有关食人肉谣传的传播。④ 沃特·柏克特（Walter Burkert）结合地方神话和传言，构建了吕凯昂的宙斯的人祭仪式过程。他指出，人祭仪式在夜间举行，天亮结束，所有人都必须参加并食用动物内脏与人类内脏的混合祭品，其中，误食人内脏者将从阿卡狄亚人中分离出来，冠以狼人身份，并在远离人类居所的野外生活数年。但就人祭仪式的现实可行性，沃特·柏克特也提出了自己的疑惑，即使在光线充足的白天，从同等大小的动物内脏中分辨出被切割的人类内脏都很困难，更不用说在夜间借助昏暗的火焰来辨别。⑤

　　部分学者怀疑吕凯昂的宙斯崇拜中存在人祭，但还有一部分学者相信古代文献对人祭的记述。玛德琳·乔斯特（Madeleine Jost）对邦内切尔提出的人祭象征性说法，持保留意见。他认为，将人祭界定为"象征性的、想象的、神话的夸大"⑥ 等同于否认了历史文献

---

　　① Pausanias, *Description of Greece* 8. 2. 3, 8. 2. 6.

　　② Eusebius, *Praeparatio Evangelica*, 4. 16. 10, in Eusebius, *Eusebii Pamphili Evangelicae Praeparationis Libri XV*, Oxonii and Novi Eboraci: Typographeo Academico, 1903.

　　③ Dennis D. Hughes, *Human Sacrifice in Ancient Greece*, London and New York: Routledge, 1991, pp. 105 – 106.

　　④ P. Bonnechere, *Le sacrifice human en Grèce ancienne*, Presses universitaires de Liège, 1994, pp. 85 – 96.

　　⑤ Walter Burkert, *Homo Necans: The Anthropology of Ancient Greek Sacrificial Ritual and Myth*, California: University of California Press, 1983, p. 90.

　　⑥ P. Bonnechere, *Le sacrifice human en Grèce ancienne*, p. 314.

的价值。① 詹姆斯·G. 弗雷泽弗（James G. Frazer）也默认人祭存在。他指出，依照原始习俗，阿卡狄亚国王是宙斯在人间的代理人，当遭遇干旱时，国王必须献出自己的生命以平息神怒，因而最初人祭的牺牲者是国王；随着时间发展，这种原始习俗逐渐发生变化，国王以他的儿子或孙子或某个国民的儿子、甚至远方陌生人代替自己作祭品。②

吕凯昂的宙斯崇拜中是否存在人祭，学界还未有定论。一方面，最早记述阿卡狄亚人祭的是《理想国》，此后的人祭描述与《理想国》中所述内容有很多相似之处，这不免让人怀疑后世记载可能是以柏拉图的文本作为资料来源。保萨尼亚斯虽游历阿卡狄亚，但谈及吕凯昂祭祀时，却借口宙斯祭祀为秘仪，未详述其内容，故无法确定人祭事实。另一方面，考古人员在祭坛沉积物中仅发现动物骨骼，未检测到人骨，故人祭的真实性无法确定。因此，关于吕凯昂的宙斯崇拜中的人祭问题，还有待细致考量。人祭的真实性目前虽无法确定，但人祭传说及仪式中对食人肉者的惩罚，③客观上为社会成员树立了一座道德界碑，不失为一种宗教训诫手段。

吕凯昂的宙斯崇拜，在全体阿卡狄亚的宗教生活及族群认同建构中，发挥着举足轻重的作用。品达称吕凯昂山的宙斯祭坛为"阿卡狄亚人的主宰"。④ 事实上，吕凯昂山是整个阿卡狄亚地区的宗教圣地，本节所讨论的具有泛阿卡狄亚性质的三位神祇的崇拜中心均在吕凯昂山。对此，保萨尼亚斯有较全面记述。除了介绍吕凯昂山上的潘神圣

---

① Madeleine Jost, "Deux mythes de métamorphose en animal et leurs interprétations: Lykaon et Kallisto", *Kernos*: *Revue internationale et pluridisciplinaire de religion grecque antique*, Vol. 18, 2005, pp. 347 – 370.

② James G. Frazer, *The Golden Bough*: *A Study of Magic and Religion*, London: Macmillan and Co., 1900, i158f.

③ 文献中多次提及宙斯祭仪的参与者要食用混合人肉的祭牲，而误食人肉者将被放逐。这种以是否食人肉作为判定流放与否的做法很可能是为人祭杀戮找寻替罪羊。依照早期杀人法，一个人如果杀死了邻近部落或城市的成员，他必须自杀或付出足够代价；但如果杀死自己所在部落或城市的成员，他必须被处死或永远放逐。参见 Hugh E. Seebohm, *On the Structure of Greek Tribal Society*, London: Macmillan and Co., 1895, pp. 41 – 45.

④ Pindar, *Olympian Odes* 13. 108 – 109.

所，① 他还讲道："戴斯波伊娜圣所左侧是吕凯昂山。一些阿卡狄亚人
把此山称为'奥林波斯山'（Olympos），另一些阿卡狄亚人则把它叫
做'圣峰'；阿卡狄亚人宣称'克里特故事'（ὁ Κρητῶν λόγος）中宙
斯被抚养长大的地点是吕凯昂山上一个叫'克里特亚'（Kretea）的地
方，而非克里特（Krete）岛。"② 全希腊人都相信奥林波斯山是宙斯统
辖下的诸神居所，奥林波斯的宙斯（Zeus Olympios）是希腊名声最大的
宙斯，克里特岛作为抚育宙斯的场所的神话在希腊世界也是众所周知。
阿卡狄亚人以这些泛希腊神话和神学为前提进行争辩，试图将吕凯昂的
宙斯等同于奥林波斯的宙斯，发展并推广自己的一套关于宙斯等神祇崇
拜的"地方性知识"。这种泛希腊宗教的具有竞争性的地区版本的生产，
旨在打造吕凯昂山的圣山地位，增强阿卡狄亚人的族群认同。

吕凯昂的宙斯还被当作阿卡狄亚"民族之神"刻在钱币上。公元
前5世纪的阿卡狄亚钱币就以吕凯昂的宙斯形象作为币刻图案。宙斯
端坐于宝座上，一只手持权杖，另一只手举着类似鹰的鸟类动物，钱
币背面则刻有 ΑΡΚΑΔΙΚΟΝ 或其从右到左的古老的简写字样ΑЯΚΑ。
该钱币流行于公元前5世纪的大部分时期。对于该钱币的性质，学者
们意见不一。W. P. 瓦莱仕（W. P. Wallace）指出，公元前490年左
右，在克莱奥麦奈斯（Kleomenes）的努力下，阿卡狄亚组建了地区同
盟，故该币属于同盟钱币。C. M. 克雷（C. M. Kraay）也认为，该币是
阿卡狄亚同盟发行的钱币。③ 对此，巴克利·文森特·黑德（Barclay
Vincent Head）给出了不同看法。他认为，公元前5世纪的阿卡狄亚钱
币并非同盟性质，而是在吕凯亚节使用的具有宗教意义的钱币。④

由于古代文献中没有阿卡狄亚同盟存在于公元前5世纪的确凿证

---

① Pausanias，*Description of Greece* 8. 38. 5.

② Pausanias，*Description of Greece* 8. 38. 2.

③ W. P. Wallace，"Kleomenes, Marathon, the Helots, and Arkadia"，*The Journal of Hellenic Studies*，Vol. 74，1954，pp. 32 – 35；C. M. Kraay，*Archaic and Classical Greek Coins*，London：Methuen，1976，pp. 97 – 98.

④ Barclay Vincent Head，*Historia Numorum：A Manual of Numismatics*，pp. 444 – 448.

据。希罗多德记述了克莱奥麦奈斯鼓动阿卡狄亚人建立地区同盟,[①]
但仅提及组建同盟的意图,并未讲述后续事宜,故不能判定阿卡狄亚
同盟的存在。公元前 5 世纪末,阿卡狄亚强邦泰盖亚和曼提内亚瓜分
阿卡狄亚南部,建立各自的地区军事同盟,表明当时的阿卡狄亚不可
能存在统一的地区同盟。因此,公元前 5 世纪的阿卡狄亚钱币,可能
并非同盟钱币。由于同时期有类似式样的希腊其他地区的钱币,与其
所属地区的宗教节庆和宗教活动有关,[②] 故笔者认为公元前 5 世纪的
阿卡狄亚钱币可能与吕凯亚节相关联。以吕凯昂的宙斯形象作为钱币
图案,同时刻写 APKAΔIKON 的做法表明,吕凯昂的宙斯已经成为了
地区族群认同的象征和标志。

　　阿卡狄亚强邦泰盖亚和曼提内亚也铸造并使用此类钱币。泰盖亚
和曼提内亚几乎在同一时间开始和停止铸造此类钱币,[③] 可能有着相
同目的。托马斯·海涅·尼尔森（Thomas Heine Nielsen）指出,泰盖
亚在公元前 5 世纪的大部分时间里使用此类钱币,直至公元前 4 世纪
末才铸造自己的钱币,并以 TEΓEATAN 取代原先的 APKAΔIKON 字
样,曼提内亚是在公元前 418 年停止铸造此类钱币。[④] 公元前 5 世纪
末,曼提内亚和泰盖亚建立了各自的地区军事同盟,[⑤] 大约同时,它

---

　　① Herodotus, *The Persian Wars* 6. 74.

　　② 麦塔佛提昂（Metaphotion）钱币背面刻有河神（Acheloos）,且伴有 Ἀκέλοιο ἄεθλο 字
样,黑德指出,该钱币用于纪念河神的宗教赛会,很可能是用作比赛奖品。在埃利斯发现的刻有
OΛYNΠIKON 字样的钱币,则与奥利匹亚赛会相关。参见 Barclay Vincent Head, *Historia Numo-
rum: A Manual of Numismatics*, p. 76; C. Seltman, *Greek Coins*, London: Methuen, 1955, p. 120;
C. M. Kraay, *Archaic and Classical Greek Coins*, London: Methuen, 1976, p. 179; Barclay Vincent
Head, *Historia Numorum: A Manual of Numismatics*, p. 420; W. P. Wallace, "Kleomenes, Marathon,
the Helots, and Arkadia", p. 34.

　　③ 公元前 5 世纪的阿卡狄亚钱币的铸造地共有三个,泰盖亚、克雷托尔和曼提内亚,它们
铸造阿卡狄亚钱币的起始时间分别是公元前 477 年、公元前 490 年、公元前 477 年,终止时间最
晚可能在公元前 420 年左右。参见 Roderick T. Williams, *The Confederate Coinage of the Arcadians in
the Fifth Century*, NewYork: America Numismatic Society, 1965, pp. 1–32.

　　④ Thomas Heine Nielsen, "Was There an Arkadian Confederacy in the Fifth Century B. C. ?" in
M. H. Hansen and K. Raaflaub eds. , *More Studies in the Ancient Greek Polis*, Stuttgart: Franz Steiner,
1996, p. 51.

　　⑤ Thucydides, *The Peloponnesian War* 4. 134.

们停止铸造阿卡狄亚钱币，二者在时间上的重合表明，此类钱币可能在泰盖亚和曼提内亚谋取地方霸权的过程中发挥了相同作用，即借吕凯昂的宙斯的声望，提升两邦在阿卡狄亚的影响。

公元前 4 世纪阿卡狄亚同盟成立[①]后，吕凯昂的宙斯再次作为币刻图案与潘神一同刻于钱币两面，成为阿卡狄亚同盟国家的象征。[②] 与此同时，阿卡狄亚人重新编排族谱。此前的阿卡狄亚谱系由佩拉斯戈斯、吕卡昂及其子尼克提摩斯三代构成。佩拉斯戈斯是来到阿卡狄亚的第一人，是阿卡狄亚人最初的名祖，那时的阿卡狄亚被称为佩拉斯吉亚，居住在这片土地上的人们被称为佩拉斯戈斯人。[③] 之后，佩拉斯戈斯之子吕卡昂继位，他生育了众多子嗣，其中，尼克提摩斯继位为王，其余诸子成为阿卡狄亚各地的建立者和名祖。[④] 公元前 4 世纪，为满足阿卡狄亚同盟的政治统一需要，阿卡狄亚人丰富其谱系内容，将卡利斯托[⑤]

---

① 目前有关阿卡狄亚同盟成立的时间，学界主要有两种不同看法。罗德里克·T. 威廉姆斯（Roderick T. Williams）、R. 西利（R. Sealey）、C. M. 克雷等一部分学者，以所谓的"阿卡狄亚钱币"（公元前 5 世纪刻有 ΑΡΚΑΔΙΚΟΝ 或其从右到左的古老的简写字样ΑЯΚΑ的钱币）为证据，认为阿卡狄亚同盟成立于公元前 5 世纪；W. P. 瓦莱仕则以希罗多德著作中描述的，公元前 5 世纪克莱奥麦奈斯鼓励阿卡狄亚地区联合尝试作为文献辅证。但这种观点遭到了另一部分学者的反对。巴克利·文森特·黑德从钱币学的角度，分析对比了与"阿卡狄亚钱币"同时期的希腊其他地区的钱币，指出公元前 5 世纪的"阿卡狄亚钱币"并非同盟钱币，而可能是与阿卡狄亚地区的宗教活动有关。托马斯·海涅·尼尔森通过对文献、铭文和货币的综合考量，指出阿卡狄亚同盟的成立时间应该是公元前 4 世纪。鉴于后一种观点的论证相对更缜密，笔者倾向于认为，阿卡狄亚同盟成立于公元前 4 世纪。参见 Roderick. T. Williams, *The Confederacy Coinage of the Arcadian in the Fifth Century*, New York: American Numismatic Society, 1965; R. Sealey, *A History of the Greek City States* 700 – 338 *B. C.*, London: University of California Press, 1976, pp. 253 – 254; C. M. Kraay, *Archaic and Classical Greek Coins*, London: Methuen, 1976, pp. 95 – 96; W. P. Wallace, "Kleomenes, Marathon, the Helots, and Arkadia", pp. 32 – 35; Thomas Heine Nielsen, "Was There an Arkadian Confederacy in the Fifth Century B. C.?" pp. 39 – 61; Barclay Vincent Head, *Historia Numorum: A Manual of Numismatics*, p. 448.

② Barclay Vincent Head, *Historia Numorum: A Manual of Numismatics*, pp. 444, 450.

③ Pausanias, *Description of Greece* 8. 1. 6.

④ Pausanias, *Description of Greece* 8. 3. 1 – 8. 3. 5; Apollodorus, *The Library* 3. 8. 1.

⑤ 卡利斯托，吕卡昂之女，传说宙斯十分爱慕卡利斯托，便装成阿尔特弥斯引诱卡利斯托，生下了阿尔卡斯，后来卡利斯托不幸被杀（一种说法是她被阿尔特弥斯射杀，另一种说法是她被其子阿尔卡斯误杀）。宙斯感念卡利斯托将她化作星辰。参见 Apollodorus, *The Library* 3. 8. 2; Pausanias, *Description of Greece* 8. 3. 6.

之子阿尔卡斯定为尼克提摩斯之后的阿卡狄亚王位继承者。在这份新谱系中，吕卡昂是阿尔卡斯的外祖父，宙斯是阿尔卡斯的父亲。自此，阿尔卡斯成为阿卡狄亚同盟的官方新名祖，吕凯昂的宙斯也因阿卡狄亚名祖之父的新身份，从纯宗教性质的神发展为兼具宗教、族群、政治三重象征意义的地区标识。

作为阿卡狄亚人普遍崇拜的神祇，吕凯昂的宙斯还是远离故土的阿卡狄亚人的灵魂寄托。公元前 401 年，来自阿卡狄亚的雇佣军在万人远征的行军途中，举行了吕凯昂的宙斯的献祭仪式。色诺芬记述道："居鲁士行军至佩尔泰（Peltae）时停留了三天，在此期间阿卡狄亚人克塞尼亚斯（Xenias）向宙斯献祭，并举行赛会庆祝吕凯亚节。"① 对于这些身处异乡的阿卡狄亚人，吕凯昂的宙斯是他们的情感慰藉，深深植根于其民族认同之中。

潘神是土生土长的阿卡狄亚神祇。② 潘神的出生神话传说有多个版本，但其阿卡狄亚本土神的身份始终是确定的，且获得了希腊世界的普遍认可。③ 按照影响最大的具有泛希腊性质的神话版本的说法，潘神诞生于阿卡狄亚，是赫尔墨斯（Hermes）之子。传说赫尔墨斯来到阿卡狄亚，带来清泉与羊群，在这里他爱上了德吕奥普斯（Dryops）的女儿并娶其为妻，他们育有一子虽长相丑陋，却总是满面欢笑，当赫尔墨斯将他带到宙斯及其他神面前时，众神都很高兴，为之取名为"潘"，因为他给众神的内心带来欢乐。④

上述神话流行于公元前 5 世纪，其中关于潘神名称来源的说法不过是当时人们的一种"通俗词源"推想。潘神原本的和最主要的属性是牧

---

① Xenophon, *Anabasis* 1. 2. 10.

② Pausanias, *Description of Greece* 8. 26. 2.

③ Herodotus, *The Persian Wars* 2. 145；Apollodorus, *Epitome* 7. 38, in *Apollodorus*, *The Library II：Books 3. 10 - end and Epitome*（Loeb）, Cambridge, Massachusetts：Harvard University Press, 1921；Nonnos, *Dionysiaca* 14. 92 - 94, in *Nonnos I*（Loeb）, Cambridge, Massachusetts：Harvard University Press, 1940.

④ *Homeric Hymns* 19. 47.

羊神，就真正的词源而言，其名称 Pan 其实与"畜牧"一词相关联。来自吕凯昂山的公元前 6 世纪的一篇铭文上刻有潘神名称当地方言的与格形式 Paoni。① 迈锡尼线形文字 B 泥板文书上出现的 ai‑ki‑pa‑ta② 记录的很可能是 aigi‑pa（s）tās（"山羊群"）一词。Paoni 和 pa（s）tās 应来自同一词根 pa（s）。拉丁语中的 pasco（"饲养、喂养"）、pascor（"放牧"）、pastor（"牧羊人"）显然也是其同源词。③ 它们均为继承原始印欧语词汇的共同遗产。潘神名称的本义即"畜群的保护者"。

实际上，潘神与畜群之间的联系反映了阿卡狄亚的客观现实。阿卡狄亚地处封闭山区，多山和耕地缺乏使得这里的畜牧业发达，尤其以山羊、绵羊的繁盛闻名希腊。④ 考古学家在吕凯昂山的潘神神庙，发现了一系列青铜祈祷物。其中，一些用于还愿的小雕像所刻画的头戴呢帽、衣着厚重斗篷的牧羊人形象，表明了阿卡狄亚畜牧业的重要地位。潘神作为牧神被人们所崇拜，切合阿卡狄亚的地区现实。

潘神崇拜广泛分布于阿卡狄亚各地。阿卡狄亚的城镇和乡村均建有潘神神庙，如赫莱亚、泰盖亚、麦伽罗波利斯等城市以及乡村佩莱坦塞斯（Peraithenses）和奥莱（Aule）。⑤ 潘神崇拜还覆盖了几乎整个阿卡狄亚山区。在阿卡狄亚西北部的拉姆佩亚山区（Lampeia），潘神拥有神圣地位。⑥ 居住在阿卡狄亚中部麦那隆山周边的人们说，他们曾听到潘神演奏的管乐。⑦ 阿卡狄亚南部位于吕科苏拉城右侧的诺米

---

① *IG* V 2. 556.

② KN Fh 346；PY Ae 264 +.

③ Hubert Cancik and Helmuth Schneider eds. , *Brill's New Pauly*: *Encyclopaedia of the Ancient World*, Leiden-Boston: Brill Academic Publishers, 2007, s. v. Pan; N. G. L. Hammomd and H. H. Scullard eds. , *The Oxford Classical Dictionary*, New York: Oxford University Press, 1996, s. v. Pan .

④ *Homeric Hymns* 19. 30; Pindar, *Olympian Odes* 6. 100.

⑤ Pausanias, *Description of Greece* 8. 30. 6, 8. 53. 11, 8. 54. 4; Aelian, *De Natura Animalium* 11. 6, in E. H. Warmington ed. , *Aelian*: *On Animals II* (Loeb), Cambridge, Massachusetts: Harvad University Press, 1959.

⑥ Pausanias, *Description of Greece* 8. 24. 4.

⑦ Pausanias, *Description of Greece* 8. 36. 8; Ovid, *Fasti* 3. 81, in G. P. Goold rev. , *Ovid V* (Loeb), Cambridge, Massachusetts: Harvard University Press, 1989.

亚山上有一座潘神神庙，传说潘神在这里发明了管乐。① 阿卡狄亚西南部的吕凯昂山，亦有潘神崇拜。②

潘神崇拜在古风和古典时代就已存在，但其宗教仪式并无统一标准，大致内容包括向潘神献祭和一些庆祝活动。潘神的献祭仪式与吕凯昂的宙斯的祭仪类似，以未阉割的山羊或绵羊为祭牲，经宰割、肢解、焚烧后献给潘神。多数情况下，仪式还准备水、酒、蛋糕、蜂蜜等物。③ 牲祭仪式之后，是持续整夜的庆祝活动。整个仪式氛围欢快，饮酒醉酒贯穿始终。米南德的《愤世者》描绘了在斐莱（Phyle）举行的潘神祭仪。白天，人们向潘神奉献祭牲，午餐过后开始为潘神守夜直至第二天黎明。酒在整个过程中必不可少，人们在仪式上不断发出的喊叫声因醉酒变得更加震慑人心，这使得仪式氛围在欢快之余，多了些许紧张和惶恐。菲利普·博尔诺（Phillip Borgeaud）说道："快乐与愿望是（潘神）节日的核心所在，但其中不可避免地混入了焦虑和担忧。"④

至少在古典时代，潘神就已成为阿卡狄亚地区神。品达称呼潘神为"阿卡狄亚人的统治者"。⑤ 在卢齐安的《诸神对话》中，潘神说："我统治着整个阿卡狄亚。"⑥ 公元前4世纪，潘神作为阿卡狄亚国家的象征，与吕凯昂的宙斯一同被印于阿卡狄亚同盟钱币上。潘神头顶羊角，右手持投掷棒倚坐于岩石上，脚部的位置放着一只管乐器，其

---

① Pausanias, *Description of Greece* 8. 38. 11.

② Pausanias, *Description of Greece* 8. 38. 5.

③ Longus, *Daphnis et Chloe* 2. 31. 2 – 3, in Jeffrey Henderson ed. , *Longus*, *Xenophon of Ephesus* (Loeb), Cambridge, Massachusetts: Harvard University Press, 1916; Menander, *Dyskolos* 393 – 448, in W. G. Arnott ed. , *Menader I* (Loeb), Cambridge, Massachusetts: Harvard University Press, 1979; Theocritus, *Idyllia* 5. 55 – 60, in *Greek Bucolic Poets* (Loeb), Cambridge, Massachusetts: Harvard University Press, 1912.

④ Phillip Borgeaud, *The Cult of Pan in Ancient Greece*, K. Atlass and J. Redfield trans. , University of Chicago Press, 1988, p. 172.

⑤ Pindar, *Fragment 95*, in William H. Race ed. , *Pindar II* (Loeb), Cambridge, Massachusetts: Harvard University Press, 1997.

⑥ Lucian, *Dialogi deorum* 22. 2, in *Lucian VII* (Loeb), Cambridge, Massachusetts: Harvard University Press, 1961.

所倚靠的岩石上刻有 OΛY 或 OΛYM 的字样。① 这些币刻字样是"Ὄλυμπος（又 Οὔλυμπος）"的缩写。如同上文所提到的，这里的奥林波斯山指代的是阿卡狄亚地区的"圣峰"吕凯昂山，以 OΛY 或 OΛYM 标识的潘神实际上还是吕凯昂山的潘神。阿卡狄亚人用"奥林波斯"替代"吕凯昂"，是对奥林波斯山在希腊人心中的神圣地位的借用，意图在阿卡狄亚鼓吹出一座可与奥林波斯山相媲美的地方圣山。

不仅如此，潘神崇拜还超出本土范围，传播至希腊世界的其他地方，例如阿提卡地区的中心城镇雅典。许多古代文献均记述雅典的潘神崇拜是在马拉松战役之后才出现。雅典人设立潘神神庙，每年举行祭祀潘神的仪式活动，是因为他们相信潘神在马拉松战役中援助了雅典。希罗多德的《历史》记述到，希腊传令官、雅典长跑健将菲利皮戴斯声称前往雅典报信途中，他在泰盖亚的帕泰尼昂山遇到潘神，潘神喊出他的名字，并命令他询问雅典人为什么不关注自己，随后，潘神承诺会对雅典人友好，过去如此，以后也会继续向雅典人提供援助；雅典人听闻后相信了菲利皮戴斯讲述的故事，在马拉松战役胜利后，他们在卫城下方建立了潘神辖区，为讨好潘神每年还举办祭祀活动和火炬赛跑。② 希腊抒情诗人西门尼德斯写道："马拉松战役获胜后，米太亚德（Miltiades）在雅典创立潘神崇拜。"③ 保萨尼亚斯记述了："在距离泰盖亚不远处的地方有一座潘神神庙，雅典人和泰盖亚人都认为潘神曾在此处出现，并与菲利皮戴斯交谈。"④ 侬努斯在《狄奥尼西卡》中写道："潘神将在战争中帮助雅典人，他将消灭波斯人并拯救动荡的马拉松。"⑤

---

① Madeleine Jost, *Sanctuaires et Cultes d'Arcadie* (École française d'Athènes：Études péloponnésiennes 9), Paris：Librairie Philosophique J. Vrin, 1985, p. 184.

② Herodotus, *The Persian Wars* 6. 105.

③ Simonides, *Epigrams* 5, in David A. Campbell ed., *Greek Lyric III* (Loeb), Cambridge, Massachusetts：Harvard University Press, 1991.

④ Pausanias, *Description of Greece* 8. 54. 6.

⑤ Nonnos, *Dionysiaca* 27. 290 – 300, in *Nonnos II* (Loeb), Cambridge, Massachusetts：Harvard University Press, 1940.

上述文献记述的关于潘神帮助雅典人击败波斯人的传说，虽然并非事实，却可能是对阿卡狄亚人援助雅典人这一现实的折射。马拉松战役中，阿卡狄亚人与雅典人结成军事同盟，共同抵抗波斯入侵，很可能就是潘神援助雅典传说的故事原型和现实依据。潘神是阿卡狄亚本土神，在阿卡狄亚宗教文化中占有重要地位，因而很容易成为神话中代表整个阿卡狄亚地区和全体阿卡狄亚人的象征性标识。

马拉松战役后，潘神崇拜还传至阿提卡乡村地区。阿那弗吕斯托斯（Anaphlystos）附近设有潘神神庙。① 米南德的《恨世者》描述了斐莱的潘神崇拜。② 此外，阿提卡地区的一些岛屿居民也将潘神视为其保护者，如萨拉米斯附近的普叙塔莱亚（Psyttalea）。③ 以阿提卡为跳板，潘神崇拜迅速传播至整个希腊世界，如德尔菲、佛基斯、塔索斯（Thasos）、马其顿（Macedonia）、色雷斯、伊里利亚（Illyria）、伊奥尼亚群岛等地。④ 潘神成为了所有希腊人崇拜的神祇。

潘神在阿卡狄亚拥有自己的神庙和圣殿，但在希腊其他地方却以山洞作为其栖所。佛基斯的帕那索斯（Parnassos）山区居民将潘神供奉于山洞中，马拉松平原附近的潘神神所也以山洞取代了神庙。⑤ 祭祀潘神的仪式也在山洞举行。欧里庇底斯在《伊翁》中，描述了雅典人在山洞举行的潘神祭仪。⑥ 此外，潘神不再是人们单独崇拜的对象，他多以客居者的身份与宁芙女神（the nymphs）或其他具有乡村性质

---

① Strabo, *Geography* 9. 1. 21.

② Menander, *Dyskolos* 1 – 4.

③ Aeschylus, *Persians* 447 – 449, in Alan H. Sommerstein ed. , *Aeschylus I*: *Persians*, *Seven against Thebes*, *Suppliants*, *Prometheus Bound* (Loeb), Cambridge, Massachusetts: Harvard University Press, 2008; Pausanias, *Description of Greece* 1. 36. 2, in Pausanias, *Description of Greece*: *Books I – II* (Loeb), Cambridge, Massachusetts: Harvard University Press, 1918.

④ Philippe Borgeaud, *The Cult of Pan in Ancient Greece*, p. 48, no. 8 – 13.

⑤ Pausanias, *Description of Greece* 1. 32. 7, 10. 32. 7.

⑥ Euripides, *Ion* 492 – 500, in *Euripides IV*: *Trojan women*, *Iphigenia among the Taurians*, *Ion* (Loeb), Cambridge, Massachusetts: Harvard University Press, 1999.

的神明一同被祭拜。① 公元前 5 世纪，阿提卡城镇奥罗波斯（Oropos）的祭坛同时供奉了潘神、河神和宁芙女神。② 帕那索斯山的潘神山洞，也供奉宁芙女神。③ 潘神还常与狄奥尼索斯（Dionysos）、阿尔特弥斯（Artemis）同时出现。④ 人们将更具原始特性的洞穴作为潘神神所，可能是基于对阿卡狄亚地区野蛮、落后的刻板认知，而潘神与其他神明的一并崇拜，显然是各地居民依据自身需求主观选择的结果。在希腊世界的其他地区，潘神被重新定义了。

当潘神发展为一个泛希腊神后，它的名称 Πάν 也被与 πᾶν（"全"）联系起来而获得新的解释。《荷马颂歌》当中成书于公元前 5 世纪的《潘神颂歌》，将潘神命名的原因说成是他给"众神"（πᾶσιν）内心带来欢悦。苏格拉底在《克拉底鲁篇》中说道："潘神讲述并总是推动着一切（πᾶν）。"⑤ 在俄耳普斯（Orphic）传统中，潘神更是被理解为掌管一切的神。⑥ Πάν 与 πᾶν 语音的相似性很容易给人们提供想象的灵感，将两者在词源上联系起来。这种解释在当今学者看来是穿凿附会的通俗词源学，但在希腊宗教史上却催生了一种崭新的神学思想，潘神也因此从单纯的牧神变身为一种万物之神。

戴斯波伊娜是阿卡狄亚另一个为人广泛崇拜的本土神。菲伽雷亚、吕科苏拉以及泰尔普萨均有与之相关的神话传说，⑦ 内容大致相同。德墨特尔（Demeter）寻找女儿珀尔塞福涅（Persephone）时被波塞冬看中，为摆脱紧追其后的波塞冬，德墨特尔化成一匹母马，躲藏于正

---

① Philippe Borgeaud, *The Cult of Pan in Ancient Greece*, pp. 48 – 52, 133 – 162.

② Pausanias, *Description of Greece* 1. 34. 3.

③ Pausanias, *Description of Greece* 10. 32. 7.

④ Pausanias, *Description of Greece* 2. 10. 2 – 3, 2. 34. 6.

⑤ Plato, *Cratylus* 408c, in *Plato IV*（Loeb）, Cambridge, Massachusetts：Harvard University Press, 1926, p. 86.

⑥ Orpheus, *Hymni* 11. 1 – 3, in Orpheus, *Hymni*, Berolini：Apud Weidmannos, 1962.

⑦ Pausanias, *Description of Greece* 8. 25. 5 – 7, 8. 42. 1；Callimachus, *Fragment* 652, in C. A. Trypanis ed., *Callimachus：Fragments*（Loeb）, Cambridge, Massachusetts：Harvard University Press, 1958.

在食草的母马群中，波塞冬识破后化成一匹种马享用了德墨特尔，由此德墨特尔诞下了戴斯波伊娜。与德墨特尔、珀尔塞福涅的神名不同，戴斯波伊娜这一名称 $\Delta\varepsilon\sigma\pi o\iota v\alpha$ 在希腊语中本身就是一个意义明确的名词，意即"女主人"。

上面提到的几个地方均有关于戴斯波伊娜的传说，但目前可考究的且具有泛阿卡狄亚影响的戴斯波伊娜崇拜在吕科苏拉城。保萨尼亚斯记述到："没有任何一个神比吕科苏拉城的戴斯波伊娜更受阿卡狄亚人崇拜。"[①] 保萨尼亚斯没有将前往吕科苏拉城参加戴斯波伊娜宗教仪式的人们限定为吕科苏拉人，而是统一称呼为阿卡狄亚人。可见，戴斯波伊娜是所有阿卡狄亚人崇拜的女神。

在阿卡狄亚人心中，戴斯波伊娜的重要性可能远超吕科苏拉城本身。公元前368年，阿卡狄亚同盟筹建新城麦伽罗波利斯，决定将吕科苏拉及阿卡狄亚南部的部分地区划入其中。当时，一些地区的居民拒绝迁入新城，同盟便暴力破坏了他们的居所，吕科苏拉城居民也拒绝搬离故地，但该城却未遭荼毒。依据保萨尼亚斯的记述，吕科苏拉城因为有德墨特尔和戴斯波伊娜的庇护而幸免于难。[②] 戴斯波伊娜的声望与影响，还体现在吕科苏拉城内为其建造的一座规模宏大的雕像群。经考古研究证实，雕像高约5.8—5.9米，由公元前2世纪的雕刻家达摩丰（Damophon）完成。[③] 该雕像并非由一块大理石雕刻而成，而是用各类零部件对已雕刻好的各部分的组合。[④] 如此大规模且工艺复杂的雕像，必然需要大批劳动力，尤其是技艺娴熟的工匠，这绝非吕科苏拉这样的小城依自身影响所能招揽的，更多地还是凭借戴斯波伊娜在阿卡狄亚的威望。

[①] Pausanias, *Description of Greece* 8. 37. 8 – 9.

[②] Pausanias, *Description of Greece* 8. 27. 6.

[③] Guy Dickins, "Damophon of Messene", *The Annual of the British School at Athens*, Vol. 12, 1905/1906, pp. 109 – 136; Guy Dickins, "Damophon of Messene III", *The Annual of the British School at Athens*, Vol. 17, 1910/1911, pp. 80 – 87.

[④] Guy Dickins and K. Kourouniotis, "Damophon of Messene: II", *The Annual of the British school at Athens*, Vol. 13, 1907, pp. 357 – 404.

保萨尼亚斯描述了戴斯波伊娜神庙雕像的细节："神庙雕像出自达摩丰之手……德墨特尔右手持火炬，左手搭在戴斯波伊娜身上，戴斯波伊娜双膝上放着一只权杖和一个由其右手把持着的被称为篮子（κίστην）的东西……站立在德墨特尔一侧的是阿尔特弥斯，她身裹鹿皮、肩背箭袋，一只手持火把，另一只手则握着两条蛇，她身边还依靠着一只猎犬；站立在戴斯波伊娜一侧的是阿尼托斯（Anytos），他是一个身着盔甲的男性。"[①] 通过对神庙雕像残片的研究，盖伊·迪金斯（Guy Dickins）发现，保萨尼亚斯描述的神庙雕像是真实存在的，由德墨特尔、阿尼托斯、戴斯波伊娜和阿尔特弥斯四个人物形象构成，德墨特尔和戴斯波伊娜坐在中央宝座上，阿尔特弥斯和阿尼托斯则分别站在宝座两侧。[②]

雕像在对象的选择和组合上颇有深意。德墨特尔被称作谷物女神，但对其更准确的定义应是"野生之母"，即一切生灵的母亲。阿尔特弥斯为狩猎女神。这两位女神的神性与神职同自然界，尤其是动物密切相关。雕像中依靠阿尔特弥斯的猎犬和缠绕在其手中的两条蛇表明了这种联系。在阿卡狄亚神话中，德墨特尔是戴斯波伊娜的母亲，阿尔特弥斯是戴斯波伊娜的同胞姐妹，这种亲缘关系暗示了戴斯波伊娜可能和德墨特尔、阿尔特弥斯一样，与动物存在关联。雕像中戴斯波伊娜的头纱图案证实了这一点。

头纱图案描绘的可能是一场祭祀仪式，约十五个装扮成动物形象的人参与其中，有四人演奏音乐，一个人装成狐狸吹奏双管长笛，两个人装成马弹奏三角竖琴和吹奏双管笛，还有一个人装成马科动物演奏竖琴，余下的人则化装成猪、公羊和驴跳舞行进。[③] 这些图案所刻形象仅有头部和手足呈现出动物特征，穿着佩戴却是人类的，因此他

---

①　Pausanias, *Description of Greece* 8. 37. 4 – 5.

②　Guy Dickins, "Damophon of Messene", pp. 109 – 136; Guy Dickins, "Damophon of Messene: III", pp. 80 – 87.

③　Madeleine Jost, "Mystery Cults in Arcadia", in Michael B. Cosmopoulos ed., *Greek Mysteries: The Archaeology and Ritual of Ancient Greek Secret Cult*, London and New York: Routledge, 2003, pp. 157 – 164.

们可能是由人类装扮而成。人类在仪式上装成动物，很可能是因为戴斯波伊娜动物保护神的身份。图案细节没有强调戴斯波伊娜与某种动物的特殊关系，故其守护的可能是所有动物。考古学家在戴斯波伊娜秘仪举办地发现的小型人物雕像，进一步证实了戴斯波伊娜女兽神的身份。这些雕像高约 15 厘米，多是以公羊头或牛头为首，他们身着宽松长衫静止站立，大多数还头顶篮子，可以确定其中一些是男性，另一些可能是女性，这些雕像所刻画的可能是吕科苏拉城的男女祭司。①

吕科苏拉城崇拜戴斯波伊娜的同时，也敬奉德墨特尔，这一情形让人联想到以德墨特尔和珀尔塞福涅为崇拜对象的厄琉西斯秘仪（Eleusinia Mysteria）②。吕科苏拉城崇拜的女神与厄琉西斯秘仪崇拜的女神，在称呼上稍有不同，但二者本质上都是对母亲神和少女神的崇拜。艾伦·赫丽生（Ellen Harrison）指出："少女神和母亲神崇拜其实是二位一体的女神崇拜，是古老母权社会的反映……少女和母亲是女性一生中两个不同阶段的身份，随着这种身份逐渐明确化、形象化和具体化，诞生了以母女关系一同出现的宗教崇拜。"③ 这种母女神崇拜在希腊较为普遍，吕科苏拉城的戴斯波伊娜和德墨特尔崇拜只是其中之一。④ 依据保萨尼亚斯的描述，奥林匹亚圣地阿尔提斯（Altis）外的一座祭坛是献给 Δέσποιναι 的。⑤ Δέσποιναι 系 Δέσποινα 的复数，

① K. Kavvadias, "Ekthesisi ton pepragmenon tes Hetaireias kata to etos 1897", *Praktika*, 1898, p. 28; K. Kourouniotes, "To en Lukosoura Megaron tes Despoines", *ArchEph*, 1912, pp. 142, 155 – 159; Madeleine Jost, *Sanctuaires et Cultes d' Arcadie*, p. 157; M. Jost, "Mystery cults in Arcadia", pp. 143 – 168; E. Durie, "Les fonctions sacerdotales au sanctuaire de Despina à Lykosoura – Arcadie", *Horos* 2, 1984, pp. 137 – 147.

② 厄琉西斯秘仪是古希腊阿提卡西部城镇厄琉西斯的一个神秘宗教的年度入会仪式，以德墨特尔和珀尔塞福涅为崇拜对象，是有文字记载的最早的神秘宗教仪式。

③ ［英］简·艾伦·赫丽生：《希腊宗教研究导论》，谢世坚译，广西师范大学出版社 2006 年版，第 249 页。

④ Pausanias, *Description of Greece* 5. 15. 4; Aristophanes, *Thesmophoriazusae* 1148 – 1156, in Jeffrey Henderson ed., *Aristophanes III* (Loeb), Cambridge, Massachusetts: Harvard University Press, 2000; Sophocles, *Oedipus Coloneus* 1050, in *Sophocles II* (Loeb), Cambridge, Massachusetts: Harvard University Press, 1994.

⑤ Pausanias, *Description of Greece* 5. 15. 4.

在这里指的是德墨特尔和珀尔塞福涅母女。与阿卡狄亚地区只将女儿神称为"戴斯波伊娜"不同的是,奥林匹亚地区将当地崇拜的母女神均冠以这一称号,其义为"女主人"。

除了以母女神作为崇拜对象,戴斯波伊娜祭祀仪式的禁忌与厄琉西斯秘仪也有相同之处。举行祭牲仪式前,人们前往戴斯波伊娜神庙,献上自己种得的所有果实,但石榴除外。这与厄琉西斯秘仪将石榴列为禁品的做法不谋而合。依据厄琉西斯秘仪的相关传说,德墨特尔的女儿珀尔塞福涅被哈德斯(Hades)诱拐到冥界,德墨特尔苦寻无果。当得知哈德斯劫走她的女儿得到了宙斯同意,德墨特尔一怒之下离开奥林波斯山,来到人间。德墨特尔的愤怒令人间颗粒无收,宙斯派众神前往安慰德墨特尔,但都无济于事。德墨特尔发誓绝不返回奥林波斯山,也绝不会恢复大地生产,除非她见到自己的女儿。为了平息德墨特尔的怒气,天神与哈德斯协商后决定,让珀尔塞福涅回到德墨特尔身边。但是,珀尔塞福涅返回人间前,食用了冥界食物石榴,这使得她没能完全脱离冥界,每年有三分之一的时间要继续待在冥界。因此,在厄琉西斯秘仪中,石榴不能作为祭品。

在一些宗教元素上,戴斯波伊娜崇拜与厄琉西斯秘仪也有相似之处。在厄琉西斯秘仪中,珀尔塞福涅最常见的形象是手持火炬,火炬是照亮她从冥界归来的必要工具,因而成为厄琉西斯秘仪的象征物。同样,篮子也是厄琉西斯秘仪中不可缺失的工具。亚历山大里亚的克莱蒙,在《劝诫书》中记述了厄琉西斯秘仪的固定仪式用语:"我已经斋戒过,喝过混合物($\kappa\nu\kappa\epsilon\tilde{\omega}\nu\alpha$),从篮子($\kappa\acute{\iota}\sigma\tau\eta$)里取出东西,完成这些后,我把东西放在一个底部狭窄的篮子($\kappa\acute{\alpha}\lambda\alpha\theta\sigma\varsigma$)里,然后再把这些东西从底部狭窄的篮子里取出放回到篮子里……"[①] 其中,$\kappa\acute{\iota}\sigma\tau\eta$ 是对仪式中盛放东西所用篮子的固定称呼。这两个厄琉西斯秘

---

① Clement of Alexandria, *Protrepticus* 2.18, in Jeffrey Henderson ed., *Clement of Alexandria* (Loeb), Cambridge, Massachusetts: Harvard University Press, 1919.

仪的必需品都出现在戴斯波伊娜神庙石雕中，保萨尼亚斯更明确使用 κίστην，称呼戴斯波伊娜手中的篮子。[1]

戴斯波伊娜宗教崇拜与厄琉西斯秘仪之间的某些联系，可能与雕像创作者达摩丰有关。生活于公元前 2 世纪的达摩丰，无法避免当时社会的影响，其作品中很可能融入了一些时下流行的厄琉西斯秘仪元素。但这并不表示戴斯波伊娜宗教崇拜照搬自厄琉西斯秘仪。达摩丰在作品中加入了一些厄琉西斯秘仪元素，但同时也保留了阿卡狄亚的古老宗教传统，例如雕像中名为阿尼托斯的男性。依据保萨尼亚斯的记述，阿尼托斯是戴斯波伊娜的养父，同时也是提坦神之一。[2] 该形象仅存于阿卡狄亚地区，因而可能是一个严格意义上的阿卡狄亚创造。盖伊·迪金斯指出，阿尼托斯代表的可能是吕科苏拉最古老的居民，或者某个被遗忘的英雄，随时间推移，人们逐渐把对该形象的崇拜与戴斯波伊娜崇拜融合在一起。[3] 雕像中阿尼托斯这一形象的设置，很可能就是达摩丰对阿卡狄亚古老传统的继承。

戴斯波伊娜的宗教祭祀也具有阿卡狄亚特色。祭祀仪式的举办地是神庙左侧的麦伽隆（megaron），这是一种以长方形大厅为主的建筑结构。依据 M. C. 赫尔曼（M. C. Hellmann）和 E. 鲍拉纳齐 - 康多莱昂（E. Bolanacchi - Condoléon）的定义，这是一个封闭式的庇护所，四周被墙体包围，目的是不让外人看到秘仪内容，大厅中可能有一个祭坛和用于焚烧祭牲的坑。[4] 保萨尼亚斯记述了在这里举办的仪式场景："人们慷慨地向戴斯波伊娜献上祭品，每个人都献出了自己拥有的一切。不同于其他牲祭仪式，人们没有割破祭牲的喉咙，而是随机

---

[1] Pausanias, *Description of Greece*, 8.37.4.

[2] Pausanias, *Description of Greece*, 8.37.5.

[3] Guy Dickins, "Damophon of Messene", p.129.

[4] M. C. Hellmann, *Recherches sur le vocabulaire de l'architecture grecque*, *d'après les inscriptions de Délos*, Vol. 278, Ecole française d'Athènes, 1992, pp. 258 – 260; E. Bolanacchi-Condoléon, "Megarou Episkepsis I", *Horos*, Vol. 10 – 12, 1992 – 1998, pp. 473 – 490.

砍掉牲畜四肢中的一肢。"① 戴斯波伊娜祭仪没有将某种动物限定为祭牲，而是随机砍杀动物的一肢，这不同于厄琉西斯秘仪。在厄琉西斯秘仪中，猪是重要祭牲，甚至还作为宗教标志刻于厄琉西斯硬币上。虽然在某些特殊情况下，厄琉西斯秘仪也会使用稀缺且体形庞大的动物，② 但多数情况下仍以最便宜、最常见的猪作为祭牲。此外，戴斯波伊娜祭祀仪式呈现出的"更加热情且鼓舞人心的氛围"③，也不同于厄琉西斯秘仪。因此，尽管这两种宗教崇拜存在某些相似之处，但终究不能等同而视。

古代文献中没有关于戴斯波伊娜崇拜外传的记载，因而其崇拜范围可能仅限于阿卡狄亚本土。即便如此，戴斯波伊娜依旧是全体阿卡狄亚人心中共同的女兽神，其泛阿卡狄亚地位毋庸置疑。

阿卡狄亚人因为拥有共同的文化属性而被视作一个统一族群，同时又因各地文化属性上的具体差异被划分为多个相互独立的次一级族群。文化属性上的共性与个性使阿卡狄亚人形成了统一的族群认同和相对独立的次一级族群认同。这两种不同层次的族群认同对阿卡狄亚地区，尤其是地区政治发展产生了不同影响。相对独立的次一级族群认同在一定程度上使阿卡狄亚内部各社会陷入了一种各自为政、相互斗争的状态，这不但影响了阿卡狄亚人的团结，还使整个地区长期处于分裂状态。统一的阿卡狄亚族群认同能够促进阿卡狄亚地区团结，有时甚至在推动整个地区的政治联合的过程中发挥着重要作用。需要注意的是，阿卡狄亚人在统一认同基础上的团结，尤其是政治上的统一，通常是短暂且有条件的。只有当阿卡狄亚人面临外部威胁时，统一族群认同的重要性才会突显出来，一旦外部威胁消失，阿卡狄亚人对其所在的次一级族群的认同感会迅速回温并占据主导地位。因此，在一定外部因素的作用下，统一的族群认同与次一级的族群认同处于此消彼长的状态。

---

① Pausanias, *Description of Greece* 8.37.8.

② Plato, *Republic* 2.378a, in *Plato V* (Loeb), Cambridge, Massachusetts：Harvard University Press, 1930.

③ Daniel Ogden, *A Companion to Greek Religion*, Blackwell Publishing, 2007, p.269.

第二章 迈向统一：从城邦间的对抗到
阿卡狄亚同盟的建立

公元前6世纪至公元前4世纪初期，阿卡狄亚地区在政治上一直处于分裂状态。阿卡狄亚城邦，尤其是地区性强邦间相互争斗不断。城邦之间的争斗阻碍了阿卡狄亚人的团结，导致阿卡狄亚地区的长期分裂，同时还为外部势力的入侵，尤其是斯巴达控制阿卡狄亚提供了便利。阿卡狄亚地区的分裂局面直到公元前4世纪才有所改变。公元前4世纪初期，希腊局势的变化为阿卡狄亚人摆脱斯巴达控制，实现地区政治统一创造了条件。公元前370年，阿卡狄亚诞生了其历史上唯一一个地区性国家——阿卡狄亚同盟，该同盟的建立标志着阿卡狄亚地区从分裂走向了统一。

第一节 公元前6、前5世纪阿卡狄亚的地区冲突

阿卡狄亚地区存在许多城邦，这些城邦一直处于一种相互独立、各自为政的状态，并且经常为谋取、巩固以及扩大各自的利益发生冲突。公元前6世纪，尤其是公元前5世纪，阿卡狄亚城邦之间经常发生战争，整个阿卡狄亚地区由此陷入了分裂动荡。[①] 阿卡狄亚的东部

---

① Thomas Heine Nielsen, *Arcadia and its Poleis in the Archaic and Classical Periods*, Göttingen: Vandenhoeck & Ruprecht, 2002; Hans Beck, *Polis und Koinon Untersuchungen Zur Geschichte Und Struktur Der Griechischen Bundesstaaten Im 4. Jh. V. Chr*, 1997, pp. 72–73; S. Psoma, "Ἀρκαδικόν", *Horos* 13, 1999, pp. 81–96; James Roy, "On Seeming Backward: How the Arkadians Did It", in S. D. Lambert ed., *Sociable Man: Essays on Ancient Greek Social Behaviour in Honour of Nick Fisher*, Swansea, 2011, pp. 67–85.

以及北部地区冲突频繁，且主要发生于地区性强邦之间。本节将分别阐述这两大区域内的强邦冲突，分析冲突背后的原因以及冲突对阿卡狄亚地区格局的影响。

泰盖亚和曼提内亚是阿卡狄亚东部的两个重要城邦。无论是经济水平、社会发展程度，还是军事实力，两邦都是整个地区最突出的。[①]然而，这两个最具实力的城邦在公元前5世纪甚至更早一直处于敌对状态。发现于曼提内亚的公元前423年的一段铭文提供了一些线索，铭文内容如下："［取自泰盖亚］及其同盟者的十一税，献给阿波罗"（［ἀπὺ Τεγέας］Ἀπόλλōνι καὶ σύνμαχōν δεκόταν）[②]。曼提内亚人将掠夺自泰盖亚及其盟友的战利品的十分之一奉献给神明，表明曼提内亚与泰盖亚之间确实存在对立冲突。

曼提内亚和泰盖亚的对立与它们所处的自然地理环境密切相关。特殊气候与地理条件引发的水源问题是引发双方不和的传统因素。这里所说的水源问题，并非水源稀缺，而是水源过剩。公元前418年，斯巴达改变了自泰盖亚流入曼提内亚的河流的流向，对此，修昔底德记述到："来自泰盖亚的水流改变方向流入曼提内亚，水流所经之处，无论是曼提内亚还是泰盖亚，都会遭受巨大灾难。"[③]

曼提内亚和泰盖亚均面临洪水威胁，但相比之下，曼提内亚的处境更艰难。曼提内亚地区降水丰富，年平均降水量在800毫米以上，远多于伯罗奔尼撒半岛东部的大多数地区。曼提内亚地区中部的曼提内亚平原以及东南部的奈斯塔尼（Nestani）平原的降水量，更是高达1400毫米和1200毫米。[④] 不仅如此，曼提内亚地区的河流资源也很充

---

① B. Forsen, "Population and Political Strength of Some Southeastern Arkadian Poleis", in Per-nille Flensted-Jensen ed., *Further Studies in the Ancient Greek Polis*, Stuttgart：Franz Steiner, 2000, pp. 35 – 55.

② *IG* V 2 282.

③ Thucydides, *History of The Peloponnesian War* 5. 65. 4.

④ Stephen Hodkinson and Hilary Hodkinson, "Mantineia and the Mantinike：Settlement and Soci-ety in the Greek Polis", *The Annual of the British School at Athen*, Vol. 76, 1981, p. 267.

足。既有发源自本地的内河，还包括了来自南部泰盖亚地区的河流。雨水与河流为农业耕种提供了充足水源，但曼提内亚平原的特殊地理条件使这一优势变成了劣势。首先，曼提内亚平原的东、西、北三面被高山围绕，南部地势又低于泰盖亚，曼提内亚平原处在一个相对闭塞的凹形地势中，这使得其内部的水流无法流出。其次，曼提内亚平原是浅冲积平原，其底部是由片岩组成的以不透水变质岩为基础的新第三纪（Neogene）沉积物，这使得地表多余水分几乎无法通过土壤渗透排至地下。在这种情况下，曼提内亚平原唯一的排水渠道是其西部的喀斯特溶洞。在非雨季，溶洞入口和地下通道的畅通，基本可以实现地表多余水分的正常排泄。但当雨季来临时，溶洞入口经常会被水流携带的碎屑杂物阻塞，大量降水以及随之增加的河流流量，使喀斯特地形区附近迅速形成临时湖泊，致使曼提内亚平原面临洪水威胁，而位于曼提内亚平原东南角的奈斯塔尼平原更加严重，经常因水源过多无法排解而处于休耕状态，保萨尼亚斯指出奈斯塔尼是"休耕平原的一部分"[1]。

单纯依靠喀斯特溶洞排水，无法疏解曼提内亚平原上的过多水源。于是，曼提内亚人从源头上寻找解决过剩水源的可行办法。他们通过修建堤坝以拦截来自泰盖亚的河流，减轻了曼提内亚平原面临的洪水压力。但这种人为干预在缓解曼提内亚水源过剩问题的同时，使堤坝另一侧的泰盖亚蓄积了大量河水。总之，当曼提内亚人修建堤坝拦截水流时，泰盖亚人会面临洪水威胁；当源自泰盖亚的河流流向曼提内亚时，若河道维持畅通，曼提内亚人则会面临更严重的洪水威胁。[2]在水源问题上，曼提内亚和泰盖亚难以实现双赢，若一方想要化解过剩水源带来的威胁，必然会牺牲另一方的利益。水源问题由此成为阻碍曼提内亚与泰盖亚友好往来的传统且最难根除的障碍。

争夺有限的土地资源是曼提内亚与泰盖亚对立的另一重要因素。

---

[1] Pausanias, *Description of Greece* 8. 8. 1.

[2] G. Fougeres, *Mantinee et l'Arcadie Orientale*, Paris：Fonte-moing, 1989, pp. 41－43；W. K. Pritchett, *Studies in Ancient Greek Topography*, University of California Press, 1969, p. 42.

曼提内亚与泰盖亚均处于相对封闭的地理环境中，两地东部均与强邦阿尔戈斯（Argos）相邻，曼提内亚的北部和西部为山脉所阻，泰盖亚的南部则面对强邻斯巴达。因此，临近泰盖亚西北部和曼提内亚西南部的阿卡狄亚南部地区——帕拉西亚和麦那利亚（Mainalia），是曼提内亚和泰盖亚扩张领土的唯一方向。曼提内亚和泰盖亚向邻近地区的扩张，是因为人口对有限土地尤其是可耕地的压力，而解决土地资源短缺最直接有效的方式是获取更多土地。斯蒂芬·霍金森（Stephen Hodkinson）和希拉里·霍金森（Hilary Hodkinson）指出："曼提内亚的扩张是为了获得对牧场土地的控制，尤其是当曼提内亚本土面临耕地压力时。"① 鉴于泰盖亚与曼提内亚相近的土地和人口规模，同样的问题可能也困扰着泰盖亚人。

曼提内亚与泰盖亚对邻近地区的扩张和占领，最早可以追溯至公元前6世纪。② 公元前6世纪以前，阿卡狄亚大部分地区包括阿卡狄亚南部，可能都在奥尔科麦诺斯的控制下。依据古罗马哲学家拉尔特的第欧根尼（Diogenes Laertius）的记述，公元前4世纪的希腊哲学家赫拉克利德斯·庞提科斯（Herakleides Pontikos）在《论政府》一书中明确指出，公元前7世纪时，奥尔科麦诺斯的国王几乎控制着整个阿卡狄亚地区。③ 保萨尼亚斯也指出，在第二次美塞尼亚战争④期间，奥

---

① Stephen Hodkinson and Hilary Hodkinson, "Mantineia and the Mantinike: Settlement and Society in the Greek Polis", p. 289.

② Thomas Heine Nielsen, "Arcadia: City-Ethnics and Tribalism", in M. H. Hansen and K. Raaflaub eds., *More Studies in the Ancient Greek Polis*, Stuttgart: Franz Steiner, 1996, pp. 134–143; Thomas Heine Nielsen, "A Survey of Dependent Poleis in Classical Arkadia", in *More Studies in the Ancient Greek Polis*, pp. 63–105.

③ Diogenes Laertius, *Lives of Eminent Philosophers* 1.7.94, in Diogenes Laertius, *Lives of Eminent Philosophers I: Books I – III* (Loeb), Cambridge, Massachusetts: Harvard University Press, 1972.

④ 第二次美塞尼亚战争是美塞尼亚与斯巴达的战争。关于此次战争的时间有两种说法，一种说法认为战争从公元前685年一直持续到公元前668年，另一种说法认为战争从公元前668年开始持续至公元前660年。战争的起因是美塞尼亚地区的希洛人（helotes）暴动。战争期间，阿尔戈斯人曾向美塞尼亚提供援助，但此次暴动最终被斯巴达镇压。此后，斯巴达一直密切监视并防范希洛人。

尔科麦诺斯国王阿利斯托克拉泰斯二世（Aristocrates II）是当时阿卡狄亚人的国王和领袖，但在"所谓的大壕沟战役"（τῇ καλουμένη Μεγάλη τάφρῳ）中，阿利斯托克拉泰斯二世接受拉凯戴蒙人的贿赂，背叛美塞尼亚人，① 致使他名誉尽丧，并失去了对阿卡狄亚地区的统治权。阿卡狄亚南部地区很可能就是在"大壕沟战役"之后，才脱离奥尔科麦诺斯的控制。因此，曼提内亚和泰盖亚向南部地区扩张的时间上限，应该在公元前 6 世纪中期。

由于缺乏相关文献记载，目前还无法知晓曼提内亚与泰盖亚早期领土争夺的详细内容，但可以确定的是，在公元前 5 世纪晚期，曼提内亚与泰盖亚因为土地问题爆发了战争。公元前 423 年，曼提内亚与泰盖亚在各自盟友的支持下交战于奥莱斯提斯（Oresthis）的劳多奇翁（Laodokeion），双方都击溃了对方军队的左翼，故均以胜利者的身份向德尔菲奉献了战利品。② 劳多奇翁战役划定了曼提内亚和泰盖亚在麦那利亚地区的势力范围。泰盖亚占据了麦那利亚的大部分地区，如阿塞亚（Asea）、欧泰亚（Eutaia）、帕拉提昂（Pallation）以及奥莱斯塔西昂（Oresthasion）。曼提内亚则获得了麦那利亚的西北部地区，海摩尼亚（Haimonia）和佩莱提斯（Peraitheis）。之后，曼提内亚继续扩张，在公元前 421 年控制了帕拉西亚。③ 公元前 5 世纪晚期，曼提内亚和泰盖亚确立了各自的地区军事同盟。但相比之下，曼提内亚在阿卡狄亚的影响更大，修昔底德写道："曼提内亚人征服了阿卡狄亚的大部分地区，将阿卡狄亚置于自己的控制下。"④

曼提内亚和泰盖亚的对立不仅引发了双方战争，还影响了它们对斯巴达的政策。公元前 480 年至公元前 465 年，曼提内亚和泰盖亚在处理同斯巴达的关系时，表现出截然相反的立场。当泰盖亚与斯巴达

---

① Pausanias, *Description of Greece* 4. 17. 2 – 8, 8. 5. 13.

② Thucydides, *History of The Peloponnesian War* 4. 134.

③ Thucydides, *History of The Peloponnesian War* 5. 33. 1.

④ Thucydides, *History of The Peloponnesian War* 5. 29. 1.

修好,曼提内亚则与斯巴达对立,当泰盖亚与斯巴达对立,曼提内亚则与斯巴达交好。公元前 479 年,在希腊抗击波斯的普拉泰亚(Plataia)战役中,泰盖亚与斯巴达并肩作战,"从未和拉凯戴蒙人分开过"①。希罗多德称赞道:"在希腊人中,泰盖亚人和雅典人都很优秀"(Ἑλλήνων δέ, ἀγαθῶν γενομένων καὶ Τεγεητέων καὶ Ἀθηναίων)②。而同样作为斯巴达盟友的曼提内亚,在此次战役中却与斯巴达貌合神离。曼提内亚军队将领故意推迟行军日程以及未参与对波斯决战的行为,与泰盖亚人的英勇奋战形成鲜明对比。③ 公元前 465 年左右,曼提内亚和泰盖亚的对斯巴达立场发生了互换。曼提内亚与斯巴达修好,帮助斯巴达镇压了当时的美塞尼亚暴动,④ 而泰盖亚人则与斯巴达的宿敌阿尔戈斯人联合起来,致使斯巴达发动了针对泰盖亚和阿尔戈斯的泰盖亚战役,以及针对除曼提内亚以外的全体阿卡狄亚人的狄派亚战役。⑤ 可以看出,在公元前 5 世纪前半期,曼提内亚和泰盖亚对斯巴达的态度尚不稳定,双方与斯巴达既有合作也有对立。

公元前 5 世纪晚期,曼提内亚和泰盖亚确定了各自的对斯巴达政策,后者坚定支持斯巴达,前者则走上了反斯巴达道路。公元前 429 年的瑙帕克托斯(Naupaktos)海战和公元前 424 年的安菲波利斯(Amphipolis)战役之后,⑥ 曼提内亚对斯巴达从事的伯罗奔尼撒半岛以外的军事行动态度消极,公元前 421 年,甚至与科林斯、阿尔戈斯结成反斯巴达联盟,公开挑衅斯巴达霸权。曼提内亚的举动震惊了伯罗奔尼撒同盟的其他成员,许多国家就是否应该效仿曼提内亚人犹豫不决时,⑦ 泰盖亚人却坚定拥护斯巴达,他们拒绝了科林斯的拉拢,

① Herodotus, *The Persian Wars* 9. 61.
② Herodotus, *The Persian Wars* 9. 71.
③ Herodotus, *The Persian Wars* 9. 77.
④ Xenophon, *Hellenica* 5. 2. 3.
⑤ Pausanias, *Description of Greece* 3. 11. 7.
⑥ Thucydides, *History of The Peloponnesian War* 3. 100. 2, 3. 106 – 109.
⑦ Thucydides, *History of The Peloponnesian War* 5. 29. 2.

并表示"绝对不会做任何伤害斯巴达的事情"①。此后直到公元前 4 世纪初，泰盖亚一直效忠于斯巴达。

公元前 5 世纪晚期，曼提内亚与斯巴达的对立主要是出于对自身安全的考虑以及对新近取得的阿卡狄亚南部地区既得利益的维护。修昔底德指出："曼提内亚人首先加入反斯巴达同盟是因为对斯巴达的恐惧，担心斯巴达不允许他们占有已征服的阿卡狄亚土地。"② 公元前 420 年，曼提内亚同雅典、埃利斯、阿尔戈斯签署的百年军事同盟条约，说明了曼提内亚对斯巴达入侵的担忧，条约中规定了如下内容："阿尔戈斯人、曼提内亚人和埃利斯人的领土遭到入侵时，雅典人应该依据这些国家的请求，结合自身的资源状况，给予他们最有效的援助。如果雅典援军抵达时，入侵者已破坏土地并离开，雅典人、阿尔戈斯人、曼提内亚人和埃利斯人应当视这个入侵者与他们处于交战状态，共同惩罚之。"③ 在当时的历史背景下，这一条款显然是针对斯巴达对曼提内亚等国可能发动的军事入侵而制定。

曼提内亚与斯巴达的敌对可能还与当时城邦内部的反斯巴达民主派有关。公元前 5 世纪晚期，曼提内亚与阿尔戈斯的反斯巴达联盟，可能就是由两邦内部的民主派推动建立。修昔底德指出："曼提内亚与阿尔戈斯结盟的原因之一是双方均是民主制。"④ 此后直到公元前 386 年，曼提内亚城邦可能一直是民主派主政，这从公元前 421 年到公元前 386 年期间，曼提内亚与斯巴达的紧张关系可以推测出。公元前 421 年，斯巴达与雅典签署停战和约后，立刻着手惩罚那些背叛它的盟友，曼提内亚成为首个处罚对象。斯巴达首先解除曼提内亚对帕拉西亚的控制，⑤ 随后发动曼提内亚战争，迫使曼提内亚解散由其主

---

① Thucydides, *History of The Peloponnesian War* 5. 32. 4.

② Thucydides, *History of The Peloponnesian War* 5. 29. 1.

③ Thucydides, *History of The Peloponnesian War* 5. 47. 4.

④ Thucydides, *History of The Peloponnesian War* 5. 29. 1.

⑤ Thucydides, *History of The Peloponnesian War* 5. 33. 1 – 2.

导的地区军事同盟。① 此后，斯巴达继续打压曼提内亚。公元前385
年，斯巴达包围曼提内亚城，迫使曼提内亚人拆除城墙，并将城市肢
解为四个乡村，交由曼提内亚内部的亲斯巴达寡头派统治。② 自此，
曼提内亚沦为了斯巴达附庸，曼提内亚的政权也从民主派转移至寡头
派手中。此后，从公元前385年到公元前371年，曼提内亚给予斯巴
达的支持与援助，均出自曼提内亚寡头派之手。

　　总言之，公元前5世纪晚期，反斯巴达民主派当权是导致曼提
内亚公开与斯巴达对立的重要内因，而斯巴达瓦解以曼提内亚为首
的地区军事同盟，肢解曼提内亚，是对曼提内亚民主派反斯巴达行
为的惩罚。弗兰克·艾德科克（Frank Adocock）和 D. J. 莫斯利
（D. J. Mosley）指出，曼提内亚是斯巴达处置的第一个邻邦，因为曼提
内亚城邦内部有一群权威领袖，他们偏好民主制，倾向于与阿尔戈斯
结盟。③

　　泰盖亚与斯巴达交好是历史与现实原因共同作用的结果。首先，
泰盖亚与斯巴达有着相对稳定的友好传统，双方虽然偶有对立，但总
体上泰盖亚人效忠于斯巴达。希波战争中，泰盖亚城邦派出的重装步
兵人数是希腊其他地区的六倍之多。鉴于泰盖亚人的勇敢和优秀表现，
斯巴达在部署军队时，特意将泰盖亚军队安置在紧靠自己的位置。④
伯罗奔尼撒战争期间，泰盖亚继续响应斯巴达召唤，一直都是斯巴达
的忠实盟友。因此，公元前5世纪末，泰盖亚支持斯巴达，其实是双
方传统友谊的延续。

　　其次，泰盖亚与曼提内亚竞争的白炽化是影响泰盖亚对斯巴达态
度的现实原因。公元前5世纪末，曼提内亚人征服并控制了阿卡狄亚

---

① Thucydides, *History of The Peloponnesian War* 5. 81. 1.

② Xenophon, *Hellenica* 5. 2. 2, 5. 2. 7.

③ Sir Frank Adcock and D. J. Mosley, *Diplomacy in Ancient Greece*, London：Thames and Hudson, 1975, p. 72.

④ Herodotus, *The Persian Wars* 9. 28. 10 – 11.

的大部分地区。① 在这种情况下，泰盖亚在对外立场上不可能与曼提内亚保持一致，而它继续支持斯巴达，可能也包含了借斯巴达之手压制曼提内亚的目的。

再次，泰盖亚与斯巴达的友好可能还与城邦内部的亲斯巴达寡头派有关。公元前 5 世纪末至公元前 371 年，泰盖亚内部的寡头派在城邦政治中占据重要地位。色诺芬描述琉克特拉（Leuktra）战役爆发后，泰盖亚人对斯巴达的热情支持时指出："这种热情源自于直到那时还仍旧存在的、不容小视的泰盖亚内部的亲斯巴达寡头派。"② 公元前 418 年，在曼提内亚战役中，泰盖亚与斯巴达联手更改河道，引水入曼提内亚，③ 可能就是泰盖亚寡头派倡导实施的。此后，斯巴达解散曼提内亚地区军事同盟，却允许以泰盖亚为首的军事同盟继续存在，斯巴达对泰盖亚的宽容，可能与双方寡头派的亲近有关。

曼提内亚和泰盖亚的对立源自客观环境带来的压力，谋求生存发展的主观期望和资源有限的客观现实使双方走向敌对，并实行背道而驰的对斯巴达政策。曼提内亚和泰盖亚对斯巴达的不同政策，反之也影响着两地的生存和发展。在斯巴达的干涉下，曼提内亚沦为了斯巴达附庸，泰盖亚则保持独立，并获得相对于曼提内亚的优势地位。从曼提内亚与泰盖亚的矛盾对立中可以看出，两邦虽然都扩大了各自在阿卡狄亚地区的势力范围，建立了各自的地区军事同盟，但双方持续的矛盾冲突显然没有对城邦发展产生积极影响。相反，双方对立不仅导致阿卡狄亚东部、南部地区处于动荡不安，还为斯巴达控制阿卡狄亚地区提供了可乘之机。

阿卡狄亚北部地区也存在着城邦间的斗争与冲突。考古学家在这里发现的一些战利品，表明阿卡狄亚北部地区亦是战事频发。公元前 6 世纪末的一件青铜矛上刻写了如下内容："来自赫莱亚人，献予提达

---

① Thucydides, *History of The Peloponnesian War* 5. 29. 1.

② Xenophon, *Hellenica* 6. 4. 18.

③ Thucydides, *History of The Peloponnesian War* 6. 65. 4.

尔戴（Tyndardai）①"（ἱερὸς Τυνδαρίδαιϛ απ᾽Ἐραέον）②，该内容表明赫莱亚参与或卷入了地区冲突中。

这件青铜矛上的铭文标明了其来源，却没有提及奉献此矛的城邦。由于矛上刻写的铭文使用的是阿卡狄亚本地方言的书写体，因此，该矛很可能是阿卡狄亚地区内部的奉献物，被放置在了阿卡狄亚地区的某个城市中。至于这件青铜矛究竟放置于何处，并没有直接明确的信息。但该矛奉献给提达尔戴（又称狄奥斯库罗伊）的事实，将可能放置它的地点缩小在了有提达尔戴或狄奥斯库罗伊崇拜的阿卡狄亚城市。在阿卡狄亚，曼提内亚和克雷托尔都建造了狄奥斯库罗伊的庇护所。依据保萨尼亚斯的记述，"曼提内亚还有两座庇护所……一座是狄奥斯库罗伊的"（Μαντινεῦσι δέ ἐστι καὶ ἄλλα ἱερά…ἔστι δὲ καὶ Διοσκούρων）③，"距离克雷托尔四斯塔狄亚（Stadia）④ 的地方，有一座狄奥斯库罗伊的圣所，在大神的名称下"（Κλειτορίοις δὲ καὶ Διοσκούρων，καλουμένων δὲ θεῶν Μεγάλων ἐστὶν ἱερὸν ὅσον τέσσαρα ἀπέχον στάδια ἀπὸ τῆς πόλεως·）⑤。因此，笔者推测曼提内亚和克雷托尔都有可能是放置这个赫莱亚矛的城市。

比较而言，这个赫莱亚矛放置在克雷托尔的可能性更大。首先，克雷托尔与赫莱亚在地理位置上比较接近，而曼提内亚与赫莱亚则是

---

① 提达尔戴（Tyndardai）是希腊神话中拉达（Lada）的孪生子卡斯托尔（Kastor）和波吕戴乌凯斯（Polydeukes），他们的父亲不同，传说前者的父亲是斯巴达国王提达莱奥斯（Tyndareos），后者的父亲是宙斯。由此，他们拥有两个称呼，提达尔戴这一名称可能包含了对提达莱奥斯的指代，另一名称狄奥斯库罗伊（Dioskouroi）或狄奥斯库里（Dioskuri）则强调他们是"宙斯的双生子"。在早期诗歌中人们描述这对孪生子时普遍使用的是提达尔戴，狄奥斯库罗伊是公元前5世纪后期以后的称呼。参见 Gisela M. A. Richter，"Recent Acquisitions by the Metopolitan Museum of Art"，*American Journal of Archaeoligy*，Vol. 43，No. 2，1939，pp. 189–201.

② Gisela M. A. Richter，"Recent Acquisitions by the Metopolitan Museum of Art"，*American Journal of Archaeoligy*，Vol. 43，No. 2，1939，pp. 196–201；Thomas Heine Nielsen，"Was There Arkadian Confederacy in the Fifth Century B. C. ?" p. 48，note 51.

③ Pausanias，*Description of Greece* 8. 9. 2.

④ 斯塔狄亚（Stadia），系斯塔狄昂（Stadion）的复数形式。斯塔狄昂是古希腊主要的距离单位，1斯塔狄昂的长度大约在150米到200米之间。

⑤ Pausanias，*Description of Greece* 8. 21. 4.

东西相隔，相去较远，因此，就实际距离而言，克雷托尔更有可能与赫莱亚产生冲突。其次，公元前6世纪，克雷托尔经常在阿卡狄亚地区发动战争。公元前6世纪末、公元前5世纪早期，克雷托尔献给奥林匹亚的宙斯的一个青铜奉献物，证明了这一事实，该奉献物上刻有如下内容：

> 克雷托尔人将这座雕像献给神，战利品的十分之一
> 取自他们用武力征服的许多城市。
> 雕刻者是阿利斯托和泰莱斯塔斯
> 他们是亲兄弟，同时也是拉科尼亚人。①

这段铭文表明在公元前5世纪早期克雷托尔人就已经征服了许多阿卡狄亚城市。由此推测，在地理上与克雷托尔更接近的赫莱亚很可能也是克雷托尔人征战的目标。公元前6世纪下半期到公元前5世纪晚期，赫莱亚钱币的突然停用进一步验证了这种可能。② 赫莱亚被克雷托尔打败后，城邦的正常运行变得困难，赫莱亚钱币的铸造自然也因此中断。综合上述证据，这个赫莱亚矛很可能是克雷托尔人战胜赫莱亚人后，劫掠所得的战利品。

公元前5世纪早期，卷入阿卡狄亚北部地区的战争冲突中的城邦还包括位于克雷托尔西部的普索菲斯。保萨尼亚斯描述普索菲斯人在德尔菲向宙斯奉献的一座雕像时，写道："不远处是一座宙斯雕像，正如雕像上刻写的，这是普索菲斯人奉献的，为了纪念在战争中取得的胜利"（τούτου δὲ οὐ πόρρω Ζεύς ἐστιν, ὅντινα ἀναθεῖναι Ψωφιδίους ἐπὶ πολέμου κατορθώματι τὸ ἔπος τὸ ἐπ' αὐτῷ γεγραμμένον δηλοῖ）③。文献中并没有提及普索菲斯人与何人发生了冲突，但依据普索

---

① Pausanias, *Description of Greece* 5. 23. 7.

② Barclay Vincent Head, *Historia Numorum: A Manual of Numismatics*, p. 447.

③ Pausanias, *Description of Greece* 5. 24. 2.

菲斯所处的地理位置进行推测，其战争对象很可能就是克雷托尔人。

普索菲斯位于阿卡狄亚的西北角，它的北部和西北部为高山所阻，东部和南部分别与克雷托尔、泰尔普萨相邻，而它与克雷托尔的边界最长，从东北部一直延伸到了东南部。公元前6世纪，克雷托尔人征战频繁，如果他们征服了位置更远的赫莱亚，那么与他们毗邻的普索菲斯很可能也难逃劫掠之灾。位于普索菲斯与赫莱亚之间的泰尔普萨可能也遭到了克雷托尔人的劫掠。上文提到克雷托尔人击败并劫掠了赫莱亚，而克雷托尔人进入到赫莱亚，必然会踏足泰尔普萨人的领土，因为从泰尔普萨出发沿拉顿河南下，是通往阿卡狄亚地区南部和东部最便捷的通道，[①] 克雷托尔人很可能会选择这一路线。由此推测，泰尔普萨可能也受到了克雷托尔人的侵扰。

虽然古代文献中很少有关于阿卡狄亚地区北部城邦及其相互关系的记载，目前所能得到的考古证据又十分有限，但基本可以确定的是，在公元前6世纪和公元前5世纪，阿卡狄亚北部的地区局势并不安定。

阿卡狄亚内部城邦间的战争阻碍了地区团结，为斯巴达入侵创造了机会。公元前6世纪，斯巴达征服美塞尼亚后，意图征服阿卡狄亚地区，首先发动了对泰盖亚人的战争，双方的对抗持续了三十年之久。[②] 最终，斯巴达获胜，与泰盖亚订立条约，确立了两邦的盟友关系。之后，斯巴达又征服了阿卡狄亚的其他地区。到公元前6世纪末，泰盖亚、曼提内亚、奥尔科麦诺斯、克雷托尔等城邦几乎都加入了伯罗奔尼撒同盟，由此斯巴达确立了它在阿卡狄亚地区的影响和地位。

阿卡狄亚各城邦加入伯罗奔尼撒同盟后，依旧维持着相互独立、各自为政的状态，它们之间的矛盾对立也依旧存在。例如，在西西里远征中，阿卡狄亚人分别投身到了两个对立阵营，曼提内亚人和其他阿卡狄亚雇佣军加入了雅典人组织的远征军中，还有一部分阿卡狄亚

---

① C. T. Syriopoulos, "The Homeric 'Windy Enispe': A Prehistoric Settlement in North-Western Arcadia near the River Ladon", *The Annual of the British School at Athens*, Vol. 68, 1973, p. 196.

② Herodotus, *The Persian Wars* 1. 67. 1 – 6

人则在科林斯一方的军队中服务。① 阿卡狄亚人在对外活动中的不同立场，表明即便同为伯罗奔尼撒同盟成员，阿卡狄亚各邦在对外行动中仍然会坚持各自的立场。

阿卡狄亚各邦强烈的独立意识，并不表示阿卡狄亚地区无法实现政治统一。伯罗奔尼撒战争后，希腊政治局势由雅典和斯巴达的两强并立变为斯巴达与多强的并存，原先斯巴达和雅典主导的两极政治格局开始朝多元化方向发展。除斯巴达外，忒拜（Thebai）、科林斯、阿尔戈斯等城邦纷纷崛起，雅典也逐渐走上城邦复兴之路。在这一局势下，斯巴达推行的霸权政策招致了越来越多的不满，希腊世界由此陷入新一轮的权力较量。其中，反斯巴达斗争以及雅典、忒拜、斯巴达之间权力竞争，成为公元前4世纪上半期的主要内容。在这一过程中，斯巴达势力遭到削弱，阿卡狄亚人趁机实现了地区政治统一。

第二节　公元前4世纪初阿卡狄亚同盟的诞生

阿卡狄亚同盟的建立并非阿卡狄亚地区政治自然发展的结果，更多是在外部因素的刺激下产生。公元前4世纪初期，雅典、忒拜、斯巴达等希腊主要城邦间的相互斗争影响了希腊格局，阿卡狄亚同盟就诞生于这一变动的格局中。可以说，正是雅典、忒拜、斯巴达这些城邦间关系的变化及其产生的影响，为阿卡狄亚地区的政治统一以及地区同盟国家的建立创造了条件。因此，若想了解阿卡狄亚同盟的诞生，必须要了解公元前4世纪初阿卡狄亚所处的时代背景。

一　科林斯战争与"安塔尔基达斯和约"

公元前404年，伯罗奔尼撒战争结束，斯巴达与雅典订立和平条

---

① Thucydides，*History of The Peloponnesian War* 7. 57 – 58.

约。按照和约规定的内容,雅典人拆除了长墙、裁减了军备,沦为了
斯巴达的附庸。自此,斯巴达与雅典的分庭抗争的两极格局变成了斯
巴达独霸希腊。但是,旧秩序的打破并没有给希腊带来和平。伯罗奔
尼撒战争后,斯巴达开始推行霸权政策,干涉他国内政,导致希腊的
反斯巴达情绪日渐高涨,希腊主要城邦忒拜、雅典、科林斯、阿尔戈
斯更是结成了反斯巴达联盟。四国结盟是基于对斯巴达霸权行径的不
满和对各自城邦安全的担忧,而公元前395年爆发的科林斯战争则是
四国与斯巴达之间矛盾累积的结果。

　　伯罗奔尼撒战争结束时,忒拜对斯巴达就已有不满。公元前405
年,斯巴达召集希腊各国使者共同商讨处置雅典的方案。在集会中,
斯巴达不顾忒拜摧毁雅典的意愿,坚持宽待雅典,[1] 这令忒拜心生怨
恨。此后,斯巴达在中希腊的势力扩张,进一步加剧了它与忒拜的矛
盾。雅典被削弱后,忒拜及其控制下的贝奥提亚地区,成为斯巴达攻
击的下一个目标。公元前4世纪初,斯巴达在中希腊已经拥有了自己
的支持者,例如埃尼亚奈斯人(Ainianes)、玛利斯人(Melieis)、佛
基斯人、奥伊泰人(Oitaioi)和赫拉克莱亚人(Herakleotai)。[2] 这些
斯巴达的支持者,在忒拜北部对之形成包围之势,威胁着忒拜的安全。
不仅如此,斯巴达还煽动奥尔科麦诺斯人反忒拜,[3] 试图从内部削弱
忒拜对贝奥提亚地区的控制。忒拜和奥尔科麦诺斯是贝奥提亚地区的
两个重要城邦。忒拜是贝奥提亚同盟的霸主,但其地位一直遭到奥
尔科麦诺斯的挑战。斯巴达支持奥尔科麦诺斯反对忒拜,不仅能够
削弱忒拜在贝奥提亚的影响,还能通过奥尔科麦诺斯影响其他城邦
反忒拜,进而瓦解贝奥提亚同盟。因此,对忒拜而言,奥尔科麦诺
斯与斯巴达的联合,严重威胁着贝奥提亚同盟的完整。斯巴达的一

---

　　① Xenophon, *Hellenica* 2.2.19 - 20, in *Xenophon I*: *Hellenica*: *Books I - IV* (Loeb), Cambridge, Massachusetts: Harvard University Press, 1918.

　　② Xenophon, *Hellenica* 3.5.6.

　　③ Xenophon, *Hellenica* 3.5.7.

系列举动，使忒拜改变了此前亲斯巴达的立场，转而与雅典联手反斯巴达。

雅典同忒拜的联合表面上是因为国内大多民众敌视斯巴达，[①] 根本上却是雅典渴望改变其附属地位。伯罗奔尼撒战争结束时，在斯巴达的维护下，雅典避免了被摧毁的命运，却沦为斯巴达属国。更严重的是，斯巴达强加给雅典的限制性条约，[②] 遏制了雅典的经济复苏。为了复兴城邦，公元前 403 年，雅典人首先推翻了斯巴达扶持的"三十人"（hoi triakonta）寡头统治，重新确立民主制，[③] 继而重建海上交通与商贸，加速经济恢复。[④] 因此，雅典反斯巴达在很大程度上是为了恢复城邦独立，实现国家复兴。

此外，忒拜、雅典内部的派系争斗也是推动两邦反斯巴达的重要原因。伯罗奔尼撒战争结束后，雅典与忒拜政权均由亲斯巴达的派系掌控。但斯巴达的霸权行径和对希腊城邦独立自治的破坏，使两邦内部的亲斯巴达派及其坚持的对斯巴达友好政策，遭到了越来越多的质疑和挑战，城邦内部的反斯巴达派趁机发展壮大。公元前 395 年，以埃皮克拉泰斯（Epikrates）、凯法罗斯（Kephalos）为首的激进民主派控制了雅典政治，忒拜政权也从莱翁提亚戴斯（Leontiades）领导的亲斯巴达派，转移至以伊斯麦尼亚斯（Ismenias）为首的反斯巴达派手中。[⑤] 公元前 395 年，雅典与忒拜订立的防御性联盟，便是两邦内部的反斯巴达派共同推动的。不久，科林斯和阿尔戈斯加入，进一步壮大

---

① Xenophon, *Hellenica* 3. 5. 8 – 15.

② Xenophon, *Hellenica* 2. 2. 20.

③ Xenophon, *Hellenica* 2. 2. 20, 2. 3. 11, 2. 4. 24.

④ Edmund M. Burke, "Athens after the Peloponnesian War: Restoration Efforts and the Role of Maritime", *Classical Antiquity*, Vol. 9, No. 1, 1990, pp. 1 – 13.

⑤ 公元前 404 年至公元前 387 年，雅典和忒拜内部均存在派系斗争。在雅典，亲斯巴达寡头派主张依附斯巴达；以埃皮克拉泰斯和凯法罗斯领导的激进民主派主张恢复雅典帝国，交好忒拜并反对斯巴达；以特拉叙布罗斯（Thrasyboulos）为首的温和民主派则希望重建独立强大的雅典，但坚持灵活的对外政策。在忒拜，以莱翁提亚戴斯为首的派系持亲斯巴达政策，而以伊斯麦尼亚斯为首的派系则持反斯巴达政策。详见 *Hellenica Oxyrhynchia*, 6. 2 – 7. 2, 17, in P. McKechnie and S. J. Kern eds., *Hellenica Oxyrhynchia*, Warminster: Aris & Phillips, 1988.

了反斯巴达阵营。

伯罗奔尼撒战争期间，科林斯曾是斯巴达的忠实盟友。但战争结束时，斯巴达拒绝毁掉雅典，坚持宽待雅典，[①] 引起了科林斯的不满。斯巴达独吞战利品，[②] 科林斯却没有得到任何的战争补偿，使两邦矛盾积累。正如唐纳德·凯根（Donald Kagan）所指出的，科林斯卷入对斯巴达的战争是希望借此恢复科林斯先前的财富与荣誉。[③] 战后，斯巴达插手科林斯的殖民地事务，支持叙拉古僭主狄奥尼修斯一世（Dionysios I）扩张势力，[④] 进一步加剧了它与科林斯的矛盾。因此，公元前403年、公元前399年和公元前395年，斯巴达依次发动对雅典、埃利斯、忒拜的军事远征，科林斯均未参与。公元前395年，科林斯加入反斯巴达阵营，科林斯对斯巴达的不满最终发酵成为公开对抗。

反斯巴达是阿尔戈斯的一贯立场。自古以来，阿尔戈斯与斯巴达对伯罗奔尼撒半岛领导权的竞争从未停止，反斯巴达一直都是阿尔戈斯奉行的政策。无论是斯巴达在伯罗奔尼撒半岛的霸权，甚至是更大范围的希腊霸权，都会威胁到阿尔戈斯的独立自治。鉴于斯巴达的军事优势，阿尔戈斯不敢贸然与之对抗，但只要有机会，它必然会对斯巴达发起挑战。公元前4世纪初，希腊的反斯巴达情绪普遍高涨，忒拜、雅典结成反斯巴达联盟，受到鼓舞的阿尔戈斯也加入反斯巴达阵营。

此外，科林斯战争的爆发还离不开波斯的推波助澜。波斯和斯巴

---

① Xenophon, *Hellenica* 2. 2. 19.

② D. L. Berkey, "The Struggle for Hegemony: Greek Interstate Politics and Foreign Policy, 404 – 371 B. C. ", Ph. D. diss. , New Haven: Yale University, 2001, p. 73.

③ Donald Kagan, "The Economic Origins of the Corinthian War (395 – 387 B. C.)", *La Parola del Passato*, 1961, p. 341.

④ Xenophon, *Hellenica* 7. 2. 22; Diodorus Siculus, *The Library of History* 14. 10. 2, in *Diodorus Siculus VI: The Library of History: Books XIV – XV. 19* (Loeb), Cambridge, Massachusetts: Harvard University Press, 1954; Isocrates, *On the Peace* 99, in *Isocrates II* (Loeb), Cambridge, Massachusetts: Harvard University Press, 1929.

达原为盟友，伯罗奔尼撒战争期间，双方曾联手击败雅典，并订立了三份和平协议①。但战争结束后，斯巴达染指小亚细亚，使得它与波斯的关系恶化。小亚细亚一直以来都是波斯渴望掌控的地区。伯罗奔尼撒战争期间，波斯与斯巴达联手主要是为了消除雅典在小亚细亚的势力。战争结束后，雅典不再是波斯的威胁，相反斯巴达却成为波斯控制小亚细亚的新障碍。公元前 404 年，斯巴达海军将领吕桑德罗斯（Lysandros）进入小亚细亚，控制了伊奥尼亚（Ionia）海岸城市以弗所（Ephesos），并以此作为斯巴达在小亚细亚开展军事行动的大本营。公元前 400 年，波斯任命提萨佩尔奈斯（Tissaphernes）为小亚细亚的吕底亚（Lydia）的新总督。提萨佩尔奈斯抵达萨尔狄斯（Sardeis，吕底亚总督辖地首府）后，要求伊奥尼亚的希腊城市臣服于自己。为免受波斯奴役，这些希腊城市向斯巴达寻求庇护。同年，斯巴达派提布隆（Thibron）前往小亚细亚，以以弗所为基地与提萨佩尔奈斯周旋。公元前 399 年，斯巴达派出戴尔库利达斯（Derkylidas）接替提布隆，负责斯巴达在小亚细亚的军事行动。公元前 396 年，斯巴达国王阿盖西劳斯二世（Agesilaos II）又亲征小亚细亚。

斯巴达在小亚细亚的行动损害了波斯利益。于是，波斯改变立场，煽动并支持希腊城邦反斯巴达。公元前 398 年，波斯驻小亚细亚的赫勒斯滂·弗里吉亚（Hellespontiake Phrygia）的总督法尔那巴佐斯（Pharnabazos），秘密出资支持雅典人科农（Konon）组建波斯舰队。公元前 397 年，科农被任命为波斯舰队指挥官，负责应对斯巴达舰队。公元前 395 年，波斯继续向科农提供资金支持，同时派提莫克拉泰斯（Timokrates）携钱财前往希腊，② 煽动希腊城邦反斯巴达。波斯的资金支持，对希腊反斯巴达联盟的迅速形成以及科林斯战争的爆发具有

---

① Thucydides, *History of The Peloponnesian War* 8. 18，8. 37，8. 58.

② Xenophon, *Hellenica* 3. 5. 1；Plutarch, *Aratus* 20. 3 - 4；Plutarch, *Lysander* 27，in *Plutarch IV：Alcibiades and Coriolanus, Lysander and Sulla*（Loeb），Cambridge, Massachusetts：Harvard University Press, 1916.

关键作用。色诺芬记述到，提莫克拉泰斯将波斯国王提供的钱财交给忒拜、科林斯、阿尔戈斯等城邦的反斯巴达领导人，他们得到钱财后，着手安排对斯巴达战争。①《奥克西林库斯希腊志》中也明确指出，波斯提供的金钱是科林斯战争的诱因之一。②

科林斯战争的导火索是罗克利斯（Lokris）与佛基斯的领土冲突，③后者向斯巴达寻求庇护，前者得到了忒拜与雅典的支持。公元前395年8月，斯巴达派军前往佛基斯，在哈里亚尔多斯（Haliartos）与忒拜发生激战，④科林斯战争正式爆发。在哈里亚尔多斯战役中，斯巴达战败。此后，公元前394年至公元前393年，斯巴达的处境不容乐观。公元前394年8月，佩桑德罗斯（Peisandros）领导的斯巴达舰队，在科尼多斯（Knidos）遭科农、法尔那巴佐斯领导的波斯舰队封锁，损失惨重，佩桑德罗斯阵亡。⑤随后，科农和法尔那巴佐斯前往爱琴海，消除了斯巴达在那里的影响，控制了除赫勒斯滂（Helle-spontos）外的整个爱琴海地区。⑥与此同时，斯巴达在希腊大陆的战事也不尽人意。公元前394年，阿盖西劳斯二世进攻贝奥提亚，试图与反斯巴达联盟决战，他取得科罗尼亚（Koroneia）战役胜利，⑦却未能瓦解四国联盟。公元前393年，科林斯趁斯巴达海上力量接连受损之机，控制了科林斯湾，截断了斯巴达进入中希腊的通道。

战争初期，斯巴达在海陆两线的作战均不占优势，巨额战争开销又令斯巴达倍感压力，这些因素引发了斯巴达国内政治派系间的斗争，同时也影响了斯巴达的军事、外交决策。伯罗奔尼撒战争结束后，斯巴达内部出现三大政治派系，即以海上英雄吕桑德罗斯为核心的扩张

① Xenophon, *Hellenica* 3.5.1–2.

② *Hellenica Oxyrhynchia* 7.3.

③ Xenophon, *Hellenica* 3.5.3; Diodorus Siculus, *The Library of History* 14.83.7.

④ Xenophon, *Hellenica* 3.5.6–7; Diodorus Siculus, *The Library of History* 14.81.1–3.

⑤ Xenophon, *Hellenica* 4.3.10–12.

⑥ Xenophon, *Hellenica* 8.1.1–3.

⑦ Xenophon, *Hellenica* 4.3.15.

派，以国王阿盖西劳斯二世为首的扩张派，以及先后由国王保萨尼亚斯（Pausanias）、安塔尔基达斯（Antalkidas）领导的保守派。前两个派系均主张在伯罗奔尼撒半岛以外的地区推行扩张政策，但它们设定的目标不同，前者将视野扩大至小亚细亚，而后者倡导对希腊大陆的控制。保守派反对从事半岛以外的冒险活动，其抱负仅限于伯罗奔尼撒半岛。三大派系间彼此竞争、相互牵制，致使斯巴达国内局势呈现出一种微妙的动态平衡。科林斯战争爆发前以及战争初期，大约公元前401年至公元前393年，斯巴达政权由阿盖西劳斯二世主导。他在对外政策上继承了吕桑德罗斯的志向，在小亚细亚开展了一系列军事行动。然而，接连的战争失利动摇了阿盖西劳斯二世在国内的地位和权威，以安塔尔基达斯为首的保守派赢得支持。该派改变了阿盖西劳斯二世的军事战争政策，倡导通过外交和谈恢复同波斯的友好关系，借此切断波斯对四国联盟的支持，扭转斯巴达的不利局面。

公元前392年春，斯巴达派出安塔尔基达斯，全权负责与萨尔狄斯总督提里巴佐斯（Tiribazos）的和谈事宜。抵达萨尔狄斯后，安塔尔基达斯没有立刻展开和谈，而是将近期科农使用波斯资金重建雅典长墙，利用波斯舰队赢得希腊岛屿及大陆海岸城市对雅典的支持的情况告知提里巴佐斯。安塔尔基达斯这样做，是因为他被派往萨尔狄斯之前，斯巴达人已经达成一致意见：如果将雅典借波斯资金和舰队扩张势力的事实告知提里巴佐斯，可能会改变波斯对雅典的态度，至少能切断波斯对科农的资助。① 至于安塔尔基达斯揭示的雅典近期扩张情况，是否影响到了总督对雅典的态度，文献中并无记载。但可以肯定的是，安塔尔基达斯随后提出的和谈提议，赢得了提里巴佐斯的认可。安塔尔基达斯向提里巴佐斯表明了斯巴达在小亚细亚问题上的立场——"拉凯戴蒙人不会质疑波斯国王对小亚细亚希腊城邦的控制"，同时也

---

① Xenophon, *Hellenica* 4. 8. 12 – 13.

表达了斯巴达的期望——"所有岛屿和其他城邦都应维持独立自治。"① 对此，提里巴佐斯十分满意，承诺将亲自同波斯国王阿尔塔薛西斯二世（Artaxerxes II）商议和谈事宜。②

听闻安塔尔基达斯前往萨尔狄斯和谈的消息后，雅典也向萨尔狄斯派出使者，并邀忒拜、科林斯、阿尔戈斯使节一同前往，试图阻止斯巴达与波斯订立和约。雅典人如何得知斯巴达与波斯之间的和谈，文献并无交代。但可以肯定的是，安塔尔基达斯提出的和约内容，尤其是"所有希腊岛屿和城市都应维持独立"，引起了四国的担忧。因为该原则一旦确立，四国将会失去对已占有地区的控制。雅典将失去莱姆诺斯（Lemnos）、因布罗斯（Imbros）、斯居罗斯（Skyros）三座岛屿，忒拜将失去对贝奥提亚地区大多城市的控制，阿尔戈斯和科林斯的"政治联合"（sympoliteia）③ 也将因此终止。④ 但是，当四国使者抵达时，安塔尔基达斯已经赢得了提里巴佐斯的支持和许诺。

安塔尔基达斯提出的和约内容与当时希腊主要城邦的崛起有关。雅典正在积极争取希腊城市及岛屿的支持，意图恢复其海上帝国。斯巴达认可波斯对小亚细亚希腊城市的统治，一方面迎合了波斯，另一方面又阻碍了雅典对小亚细亚希腊城市，尤其重要岛屿的控制，如因布罗斯岛。斯巴达坚持"所有岛屿和希腊城市都应维持独立自治"，在阻止雅典控制希腊岛屿的同时，也遏制了其余三国的发展壮大。

然而，和约并没有按照斯巴达的意愿发展。当提里巴佐斯前往苏

---

① Xenophon, *Hellenica* 4.8.13 – 14.

② Xenophon, *Hellenica* 4.8.15.

③ Sympoliteia 意即"联合公民权"、"联邦"、"政治联合"。在古希腊政治联合主要有两种情形，其一，多个城邦组成的联邦国家，所有城邦拥有共同的政治制度和公民身份；其二，两个或多个城邦的政治合并。科林斯与阿尔戈斯的合并，便属于第二种情形。公元前392年，科林斯民主派联合寡头派在阿尔特弥斯·欧克莱亚（Artemis Eukleia）节的最后一天大肆屠杀贵族，建立民主政权。为防止新政权被推翻，大屠杀后不久，民主派便试图与阿尔戈斯联合。公元前389年，科林斯与阿尔戈斯完成政治联合。公元前387年，斯巴达以"希腊城邦应维持独立自治"为由，迫使阿尔戈斯人撤离科林斯，科林斯恢复独立。详见 Xenophon, *Hellenica* 4.4.1 – 6, 5.1.34.

④ Xenophon, *Hellenica* 4.8.15.

撒（Sousa，波斯帝国首都），向国王阿尔塔薛西斯二世说明安塔尔基达斯所提和约时，国王予以否决，还下令由斯特鲁塔斯（Strouthas）接替提里巴佐斯的总督之职，① 斯巴达与波斯的和谈宣告失败。

不过，就斯巴达关于小亚细亚的承诺而言，和约确是"波斯国王所期望的"②。公元前 411 年，大流士二世（Darius II）和斯巴达订立的协约表明了波斯对占据小亚细亚的热切期望。修昔底德记述到，大流士二世在位第十三年，阿莱克西皮达斯（Alexippida）任斯巴达监察官（ephoros）时，斯巴达及其盟友与波斯在迈安德罗斯（Maiandros）平原订立协约，该协约对波斯国王的权力做出了明确规定："国王在小亚细亚的领土归国王所有，国王可以任意处置……斯巴达及其盟友不能入侵或伤害国王的领土……"③ 而且，安塔尔基达斯在和谈中表现自信，提里巴佐斯对和约也表示满意，雅典等国对斯巴达与波斯订立和约忧心忡忡，④ 这些迹象均表明萨尔狄斯和谈很可能会成功。

既然如此，和谈为何又会失败？第一，国王阿尔塔薛西斯二世对斯巴达素无好感。阿尔塔薛西斯二世继承波斯王位后不久，便遭到其弟小居鲁士的挑战。公元前 401 年，小居鲁士集结了一支庞大的军队，试图推翻阿尔塔薛西斯二世统治，夺取王位。在此期间，斯巴达积极支持小居鲁士，为之提供了大批雇佣军。⑤ 最后，小居鲁士虽战败被杀，但斯巴达援助小居鲁士的举动，令阿尔塔薛西斯二世一直怀恨在心。此外，斯巴达还与反叛波斯的埃及为伍。公元前 396 年，阿盖西劳斯二世出征小亚细亚时与埃及结盟，埃及承诺给予斯巴达一百艘三层浆座战船以及相当数额的粮食补给，以应对波斯舰队。⑥ 这是继小

① Xenophon, *Hellenica* 4. 8. 17.

② Xenophon, *Hellenica* 4. 8. 14.

③ Thucydides, *History of The Peloponnesian War* 8. 58.

④ Xenophon, *Hellenica* 4. 8. 14 – 15.

⑤ Xenophon, *Anabasis* 1. 2. 21, 1. 4. 2 – 3.

⑥ Diodorus Siculus, *The Library of History* 14. 79. 6 – 8；James G. DeVoto, "Agesilaos II and the Politics of Sparta, 404 – 377 B. C. ", Ph. D. diss., Loyola University of Chicago, 1982, pp. 70, 79.

居鲁士叛乱后,斯巴达与阿尔塔薛西斯二世的又一次公开对立。公元前392年春,阿尔塔薛西斯二世否定安塔尔基达斯提出的和约,很可能是为了报复斯巴达。第二,提里巴佐斯的僭越行为,可能也是导致阿尔塔薛西斯二世反对和约的原因之一。提里巴佐斯清楚知道"没有国王批准,就与斯巴达人交好是危险的"①,但他还是在未征得阿尔塔薛西斯二世同意的情况下,秘密资助斯巴达舰队,甚至关押科农。阿尔塔薛西斯二世令斯特鲁塔斯取代提里巴佐斯,很可能是对后者滥用权力的处罚。第三,在阿尔塔薛西斯二世心中,雅典比斯巴达更值得信赖。公元前411年,斯巴达虽许诺不干涉小亚细亚地区事务,但它并没有遵守诺言。因此,阿尔塔薛西斯二世更愿意选择雅典。他任命亲雅典的斯特鲁塔斯为萨尔狄斯总督,表明了他对雅典的信任。此次春季和谈虽然失败,安塔尔基达斯和提里巴佐斯却建立了友谊,这为公元前387年斯巴达与波斯的再次和谈奠定了基础。

阿盖西劳斯二世的战争政策与安塔尔基达斯的和谈策略相继失败,这使吕桑德罗斯一派得到了影响斯巴达政局的机会。该派认为斯巴达与希腊四国交战,无论成败,战争消耗都是难以填补的,而且斯巴达的传统敌人是波斯,因此他们希望结束希腊内战。于是,斯巴达调整对外策略,试图借助对希腊四国的军事胜利,与之订立一份和平条约。

公元前392年夏,斯巴达派赫利皮达斯(Herippidas)前往科林斯湾西部。在他的领导下,斯巴达占领了里翁(Rhion),驱逐了那里的科林斯人。同时,另一位斯巴达将领普拉克西塔斯(Praxitas)在科林斯流亡贵族的帮助下,占领了科林斯湾东部港口莱凯翁(Lechaion),拆除了科林斯的部分长墙,控制了科林斯地峡。赫利皮达斯和普拉克西塔斯的胜利,消除了四国联盟在科林斯湾的优势地位,使斯巴达可畅行无阻地进入中希腊,这为斯巴达在接下来的冬季和谈争取到了主动权。

---

① Xenophon, *Hellenica* 4. 8. 16.

受斯巴达近期军事胜利的影响，四国联盟的核心城邦雅典出现了和谈意向。巨额的战争开销本就使雅典内部萌生了停战想法，斯巴达对科林斯湾的掌控进一步影响了雅典对斯巴达的态度。雅典人担心阿提卡会遭到斯巴达入侵，希望与斯巴达和谈。在这种情形下，以安多基戴斯（Andokides）为首的主和派，赢得了国内支持。之后，包括安多基戴斯在内的四人使团被派往斯巴达，商订和平条约。返回国内的科林斯流亡贵族则暗中帮助斯巴达，希望借斯巴达之力迫使民主当权派同意和谈。自民主派大肆屠杀贵族，建立政权以来，科林斯内部便存在严重对立，以帕西麦罗斯（Pasimelos）和阿尔基麦奈斯（Alkimenes）为首的归国流亡贵族，与民主当权派斗争激烈。公元前392年，科林斯民主政府与阿尔戈斯的"政治联合"直接导致归国流亡贵族背叛，帕西麦罗斯、阿尔基麦奈斯与普拉克西塔斯在西库昂秘密会面，指引后者前往莱凯翁，斯巴达不费一兵一卒便轻松占领了莱凯翁。① 对于这些归国流亡贵族而言，如果能够确立斯巴达此前提出的希腊城邦独立自治，将有望恢复科林斯城邦的独立。忒拜仍面临佛基斯和奥尔科麦诺斯的挑战，故也希望结束战争。

公元前392年冬，雅典、忒拜等国前往斯巴达商定和约。有关此次冬季和谈的较完整记述，主要来自安多基戴斯的演说《论和约》。这份演说没有详述和谈全过程和具体细节，但可以肯定的是雅典、忒拜、科林斯和阿尔戈斯等国都参加了此次集会。斯巴达在会上提出了新的和约提议，内容大致如下：第一，希腊城邦应维持独立自治；第二，雅典拥有对莱姆诺斯、因布罗斯、斯居罗斯三座岛屿的控制权；第三，忒拜可维持贝奥提亚同盟的完整，但奥尔科麦诺斯保持独立。②

然而，出于各种原因，四国均未批准和约。在雅典，富有且具有一定社会地位的阶层对和约表示满意，因为它认可了雅典对莱姆诺斯、

---

① Xenophon, *Hellenica* 4. 4. 5 – 9.

② Andocides, *On the Peace* 3. 12, 3. 20, in *Minor Attic Orators I*（Loeb），Cambridge, Massachusetts：Harvard University Press, 1941.

因布罗斯、斯居罗斯三座岛屿的控制，确保了雅典从凯尔索奈索斯（Chersonesos）半岛、赫勒斯滂海峡到阿提卡的谷物运输路线的安全，同时也减轻了战争带来的巨大经济压力。较低阶层的雅典民众则反对和约。对于那些自公元前404年便失去海外殖民地和财富的人们而言，和约没有为他们在小亚细亚的资产提供任何保障。而原先服务于雅典舰队的下层贫民，希望重建能够为他们带来财富和地位的雅典帝国。当时，雅典已经控制了莱姆诺斯、因布罗斯、斯居罗斯三座岛屿，和约只是承认既有事实，并没有带给雅典额外利益。因此，尽管安多基戴斯极力说服雅典公民大会，大会还是否定了和约。在雅典公民大会看来，反斯巴达战争带来的潜在收益，要比仅肯定雅典现有权益的和约更有吸引力。科林斯的富人和流亡贵族，希望确立希腊城市独立自治原则，阻止民主当权派与阿尔戈斯的"政治联合"，但他们不具推翻民主政权的实力。阿尔戈斯与斯巴达本就是宿敌，加之和约规定的希腊城邦维持独立自治的内容会阻碍阿尔戈斯吞并科林斯，故而阿尔戈斯拒绝和约全在意料之中。四国中似乎只有忒拜可能会接受这份和约，但由于其他三个城邦的反对，此次和谈终无法成功。

公元前392年的冬季和谈是春季萨尔狄斯和谈的继续。它继承了后者的核心内容，即"希腊城邦应维持独立自治"，同时又做出了调整，雅典可以控制莱姆诺斯、因布罗斯、斯居罗斯三座岛屿，忒拜可以维持贝奥提亚同盟完整。但它又不同于萨尔狄斯和谈。冬季和谈是希腊城邦间的谈判，波斯作为外部势力并未卷入其中。和约中斯巴达对雅典、忒拜的让步，表明斯巴达此次和谈的目的是同雅典、忒拜交好，缔结一份单纯的希腊条约。这一退让很可能受到了吕桑德罗斯一派的影响。该派一直视波斯为斯巴达劲敌，他们所希望的是结束希腊内战，开展希腊对波斯的战争。对他们而言，如果能与雅典、忒拜就和约达成共识，不仅可以借此瓦解四国联盟，还可借机拉拢雅典对付波斯。然而，斯巴达的让步没有换来和谈的成功，反而消磨了斯巴达和平解决争端的耐心。斯巴达政局也因此再次发生变动，阿盖西劳斯二世重新主导城邦政治，恢复了对外战争政策，致力于对波斯和四国联盟的战争。

阿盖西劳斯二世重新主导城邦政治后，继续推行和谈前的战争政策，在小亚细亚和希腊大陆展开对波斯和希腊四国的战争。斯巴达派提布隆前往小亚细亚，向与雅典交好的波斯总督斯特鲁塔斯宣战。公元前 392 年冬，提布隆占据以弗所。次年春，他又得到迈安德罗斯地区各邦的支持。以以弗所和迈安德罗斯为基地，提布隆为在小亚细亚与波斯开战做准备。但当他领导斯巴达军队四处劫掠时，遭到斯特鲁塔斯的突袭，斯巴达军队慌忙逃散，提布隆也不幸阵亡。[①] 公元前 390 年，一支斯巴达军队在西库昂被雅典人卡布利亚斯（Chabrias）和伊菲克拉泰斯（Iphikrates）率领的军队歼灭。公元前 389 年，阿盖西劳斯二世远征阿卡尔纳尼斯人（Akarnanes），阿尔戈斯趁机完成了与科林斯的"政治联合"，控制了此前为斯巴达控制的科林斯地峡。公元前 388 年，斯巴达将领戴尔库利达斯无力阻止雅典在赫勒斯滂的复兴，随后被派去接替戴尔库利达斯的阿那克西比奥斯（Anaxibios）也不幸被杀，[②] 赫勒斯滂落入雅典人手中。

两线作战困难重重，斯巴达没有充足的人力、财力击败希腊四国，同时也无力维持小亚细亚希腊城市的自由。由于阿盖西劳斯二世军事政策的失败，安塔尔基达斯一派再次获得民众支持，斯巴达对外政策再度从战争转向了外交和谈。

考虑到提里巴佐斯和安塔尔基达斯之间的友谊，斯巴达派安塔尔基达斯与波斯和谈。公元前 388 年秋，安塔尔基达斯前往苏撒。在提里巴佐斯的帮助下，安塔尔基达斯说服阿尔塔薛西斯二世接受了斯巴达提出的和约，并与之达成协议："如果雅典及其盟友拒绝接受国王认可的和约，国王将会是斯巴达的盟友"[③]。

---

① Xenophon, *Hellenica* 4.8.17 – 19.

② Xenophon, *Hellenica* 4.8.32 – 39.

③ Xenophon, *Hellenica* 5.1.25.

　　斯巴达与波斯和谈的成功与当时小亚细亚的局势有很大关系。公元前391年至公元前388年，凯法罗斯领导的激进派和特拉叙布罗斯领导的温和派联合起来，共同复兴雅典海上帝国。[①] 在此期间，雅典赢得了原先爱琴海地区盟友的支持，还与反波斯的埃及、塞浦路斯联合起来。公元前389年，雅典与埃及结盟，次年，又援助塞浦路斯人反抗波斯。雅典成就帝国的野心不断膨胀，使其与波斯的矛盾不断积聚，最终导致波斯与斯巴达交好。

　　苏撒和谈后，阿尔塔薛西斯二世令提里巴佐斯接任斯特鲁塔斯的总督之职，帮助斯巴达对付雅典。公元前387年秋，提里巴佐斯召集希腊各邦在萨尔狄斯集会。会上，提瑞巴佐斯宣读了国王与斯巴达订立的和约，并陈述了国王对希腊各邦缔结和约的期望："国王阿尔塔薛西斯认为这样是公正的：小亚细亚的城邦以及岛屿中的克拉佐麦奈（Klazomenai）和塞浦路斯应属于他；其他希腊城邦无论大小都应维持独立自治，但莱姆诺斯、因布罗斯、斯居罗斯除外，这些应归雅典人，就像过去那样；但如果缔结双方中有任何一方拒绝接受这份和约，我将联合接受此和约的人，率领船队，携带金钱，从陆地和海上对他们开战。"[②] 狄奥多罗斯也记述了和约内容："小亚细亚的希腊城邦归国王所有，但其他所有的希腊人应维持独立；如果任何人拒绝服从且不接受这些内容，我（阿尔塔薛西斯）将在同意这样做的人们的帮助下，对那些人发动战争。"[③]

　　从色诺芬和狄奥多罗斯的记述可知，萨尔狄斯集会包含两方面内容。第一，将波斯与斯巴达缔结的关于波斯控制小亚细亚和希腊城邦维持独立自治的和约，正式通告希腊各邦。第二，声明波斯对斯巴达的支持和对未签署该和约的希腊国家的处罚。波斯国王强调，拒绝接

---

　　① Jennifer Tolbert Roberts, "The Athenian Conservatives and the Impeachment Trials of the Corinthian War", *Hermes*, 108. Bd., H. 1, 1980, p. 111.

　　② Xenophon, *Hellenica* 5. 1. 31.

　　③ Diodorus Siculus, *The Library of History* 14. 110. 2–3.

受和约的国家不仅是波斯的敌人，还将遭到波斯和其他希腊城邦的联合攻击。斯巴达以放弃小亚细亚为代价，换取了波斯在希腊事务上对自己的支持。由此看来，"安塔尔基达斯和约"实际划定了波斯与斯巴达的势力范围，是两国强加于小亚细亚、希腊诸邦之上的"不平等国际条约"①。

萨尔狄斯集会后，各邦使者将情况报告本国。公元前387年冬，斯巴达召集希腊各邦在斯巴达集会，督促各邦向和约宣誓②。鉴于波斯对斯巴达的支持以及和约对雅典控制的莱姆诺斯、因布罗斯、斯居罗斯三座岛屿的认可，雅典宣誓遵守和约。希腊其他城邦也纷纷宣誓，仅有忒拜、科林斯反对和约，尤其是其中规定的"希腊城邦应维持独立自治"。忒拜人宣称他们有权代表所有贝奥提亚人宣誓。对此，阿盖西劳斯二世回应："如果忒拜人不遵守规定，将被排除在和约以外。"③ 阿盖西劳斯二世还说服斯巴达监察官（hoi ephoroi），安排对忒拜的军事攻击。④ 面对斯巴达的威胁，忒拜被迫同意贝奥提亚各邦独立。⑤ 科林斯民主政府拒绝解散城中的阿尔戈斯驻军，阿盖西劳斯二世声称，如果科林斯人不解散阿尔戈斯驻军，阿尔戈斯人不离开科林斯，他将对两邦宣战。⑥ 出于对斯巴达的畏惧，阿尔戈斯人撤离科林斯，科林斯恢复独立。到公元前386年春，希腊所有城邦都进行了宣誓，"安塔尔基达斯和约"正式生效，长达八年之久的科林斯战争也

---

① Katrin Schmidt, "The Peace of Antalcidas and the Idea of the Koine Eirene. A Panhellenic Peace Movement", *Revue Internationale des droits de l'Antiquité* 46, 1999, p. 84.

② 古希腊城邦间确立条约时通常采取宣誓方式。各邦代表商谈条约内容，之后举行宣誓仪式，彼此交换批准条约的誓言。宣誓完成后，条约正式生效。参见 Thucydides, *History of The Peloponnesian War* 5.17.2-19.2, 5.21.1-24.1, 5.46.4-48.1.

③ Xenophon, *Hellenica* 5.1.32.

④ 阿盖西劳斯二世急于攻打忒拜是因为他对忒拜的仇恨。公元前396年，阿盖西劳斯二世出征小亚细亚前，曾向忒拜寻求军事支持，但被拒绝。之后，阿盖西劳斯在贝奥提亚东部城镇奥利斯（Aulis）举行出征前的献祭仪式，又遭贝奥提亚同盟阻止，献祭仪式不仅被迫中止，已奉献的祭牲还被扔下祭坛。这一事件引起了阿盖西劳斯二世对忒拜的仇视。参见 Pausanias, *Description of Greece* 3.9.1-3；Xenophon, *Hellenica* 3.4.4.

⑤ Xenophon, *Hellenica* 5.1.33.

⑥ Xenophon, *Hellenica* 5.1.34.

随之结束。凭借该和约，斯巴达重创了雅典人的帝国梦，削弱了忒拜在贝奥提亚的影响，粉碎了阿尔戈斯和科林斯的"政治联合"，重新巩固了它在伯罗奔尼撒半岛和希腊大陆的领导地位。

斯巴达与波斯、希腊诸国订立的"安塔尔基达斯和约"是公元前392年两次和约提议的延续和发展。它继承并结合了前两份和约提议的基本内容，斯巴达通过舍弃小亚细亚换取了与波斯的和解，同时利用波斯震慑希腊各国，迫使各邦，尤其是四国联盟接受希腊城邦独立自治的原则。但"安塔尔基达斯和约"又不同于前两份和约提议。它既不是波斯与斯巴达之间的双边和约，也不是斯巴达同雅典、忒拜、科林斯、阿尔戈斯等国间的单纯的希腊和约，而是涉及波斯、希腊诸邦在内的具有普遍意义的多边"共同和约"（koine eirene）①。凯特林·施密特指出："历史上'全体希腊人'和波斯国王间的第一个'多边'共同和约，以'大王和约'或'安塔尔基达斯和约'之名记录于文献中。"② 作为希腊首个"共同和约"，"安塔尔基达斯和约"开启了希腊邦际关系的新篇章。公元前375年和公元前371年，雅典与斯巴达主持订立的和平条约就是以它为原型。③ "'安塔尔基达斯和约'能够被视作国际关系发展中的一座里程碑，它带来了一种崭新的

---

①　在古希腊，"共同和约"是指所有参战国之间共同缔结的和平条约。该概念始于公元前387年的"安塔尔基达斯和约"。在此之前，希腊国家间的和平条约仅在两个交战国或两个联盟间签订，且有一定期限，一旦和约到期，缔约双方可再次对立。"共同和约"则是包含多个国家在内的多边条约，且没有时效规定。"共同和约"这一理念的提出旨在解决公元前5世纪末和公元前4世纪早期希腊世界无休止的战争，但它最终沦为了强邦竞争中操纵邦际关系的工具。

②　Katrin Schmidt, "The Peace of Antalcidas and the Idea of the Koine Eirene. A Panhellenic Peace Movement", p. 82. 现代学者使用的"大王和约"和"安塔尔基达斯和约"两称，都有古代文献依据。"大王和约"来自色诺芬《希腊史》5. 1. 30 中的一个名词性从句 ἣν βασιλεὺς εἰρήνην καταπέμποι，意即"国王下达的和约"。"安塔尔基达斯和约"则来自色诺芬同一卷书里下文 5. 1. 36 中对该和约的称呼 τῆς ἐπ' Ἀνταλκίδου εἰρήνης καλουμένης，意即"所谓的'安塔尔基达斯签订的和约'"。从色诺芬的措辞来看，后一种表述应属当时人们对此条约的普遍称呼。因此，笔者更倾向于使用"安塔尔基达斯和约"这一符合时人看法的名称。此外，安塔尔基达斯是和约的倡导者和推进者，在和约的形成过程中发挥了关键作用，故以"安塔尔基达斯"之名称呼订立于公元前387年的条约更符合史实。

③　Xenophon, *Hellenica* 6. 2. 1, 6. 3. 18; Diodorus Siculus, *The Library of History* 15. 38.

理想——和平与稳定，还为实现这些宝贵的目标带来了一种必不可少的新理念。"①

"安塔尔基达斯和约"的诞生历程展现了波斯、斯巴达、四国联盟之间复杂多变的关系，同时也揭示了斯巴达内政与军事、外交的相互关系。军事和外交是内政的延伸，同时军事和外交政策执行的结果又对内政产生巨大影响。科林斯战争初期，阿盖西劳斯二世对外战争政策的失利，使以安塔尔基达斯为首的保守派主导城邦政治，倡导实施了与波斯的首次和谈。和谈失败后，吕桑德罗斯一派趁机发挥影响，试图与雅典、忒拜等希腊主要城邦缔结和约。当第二次和谈也以失败告终时，斯巴达政治主导权再次回到阿盖西劳斯二世手中。直到面临持续的战争消耗和军事劣势，斯巴达才再次支持安塔尔基达斯的和谈政策。

"安塔尔基达斯和约"是斯巴达与波斯、希腊四国间斗争与妥协的产物。它结束了科林斯战争，却没能给希腊人带来和平，而是沦为了斯巴达扩张势力的工具和谋取霸权的"法律武器"。这一结果在当时是难以避免的。公元前4世纪的希腊，军事实力的强弱仍是衡量一国邦际地位高低的最终准则。城邦间确立的具有普遍意义的和约，仅是一种理想化的道德规范。在实际的执行过程中，和约的效力始终以主导希腊秩序的大国意志为准。换言之，"安塔尔基达斯和约"的真正受益者是那些占据优势地位的希腊强国。它无法给希腊带来永久和平，只是暂时平衡了各邦利益。一旦均衡被打破，随之而来的将是更严重的混乱和无序。

"安塔尔基达斯和约"是波斯和斯巴达强加于小亚细亚和希腊各邦之上的不平等和约。这意味着该和约不会给希腊世界带来真正的和平。公元前386年以后，斯巴达打着"安塔尔基达斯和约"的旗号，

---

① Katrin Schmidt, "The Peace of Antalcidas and the Idea of the Koine Eirene. A Panhellenic Peace Movement", p. 96.

以维护希腊城市独立自治为借口，肆无忌惮地推行霸权政策。

斯巴达首先惩处了伯罗奔尼撒半岛上反抗斯巴达的城邦，目的是巩固它在伯罗奔尼撒半岛的权威。曼提内亚成为首个处罚对象。早在公元前421年，曼提内亚就联合雅典、阿尔戈斯和埃利斯，共同对抗斯巴达。公元前418年，斯巴达迫使曼提内亚签署了期限为三十年的和约，并解散了以曼提内亚为核心的地区军事同盟。但对斯巴达而言，有反斯巴达倾向的曼提内亚是危险的。科林斯战争期间，曼提内亚向阿尔戈斯提供谷物，坚定了斯巴达再次处罚曼提内亚的决心。公元前386年，"安塔尔基达斯和约"生效的同时，曼提内亚与斯巴达缔结的三十年和约到期。随即，斯巴达以曼提内亚援助阿尔戈斯对付斯巴达，以及曼提内亚拒绝履行伯罗奔尼撒同盟义务为由，要求曼提内亚人拆除城墙。① 曼提内亚人拒绝了斯巴达的要求，阿盖西劳斯二世便率军包围曼提内亚城。迫于斯巴达的军事压力，曼提内亚人被迫拆除城墙，而曼提内亚则被肢解为若干个乡村，② 民主政权也被斯巴达扶持的寡头政权所取代。③

斯巴达惩处曼提内亚一方面是为了防止曼提内亚再次与斯巴达对立，另一方面是为了警示伯罗奔尼撒半岛上其他有反斯巴达倾向的国家。斯巴达此举确实震慑了伯罗奔尼撒半岛上的国家。例如，斯巴达仅通过对外交涉，便逼迫弗雷乌斯（Phleious）允许流亡的弗雷乌斯寡头派归国。④ 公元前384年，流亡的弗雷乌斯寡头派察觉到斯巴达在重新审视盟友的忠诚，于是便赶往拉凯戴蒙向斯巴达表忠心，宣称，当他们过去在弗雷乌斯时，整个城市都接纳拉凯戴蒙人，民众都追随斯巴达的领导；但是当他们被放逐后，民众不仅不再跟随拉凯戴蒙人，还拒绝让拉凯戴蒙人进城。⑤ 斯巴达听后，认为帮助流亡者重返弗雷

---

① Xenophon, *Hellenica* 5. 2. 2.

② Xenophon, *Hellenica* 5. 2. 1 – 2, 5. 2. 7；Ephoros, *FGrHist* 70 F79.

③ Xenophon, *Hellenica* 5. 2. 7.

④ Xenophon, *Hellenica* 5. 2. 8 – 10.

⑤ Xenophon, *Hellenica* 5. 2. 9 – 10.

乌斯对自己有利，便派人前往弗雷乌斯，宣称这些流亡者是斯巴达的朋友，这些人在过去遭受的流放是错误的。出于对斯巴达的惧怕，弗雷乌斯同意流亡者返回城邦。① 从弗雷乌斯流亡者成功归国不难看出，斯巴达已经将伯罗奔尼撒半岛的控制权稳固地掌控在自己手中。

在稳固伯罗奔尼撒半岛权威的同时，斯巴达还向半岛以外的地区扩张势力。公元前 386 年左右，斯巴达以希腊城邦应该维持独立自治为由，恢复了普拉泰亚的独立②。之后，又在普拉泰亚和泰斯皮埃（Thespiai）设立军事据点，牵制忒拜。公元前 383 年，在佛伊比达斯（Phoebidas）的统领下，斯巴达攻占忒拜卫城卡德美亚（Kadmeia），并在此设防。③ 以莱翁提亚戴斯为首的亲斯巴达派系主导了忒拜政权，三百多名反斯巴达人士被迫逃亡雅典。在斯巴达的支持下，贝奥提亚地区的其他城市纷纷建立起亲斯巴达政权。④ 由此，斯巴达确立了它在中希腊的影响。

不仅如此，斯巴达还插手北希腊事务。公元前 383 年，北希腊卡尔基狄凯（Chalkidike）半岛上的城邦阿坎托斯（Akanthos）和阿波罗尼亚（Apollonia）向斯巴达派使，请求斯巴达帮助它们对付奥林托斯（Olynthos）及其主导的卡尔基狄凯同盟。阿坎托斯使者克雷盖奈斯（Kleigenes）警示斯巴达，奥林托斯正在忙于与雅典、忒拜结盟，而且帕莱奈（Pallene）岛屿上的城市以及色雷斯人很可能也会追随奥林托斯的领导，如果现在不阻止奥林托斯壮大，它将变成一大威胁。在权衡利弊后，斯巴达同意了阿波罗尼亚和阿坎托斯使者的请求。随后，斯巴达以奥林托斯违背了"希腊城邦应维持独立自治"为由，攻打奥林托斯，奥林托斯被迫求和，成为斯巴达的盟友。⑤

公元前 386 年以后，斯巴达的一系列扩张表明其真实意图并非维

① Xenophon, *Hellenica* 5. 2. 9 – 10.

② Pausanias, *Description of Greece* 9. 1. 6 – 7.

③ Xenophon, *Hellenica* 5. 2. 29 – 31.

④ Xenophon, *Hellenica* 5. 4. 46; Diodorus Siculus, *The Library of History* 15. 5. 1 – 3.

⑤ Xenophon, *Hellenica* 5. 2. 11 – 20, 5. 3. 26.

护和约，而是想确立它在中希腊和北希腊的影响。在"安塔尔基达斯和约"的掩护下，斯巴达在公元前 379 年达到全盛。对此，色诺芬评论道："拉凯戴蒙人已取得巨大成功，忒拜人和其余的贝奥提亚人完全被拉凯戴蒙人控制；科林斯人成为拉凯戴蒙人的可靠盟友；阿尔戈斯人变得谦逊，因为神圣月份①的说辞对他们不再有任何帮助；雅典人孤立无援；那些曾与拉凯戴蒙人对立的盟友已经得到严惩，拉凯戴蒙人似乎完全建立了美好且永不覆灭的帝国。"②

二　雅典、忒拜、斯巴达的相互制衡

凭借"安塔尔基达斯和约"，斯巴达暂时平息了希腊城邦之间的战争，并成功遏制了忒拜和雅典。但此后斯巴达违背"希腊城邦应维持独立自治"的原则，使之再次成为其他城邦反抗的对象。公元前382 年，斯巴达攻占忒拜卫城卡德美亚，公元前 378 年，斯巴达入侵阿提卡，这些行径迫使忒拜、雅典再次联合起来反斯巴达，希腊再次陷入战乱。

公元前 379 年冬，流亡雅典的忒拜人策划并实施了对斯巴达的反攻，他们包围卡德美亚，推翻了忒拜的亲斯巴达政权，并驱逐了城中的斯巴达驻军。在这一过程中，雅典军队在两位将领的带领下向流亡的忒拜人提供了帮助。③ 斯巴达得知卡德美亚遭流亡的忒拜人包围后，立即派克莱姆布罗托斯（Kleombrotos）前往贝奥提亚。但当克莱姆布罗托斯抵达时，卡德美亚的斯巴达驻军长官已经投降。于是，克莱姆布罗托斯巩固了斯巴达在普拉泰亚和泰斯皮埃的驻防后，下令斯佛德

---

① 神圣月份是古希腊各邦认定的宗教节庆时节。一旦进入神圣月份，城邦便可要求他国停止对其发动军事进攻，还可拒绝参与盟邦的军事活动。但由于希腊各邦的年历不统一，在紧急情况下，城邦也会按自己的意愿更改神圣月份的时间。例如，公元前 388 年，阿尔戈斯面临斯巴达入侵的威胁时，在非神圣月份宣称他们处于神圣月份，期望借此免遭斯巴达攻击。

② Xenophon, *Hellenica* 5. 3. 27.

③ Xenophon, *Hellenica* 5. 4. 9 – 10；Diodorus Siculus, *The Library of History* 15. 25 – 27.

里亚斯（Sphodrias）留守泰斯皮埃，自己率军返回了斯巴达。①

忒拜人因为担心自己会独自面对斯巴达的进攻，便鼓动斯佛德里亚斯入侵阿提卡，希望把雅典人拉入到对斯巴达的战争中。至于忒拜人是如何劝说斯佛德里亚斯入侵阿提卡，斯佛德里亚斯为何会听从忒拜人的劝说，文献中并没有交代。但可以肯定的是，忒拜人的阴谋取得了成功。斯佛德里亚斯"遵照他们（忒拜人）的劝说，声称应该占领庇雷乌斯（Piraeus）"②，于是趁着夜色赶往庇雷乌斯。但是，破晓时分才行进至特利亚西斯（Thriasis）的斯佛德里亚斯，被雅典人发现了行踪。于是，他便改变目标，劫掠了特利亚西斯。

得知斯佛德里亚斯劫掠阿提卡的特利亚西斯后，雅典人立即逮捕了当时恰巧在雅典城中的斯巴达使团。③ 斯巴达使团向雅典人做出解释，并承诺斯佛德里亚斯将会被处死。雅典人相信斯巴达使团，便释放了他们。但事情没有按照雅典人预想的方向发展。斯佛德里亚斯被召回斯巴达后，虽然遭到了指控，但最终被赦免了。对此，色诺芬评价道："在许多斯巴达人看来，这一案件的审理结果是拉凯戴蒙地区已知晓的最不公正的。"④ 斯佛德里亚斯的赦免激怒了雅典人。之后，雅典决定与忒拜结盟，共同对付斯巴达。

需要指出的是，雅典实际上并不愿意与斯巴达为敌。公元前379年冬，雅典军队虽然帮助流亡的忒拜人夺回了卡德美亚，但这并非雅典公民大会批准的官方行动，而是两位雅典将领的个人行为。而且，在夺取卡德美亚期间，雅典军队对流亡的忒拜人的支持也并非全心全意，或者说并不是完全支持。例如，雅典军队前往卡德美亚援助流亡的忒拜人时，解救了遭流亡的忒拜人屠杀的斯巴达人。由此推测，那时的雅典并不打算与斯巴达对立。不仅如此，得知克莱姆布罗托斯率

---

① Xenophon, *Hellenica* 5. 4. 13 – 18.

② Xenophon, *Hellenica* 5. 4. 21.

③ Xenophon, *Hellenica* 5. 4. 22.

④ Xenophon, *Hellenica* 5. 4. 24.

军赶往贝奥提亚时，雅典公民大会立即惩处了帮助流亡的忒拜人的两位雅典将领，这表明雅典不想与斯巴达为敌。即便后来斯佛德里亚斯入侵阿提卡，劫掠了特利亚西斯，雅典人仍希望尽可能避免与斯巴达发生冲突，雅典人接受斯巴达使团提出的处决斯佛德里亚斯，以平息特利亚西斯事件的建议，表明他们倾向于以和平方式缓和与斯巴达的紧张关系。

同样，斯巴达也不愿与雅典为敌。克莱姆布罗托斯受命奔赴贝奥提亚时，他的目标直指忒拜，并没有因为雅典人帮助了流亡的忒拜人，而与之发生冲突，甚至还有意避开雅典人。克莱姆布罗托斯没有强行通过由雅典人把守的经麦加拉（Megara）通向贝奥提亚的主要道路，而是西行翻越山岭取道普拉泰亚进入贝奥提亚。由此可见，斯巴达没有因为雅典人帮助流亡的忒拜人而迁怒于雅典。而且，克莱姆布罗托斯出兵忒拜的同时，斯巴达还向雅典派出了使团，而该使团雅典之行的目的，很可能就是说服雅典在忒拜事务上维持中立。总言之，无论是雅典，还是斯巴达，都不想打破它们之间的和平。

公元前378年，雅典组建第二雅典同盟，[①] 呼吁盟国和友邦联合起来为自由而战。雅典宣称，斯巴达占领卡德美亚，劫掠阿提卡，违背了"安塔尔基达斯和约"，随即对斯巴达宣战。[②] 忒拜也加入了第二雅典同盟。[③] 自此，希腊展开了新一轮的反斯巴达战争。

公元前378年至公元前376年，斯巴达攻击的主要目标是忒拜。公元前376年以后，斯巴达逐渐将注意力转移至雅典，与雅典人展开了激烈斗争。在这一过程中，雅典和斯巴达的损失大于收益，前者面

---

① 第二雅典同盟法令出现在公元前378年，但雅典组建同盟的行动早在公元前382年就已经开始。第二雅典同盟的形成包括两个阶段，从公元前386年到公元前378年，雅典在不违背"安塔尔基达斯和约"的前提下，先与希腊城邦基奥斯（Chios）、麦提姆那（Methymna）等缔结防御性质的双边和约；公元前378年斯佛德里亚斯事件后，雅典宣布"安塔尔基达斯和约"被破坏，放手建设第二雅典同盟。参见 G. L. Cawkwell, "The Foundation of the Second Athenian Confederacy", *The Classical Quarterly*, Vol. 23, No. 1, 1973, pp. 47 – 60; *IG* II² 40, 41, 42, 43.

② Diodorus Siculus, *The Library of History* 15. 29. 7.

③ *IG* II² 43.

临严重的财政困难，后者则失去了对贝奥提亚地区的控制。忒拜成为这场反斯巴达战争的最大获益者。凭借雅典的帮助，忒拜不仅恢复了城邦的独立自治，还逐渐控制了贝奥提亚的大部分地区。忒拜的崛起引起了雅典人的反思和警觉，色诺芬记述到，雅典人看到，在他们的帮助下，忒拜人的势力日益增强，却仍没有给他们的舰队捐献分毫，而自己却因为税金、埃吉那（Aegina）的劫掠以及本土的防卫疲惫不堪。① 雅典人想要结束这场战争，便派使前往斯巴达缔结和平条约。

公元前 374 年，雅典派使者前往斯巴达，与之订立了一份和平条约。② 色诺芬没有提及这份和约的内容，但从和约订立后雅典使团采取的行动推测，该和约可能包括了关于希腊城邦独立自治的规定。和约缔结前，雅典派提莫泰奥斯（Timotheos）率舰队控制了西希腊的科基拉（Kerkyra）、阿利吉亚（Alyzeia）等地，但雅典使团在斯巴达缔结和约后，立即派遣两名使者前往西希腊，命令提莫泰奥斯返回雅典。③ 雅典在西希腊政策的突然改变，表明公元前 374 年的和约可能包含了雅典从其他城邦撤军的内容，而这显然践行了希腊城邦应独立自治的原则。

狄奥多罗斯也记述了公元前 374 年缔结的和平条约，但与色诺芬所记述的内容存在差异。狄奥多罗斯指出，波斯国王阿尔塔薛西斯二世是公元前 374 年和谈的发起者。阿尔塔薛西斯二世打算对埃及开战，希望结束希腊城邦间的战争，以组建一支大规模的希腊雇佣军。阿尔塔薛西斯二世认为，只有希腊人停止内斗，才会更愿意为波斯提供军事服务。于是，阿尔塔薛西斯二世向希腊各邦派出使者，劝说它们缔结和约。持续的战争早已令希腊各邦疲惫不堪，故而它们均接受了国王的提议，缔结了和平条约，"所有城邦都应该维持独立自治，并免

---

① Xenophon, *Hellenica* 6. 2. 1.
② Xenophon, *Hellenica* 6. 2. 1.
③ Xenophon, *Hellenica* 5. 4. 63 – 66, 6. 2. 1 – 3.

于外国军队驻防。"①随后，希腊人还设立监察团，专门负责监督并敦促所有城邦中外国驻军撤离。② 忒拜反对希腊各邦逐个批准和约，因为那意味着承认贝奥提亚各邦独立，为了不失去对贝奥提亚地区的控制，忒拜提出贝奥提亚应该作为一个整体批准和约。雅典反对忒拜提出的要求，而忒拜也没有丝毫退让。最终，所有希腊城邦都缔结了和平条约，但忒拜除外。③ 狄奥多罗斯评价该和约时写道："拉凯戴蒙人和雅典人一直以来都是争夺霸权的对手，现在它们彼此让步，一个被认为有资格统治陆地，另一个被认为有资格统治海洋。因此，它们对于第三个竞争者（忒拜）提出的获得领导地位的主张十分恼火，试图将贝奥提亚城邦从忒拜同盟中分离出来。"④

色诺芬和狄奥多罗斯均记述了公元前374年的和平条约，且各有不同。色诺芬生活于公元前4世纪，他所写的《希腊史》实际是一部当代史，故而更接近历史真相。但对于公元前374年的和平条约，他的记述却过于简单。狄奥多罗斯的记载更为详细，但由于他记述的关于公元前374年和约和公元前371年和约的内容十分相似，引起了许多学者的猜疑。卡尔·优利乌斯·贝洛赫（Karl Julius Beloch）认为，狄奥多罗斯将公元前374年的和约与公元前371年琉克特拉战役前签订的和约混淆了。⑤ 当然，也有学者相信狄奥多罗斯的记述，例如 W. 朱迪克（W. Judeich）⑥。为了能够尽可能地还原公元前374年和约缔结的真相，笔者将结合当时的历史背景，通过资料互补，从以下几个方面进行分析。

第一，公元前374年和平条约的发起国是雅典，还是波斯？对此，

① Diodorus Siculus, *The Library of History* 15. 38. 1.

② Diodorus Siculus, *The Library of History* 15. 38. 2.

③ Diodorus Siculus, *The Library of History* 15. 38. 3, in *Diodorus Siculus III：The Library of History：Books IV. 59 - VIII* (Loeb), Cambridge, Massachusetts：Harvard University Press, 1939.

④ Diodorus Siculus, *The Library of History* 15. 38. 4.

⑤ Karl Julius Beloch, *Griechische Geschichte*², *Vol. III*, Berlin, 1922, 1. 156.

⑥ W. Judeich, "Athen und Theben vom Königsfrieden bis zur Schlacht bei Leuktra", *Rheinisches Museum* 76, 1927, p. 181.

笔者更倾向于相信色诺芬的记述。首先，公元前378年至公元前375年，雅典在与斯巴达的战争中没有得到任何好处，相反还陷入了严重的财政危机，故而雅典有提出缔结和约的客观需求。其次，战争爆发前，雅典尽可能地避免与斯巴达发生冲突，即便斯佛德里亚斯劫掠了特利亚西斯，雅典仍然愿意与斯巴达和解，雅典可能并不热衷于对斯巴达的战争，故有可能与斯巴达言和。再次，"安塔尔基达斯和约"已经明确了波斯和斯巴达分别在小亚细亚和希腊的地位，波斯直接插手希腊事务的可能性比较小。而且，公元前378年开始的战争仅限于希腊地区，并未波及波斯辖区，故而波斯没有介入希腊事务的迫切需求。即便存在结束希腊战乱，以便于招募希腊雇佣军的可能意图，波斯坐视希腊城邦之间的相互争斗，进而趁机控制整个希腊，似乎对自己更有利。综上所述，公元前374年和谈的发起者更可能是雅典。

第二，公元前374年的和平条约包括了那些内容？对此，学界尚无统一意见。综合色诺芬、狄奥多罗斯、伊索克拉底以及菲罗克罗斯（Philochoros）的记述，[1] 笔者认为，该和约可能继承了"安塔尔基达斯和约"的基本内容，如希腊城邦应该维持独立，解除外国驻军。同时，该和约还增添了新内容，例如，设立专门的监督机构，以确保希腊城邦中的所有外国驻军被移除。不过，公元前374年的和约不同于"安塔尔基达斯和约"，前者将希腊权力一分为二，斯巴达获得对希腊大陆的主导权，雅典拥有希腊海上的领导权，而后者则确立了斯巴达在希腊的霸权。

第三，忒拜是否缔结了公元前374年的和平条约？狄奥多罗斯指出，所有希腊城邦都缔结了和平条约，但忒拜除外。对此笔者认为，忒拜可能也是公元前374年和约的缔约国之一。公元前374年后，普

---

① Isocrates, *Plataius* 10, in *Isocrates III*（Loeb）, Cambridge, Massachusetts: Harvard University Press, 1945; Didymus Chalcenterus, *De Demosthene commenta cum anonymi inm Aristocrateam lexico*, Lipsiae: B. G. Teubneri, 1904, col. VII, line 62 ff.

拉泰亚和泰斯皮埃都没有了斯巴达驻军,[①] 这表明斯巴达按照公元前374年的和约解散了在贝奥提亚的驻军。如果斯巴达解散了在贝奥提亚城邦的驻军,那么忒拜应该被包括在和约中。因为如果忒拜没有缔结和约,斯巴达绝不可能撤离在贝奥提亚的驻军。因此,狄奥多罗斯记述的忒拜没有缔结和约的情形,不太可能发生在公元前374年的和谈中。此外,公元前374年,忒拜刚刚实现复兴,即便它在斯巴达与雅典交战期间趁机控制了贝奥提亚地区,但尚不具备与雅典、斯巴达公开较量的胆量与实力,忒拜拒绝缔结和约不可能发生在公元前374年。

总之,色诺芬和狄奥多罗斯对公元前374年和约的记述,各有可取之处。狄奥多罗斯的记载更详细,但年代上的混乱和内容的混淆,增加了探究事实真相的难度。相比之下,色诺芬虽然忽略了一些内容,但他的记述可信度更高。

公元前374年,和平条约缔约后不久便遭破坏。雅典使团命令提莫泰奥斯返回雅典,但提莫泰奥斯在返回途中,将流亡的扎肯托斯人带回扎肯托斯(Zakynthos)岛,并帮助他们对抗当权的亲斯巴达派。在这种情况下,扎肯托斯的亲斯巴达派向斯巴达派使,诉说了他们在提莫泰奥斯那里遭受的待遇。斯巴达立即派姆那西波斯(Mnasippos)率舰队前往扎肯托斯,同时派军队远征雅典控制下的科基拉岛。[②] 由此,雅典与斯巴达因扎肯托斯和科基拉问题再次爆发战争。[③]

当斯巴达与雅典再次交战时,忒拜趁机占领贝奥提亚城邦,迫使它们加入贝奥提亚同盟,例如普拉泰亚。普拉泰亚人本打算与雅典人结盟,并且已经决定将城市交给雅典人。忒拜得知此消息后十分恼怒,出兵攻占了普拉泰亚,大部分普拉泰亚人或遭逮捕,或被杀害,剩余的普拉泰亚人则被迫与忒拜人订立协议——"离开普拉泰亚,永不踏

---

① Isocrates, *Plataius* 9.

② Xenophon, *Hellenica* 6.2.3 – 6.

③ Xenophon, *Hellenica* 6.2.2.

足贝奥提亚"①。公元前373年，被驱逐的普拉泰亚人派使前往雅典，诉说了他们的遭遇："……到目前为止我们没有被认可拥有和其他希腊人一样的平等，尽管我们也缔结了和约（公元前374年的和约），尽管和约依旧存在，但我们没有享有其他希腊人所享受的自由，甚至还被认为不值得享有适当条件下的奴役。"②

面对普拉泰亚人对忒拜的指控，雅典没有惩处忒拜，也没有对忒拜宣战，而是再次与斯巴达缔结和平条约。依据色诺芬的记述，雅典人不想与忒拜人开战，一方面是因为他们耻于那样做，另一方面是因为他们认为与忒拜人敌对很不明智。③ 雅典人耻于对忒拜人开战是因为雅典人觉得自己对忒拜人仍有盟友义务，即便被驱逐的普拉泰亚人是雅典人的朋友；而雅典人认为与忒拜人敌对很不明智是因为雅典人不愿意同时陷入与忒拜、斯巴达的战争。但是，雅典人决定不再参与忒拜人的任何行动，因为忒拜人攻击了雅典人的旧友佛基斯人，毁坏了那些曾积极抗击外族人、且与雅典人交好的城邦，尤其是普拉泰亚和泰斯皮埃。鉴于这些原因，雅典邀请忒拜一同前往斯巴达，商定和平条约。

公元前371年，雅典、斯巴达以及它们各自的盟友（雅典盟友包括了忒拜）都参加了在斯巴达举行的和谈，并同意缔结和平条约。和约内容如下："所有缔约国都应该撤离它们在各城邦的驻军长官，解散它们在海上和陆上的军备，恢复城邦独立。如果任何国家违背这份和约，其他国家只要愿意都可以援助受害国，但不愿意援助受害国的国家，没有宣誓成为受害国的盟友。"④之后，雅典、斯巴达以及它们的盟友均向和约宣誓，忒拜人也宣誓并签署了他们的名字。但第二天，忒拜人突然提出要将昨天署名的"忒拜人"改成"贝奥提亚人"。对

---

① Diodorus Siculus, *The Library of History* 15. 46. 4 – 5；Isocrates, *Plataicus* 9.

② Isocrates, *Plataius* 5.

③ Xenophon, *Hellenica* 6. 3. 2 – 17.

④ Xenophon, *Hellenica* 6. 3. 18.

此，斯巴达坚决反对，并声称如果忒拜人不想被包括在和约中，将会把忒拜人的名字从宣誓的城邦名单中抹去。最后，所有希腊国家都缔结了和平条约，忒拜人虽有异议，但终究未能按照自己的意愿更改和约署名，沮丧而归。①

在此次和谈中，雅典对忒拜、斯巴达的态度发生了明显变化：从之前保护、支持忒拜变为维持中立、坐视斯巴达与忒拜相争。公元前374年和约规定的撤离外国驻军的内容，迫使斯巴达撤走了在贝奥提亚地区的驻军，实际上保障了忒拜的安全。公元前371年，雅典与斯巴达再次缔约时，强调希腊城邦应维持独立，没有对贝奥提亚地区各邦有特殊规定。当时忒拜控制了几乎整个贝奥提亚地区，雅典没有利用和约维护或认可忒拜对贝奥提亚各邦的控制，而是"希望忒拜人被摧毁"②。和约新增的任何国家按照自己的意愿决定是否援助受害国，也表明雅典在忒拜与斯巴达之间可能发生的冲突中选择了中立。如果说公元前374年普拉泰亚被摧毁后，雅典还存有一丝对忒拜的盟友义务，那么在公元前371年雅典已经彻底抛开这一束缚。任何国家自愿援助受害国的规定，意味着如果忒拜遭到斯巴达入侵，雅典可以不援助忒拜。从这一内容可以看出雅典对忒拜、斯巴达的立场——既不支持忒拜，也不支持斯巴达。③ 雅典的中立立场为斯巴达利用和约，尤其是希腊城邦应维持独立，打压忒拜提供了机会，如同借助"安塔尔基达斯和约"一样，斯巴达再次与忒拜处于直接对立。

和约生效后，雅典、斯巴达撤离了它们在希腊其他城邦的驻军。但忒拜人未按和约要求恢复贝奥提亚各邦独立，甚至没有解散军队。斯巴达得知后，立即派克莱姆布罗托斯进攻贝奥提亚。克莱姆布罗托斯进入贝奥提亚后将军队驻扎在琉克特拉，并在此处与忒拜人发生激

---

① Xenophon, *Hellenica* 6. 3. 20.

② Xenophon, *Hellenica* 6. 3. 20.

③ T. T. B. Ryder, "Athenian Foreign Policy and the Peace – Conference at Sparta in 371 B. C. ", *The Classical Quarterly*, Vol. 13, No. 2, 1963, pp. 237 – 241.

战，即著名的琉克特拉战役。① 在此次战役中，忒拜大败斯巴达。自此，忒拜确立了在贝奥提亚地区的领导地位，斯巴达被迫撤离中希腊。

忒拜的崛起并非雅典所乐见。琉克特拉战役后，雅典不仅拒绝了忒拜提出的联合报复斯巴达的提议。② 为防止忒拜势力进一步壮大，雅典人还邀请所有愿意参加波斯国王下达的和平条约谈判的城邦，前往雅典。公元前 371 年末，雅典、斯巴达以及其他希腊城邦汇集雅典，共同通过了一份和平条约，并宣誓："我将遵守国王（阿尔塔薛西斯二世）下达的条约（"安塔尔基达斯和约"），遵守雅典人及其盟友的法令。如果任何人攻打宣读该誓言的城邦之一，我将全力援助它。"③

琉克特拉战役后，雅典倡议订立和平条约显然是针对当时忒拜与斯巴达之间的战争。雅典此举的目的在于维持雅典、忒拜、斯巴达之间的平衡，遏制忒拜势力的增长，避免斯巴达权威被进一步削弱。

琉克特拉战役后的这份和平条约虽然搬出了波斯国王下达的"安塔尔基达斯和约"，但它的影响范围远不及后者。首先，就缔结和约的希腊国家而言，公元前 371 年琉克特拉战役后确立的和约仅包括雅典、斯巴达以及它们各自的盟友，④ 没有覆盖希腊所有国家，故而该和约的约束力和影响范围有限。其次，随着忒拜的崛起，希腊权力格局已经发生了变化。第二雅典同盟、伯罗奔尼撒同盟以及贝奥提亚同盟的并存，意味着希腊事务的主导权不再像公元前 386 年至公元前 379 年由斯巴达独占，也不再像公元前 374 年由雅典和斯巴达平分。雅典、斯巴达等国缔结的这份和约不具有权威性和普遍约束力，忒拜和斯巴达的战争不会因为这份和约而停止。公元前 370 年至公元前 362 年，希腊城邦间持续的战争表明琉克特拉战役后的这份和平条约缺乏实际效力。

---

① Xenophon, *Hellenica* 6.4.3 – 18.
② Xenophon, *Hellenica* 6.4.19.
③ Xenophon, *Hellenica* 6.5.2.
④ Xenophon, *Hellenica* 6.5.1 – 3.

　　公元前374年的和平条约和公元前371年的两份和约均继承了"安塔尔基达斯和约"关于"希腊城邦应维持独立自治"的基本内容，但它们又有不同程度的创新，增加了一些新内容。公元前374年的和约设立了专门负责监督外国驻军撤离的机构，并明确划分了雅典、斯巴达在希腊的权力范围。公元前371年琉克特拉战役爆发前缔结的和平条约规定，缔约国可以依据自己意愿决定是否援助遭到入侵的国家。由于这两份和约包括了所有希腊城邦，故属于"共同和约"。琉克特拉战役后订立的和平条约仅是一份和平条约，并非"共同和约"，它要求"遵守雅典人及其盟友的法令"，未包含希腊所有城邦，表明了其局限性。

　　公元前379年至公元前371年，雅典、忒拜、斯巴达之间的彼此利用和互相牵制，成为当时希腊世界城邦关系的主题。通过非官方方式，雅典人帮助流亡的忒拜人，驱逐卡德美亚的斯巴达驻军，恢复忒拜独立，但也间接引发了斯巴达与忒拜的战争。流亡的忒拜人夺取忒拜政权后，为防止忒拜与斯巴达联合起来雅典与忒拜结盟，将忒拜拉入了第二雅典同盟。但是，当忒拜势力不断发展壮大时，雅典恢复了与斯巴达的友好关系，在对外活动改行中立路线，坐观忒拜与斯巴达互斗。忒拜亦有自己的盘算。流亡的忒拜人夺回卡德美亚后，斯巴达派兵进入贝奥提亚。因为害怕独自应对斯巴达，忒拜煽动斯佛德里亚斯攻占庇雷乌斯，成功将雅典拉入反斯巴达的战争中。公元前378年至公元前371年，雅典与斯巴达两度交战，忒拜没有给予雅典有力支持，而是趁机攻占贝奥提亚各邦，恢复它在贝奥提亚的影响。斯巴达可能自始至终都不愿与雅典为敌，即便与雅典发生了冲突，也仍旧愿意与雅典交好。对斯巴达而言，公元前379年之后的主要任务是孤立忒拜，并非与雅典为敌。

　　从雅典、忒拜、斯巴达三邦的相互关系中不难看出，雅典在忒拜与斯巴达之间实际上扮演着平衡者的角色。当斯巴达势力过于强盛时，雅典愿意帮助忒拜，当忒拜发展壮大时，雅典便与斯巴达恢复友好。

在这一过程中，雅典对忒拜的支持间接帮助忒拜确立了在希腊的地位和影响，这促使希腊局势又一次发生变动，即忒拜成为继雅典、斯巴达后的又一超级大国。

总之，公元前 5 世纪末至公元前 4 世纪初希腊局势在不断变化。伯罗奔尼撒战争后，雅典和斯巴达的两级对立格局结束，斯巴达成为了希腊唯一一个超级大国，但希腊内部还存在许多强邦，斯巴达不可能独霸希腊。公元前 395 年，忒拜、雅典、科林斯、阿尔戈斯四国发动的科林斯战争，表明斯巴达霸权政策遭到了希腊其他城邦的强烈反对。借助波斯的支持和"安塔尔基达斯和约"，斯巴达一度确立了它在希腊的霸权，建立了斯巴达"帝国"。但公元前 378 年，雅典、忒拜再次联合起来，挑战斯巴达的霸权。雅典、忒拜、斯巴达三国间的抗衡使希腊处于一种微妙的平衡中，任何一方的强大，必将遭到其余两方的打压。起初，雅典与忒拜联手攻击斯巴达，但当忒拜日益强大时，雅典又联合斯巴达共同遏制忒拜，这种相互牵制使希腊维持着一种动态平衡。

琉克特拉战役后，希腊局势再度发生变化。斯巴达逐渐衰败，忒拜成为希腊最具影响力的城邦，一度发展为希腊新霸主。在这场权力变更中，整个希腊掀起了一场变革风暴，即反斯巴达及其支持的寡头政权的民主改革运动，伯罗奔尼撒半岛成为这场风暴的中心。伯罗奔尼撒半岛上的许多城邦都发生了推翻寡头统治的民主变革，这引发了一系列的城邦内乱。西库昂、科林斯、阿尔戈斯等出现了民主暴动，[①]阿卡狄亚城邦菲伽雷亚、曼提内亚、泰盖亚等则实现了民主变革。在这场民主变革浪潮中，阿卡狄亚人在曼提内亚与泰盖亚两邦民主派的领导下实现了地区政治联合，建立了阿卡狄亚史上唯一一个地区性国家——阿卡狄亚同盟。

---

① Xenophon, *Hellenica* 6. 5. 4 – 10; Diodorus Siculus, *The Library of History* 15. 40. 1 – 5, 15. 57. 3 – 15. 59.

三　阿卡狄亚同盟的建立

阿卡狄亚同盟的建立离不开泰盖亚和曼提内亚这两个城邦，故而有必要了解阿卡狄亚同盟建立前，泰盖亚和曼提内亚的相关情况以及它们在同盟建立过程中发挥的作用。

公元前386年以后，斯巴达以维护希腊城邦独立自治为由，在伯罗奔尼撒半岛以及半岛以外地区推行霸权政策，干涉他国内政。斯巴达一直占据着优势地位，希腊其他城邦虽有不满，却都不敢贸然行动。公元前371年，斯巴达在琉克特拉战役中的惨败以及随后雅典主持订立的和平条约，为那些想要摆脱斯巴达控制、重获自由的城邦提供了机会，曼提内亚便是其中之一。公元前385年，曼提内亚被斯巴达肢解为乡村，城邦统治权也落入寡头派手中。公元前370年，曼提内亚人重建城邦之所以能够成功是因为在恰当的时间利用了"希腊城邦应维持独立自治"这一原则。

早在公元前392年春，安塔尔基达斯就提出"所有岛屿和其他城邦都应维持独立自治"①，但该原则最初仅是一个口号。公元前392年冬，安塔尔基达斯与雅典、忒拜缔结和平条约，虽然再次强调希腊城邦应维持独立自治，但不过是冠冕堂皇之语。公元前386年，"希腊城邦应维持独立自治"更是沦为斯巴达称霸的工具。此后，雅典、斯巴达等国分别于公元前374年和公元前371年琉克特拉战役前订立和平条约，都强调希腊城邦应该维持独立，但所谓的城邦独立其实仅针对个别城邦，而非希腊所有城邦。公元前374年和约强调的希腊城邦独立自治，实际仅是雅典、斯巴达稳固它们在希腊的地位，遏制其他竞争对手的武器。公元前371年和约再次强调希腊城邦独立，目的在于瓦解忒拜对贝奥提亚各邦的控制，维持雅典、斯巴达在希腊的优势地

---

① Xenophon, *Hellenica* 4. 8. 14.

位。由此可见，公元前 392 年至公元前 371 年订立的和约，虽然都强调城邦应维持独立自治，但该原则不具有普遍性，不过是斯巴达、雅典谋取权力的工具。

但是，公元前 371 年琉克特拉战役后斯巴达威望的削弱以及雅典的中立，使得原本由斯巴达、雅典操控的城邦应维持独立自治的原则成为希腊其他城邦，尤其是伯罗奔尼撒半岛上想脱离斯巴达控制的城邦，恢复自由独立的法律依据。在这种情形下，曼提内亚人按照自己对希腊城邦独立自治原则的理解，重建城邦。

曼提内亚城邦的重建，顺应了当时的希腊局势。对此，色诺芬记述道："经历了这些事情之后，曼提内亚人感觉自己并非完全独立，于是他们汇聚起来，对曼提内亚应成为一个单独城邦以及围绕它建设一座城墙举行了投票……一些阿卡狄亚城邦派人帮助曼提内亚人建设城墙，埃利斯人向曼提内亚人提供三塔兰特的资金，支持他们的城墙建设。此后，曼提内亚人专心于这项工作（建城墙）。"① 在各方支持下，曼提内亚人恢复了城邦统一，完成了城墙建设工作。

在建设城墙的同时，曼提内亚民主派重新掌控了城邦，结束了公元前 385 年以来的亲斯巴达寡头派的统治。色诺芬没有记述曼提内亚如何恢复城邦民主制，但可以肯定的是，曼提内亚在公元前 370 年重新确定了民主制，且很可能采取了温和手段。曼提内亚之所以能够以和平方式恢复民主政治，是因为该城邦的民主传统历史悠久。

依据希罗多德的记述，公元前 6 世纪，昔兰尼（Kyrene）国王阿尔凯西劳斯二世（Arkesilaos II）之子巴托斯三世（Battos III）继承王位；当时，昔兰尼人不知道该如何组织他们的国家，于是前往德尔菲寻求神谕，神谕指示他们应该前往阿卡狄亚的曼提内亚找寻一位仲裁者，之后，他们便派人前往曼提内亚；曼提内亚人得知昔兰尼人的诉求后，让当时在曼提内亚最受尊重的戴蒙纳克斯（Demonax）前往昔

---

① Xenophon, *Hellenica* 6.5.3 – 6.

兰尼；戴蒙纳克斯了解了昔兰尼当地情况后，将昔兰尼划为三个部落，把国王拥有的一切都交到了民众手中，但不包括国王拥有的某些领地和圣职。① 戴蒙纳克斯在昔兰尼进行的改革，表明了他所熟知的民主传统。由此推测，在公元前 6 世纪中期甚至更早，曼提内亚城邦可能已经确立了民主传统。曼提内亚人在政府运行上展现出的智慧，得到了史学家的颂扬。波利比乌斯记述道："几乎所有历史学家都记载过拉凯戴蒙、克里特、曼提内亚和迦太基卓越杰出的政制。"② 曼提内亚在很早就确立了民主制或者民主政治传统，这种悠久的民主传统使该城邦能够轻松地从寡头制平稳过渡到民主制。

当曼提内亚人援引城邦独立原则恢复城邦统一、建设城墙时，斯巴达派阿盖西劳斯二世前往劝阻曼提内亚人。他声称，如果曼提内亚人能够暂时停止建设城墙，他将把事情安排妥当，让城墙建设不仅得到斯巴达的批准，还不会花费太多钱财。对此，曼提内亚人坚定回绝，阿盖西劳斯二世愤然离开，但并没有以此为借口对曼提内亚发动进攻。色诺芬评论道："（拉凯戴蒙人）攻打曼提内亚人是不可能的，因为和平条约是在独立自治的基础上缔结的。"③ 由此推测，曼提内亚人建设城墙的行为应该是在和约框架内、合乎法理之举。

在曼提内亚人建设城墙的同时，泰盖亚城邦内部也发生着变化，如民主派与寡头派之间的较量。公元前 370 年，泰盖亚民主派和寡头派就阿卡狄亚人是否应该联合起来发生了争论。以卡利比奥斯（Kallibios）和普罗克塞诺斯（Proxenos）为首的民主派及其支持者主张"所有阿卡狄亚人都应该联合起来，共同大会（hoi koinoi）通过的任何举措对各城邦都具有约束力"④。以斯塔西波斯（Stasippos）为首的寡头

---

① Herodotus, *The Persian Wars* 4.161, in *Herodotus II*: *Books III - IV* (Loeb), Cambridge, Massachusetts: Harvard University Press, 1921.

② Polybius, *The Histories* 6.43.1, in *Polybius III*: *Books 5 - 8* (Loeb), Cambridge, Massachusetts: Harvard University Press, 1923.

③ Xenophon, *Hellenica* 6.5.5.

④ Xenophon, *Hellenica* 6.5.6.

派及其支持者则认为"他们的城邦不应受到干扰，而应该生活在自父辈时代传承下来的法律之下"①。

需要指出的是，色诺芬所记述的"共同大会"不是管理泰盖亚城邦内部事务的城邦会议，而是负责管理包括泰盖亚在内的多个阿卡狄亚城邦的地区性大会，因为只有这样，共同大会通过的举措才有可能"对各城邦都具有约束力"。色诺芬没有说明共同大会具体负责管理哪些城邦，但考虑泰盖亚在公元前5世纪末建立了地区军事同盟，自公元前5世纪末至琉克特拉战役爆发时泰盖亚一直与斯巴达维持着友好关系，以泰盖亚为首的地区军事同盟可能并没有像曼提内亚军事同盟一样遭斯巴达肢解，而是继续存在于公元前4世纪。由此推测，色诺芬所记述的"各城邦"以及"他们的'城邦'"，至少应该包括泰盖亚军事同盟控制的阿卡狄亚城邦。

之后，卡利比奥斯和普罗克塞诺斯一派在行政官员会议（hoi theoroi）②上落选，于是联合民众武装了起来。斯塔西波斯一派得知后，也做好了武装准备。随后，两派发生武装冲突，泰盖亚城邦陷入内战。③

起初，以斯塔西波斯为首的寡头派占据优势地位，普罗克塞诺斯及其部分支持者在交战中被杀，卡利比奥斯和其余下的支持者则节节败退。但当泰盖亚民主派寻求的曼提内亚援军抵达泰盖亚城后，城中的战局发生扭转，民主派取得最终胜利，确立了民主政权，近八百多名寡头份子被迫逃至斯巴达。④

泰盖亚的民主变革离不开曼提内亚人的帮助。曼提内亚人不仅派出军队支援泰盖亚民主派，在民主派获胜后，他们还与之共同处决了战败的寡头派，迫使八百多名寡头份子流亡斯巴达。虽然曼提内亚人

① Xenophon, *Hellenica* 6.5.7.
② Theoroi 系复数形式；单数为 Theoria，指代询问神谕的使者。这里 theora 指代的并非宗教性质的使者，而是负责审查的行政官员。参见 Hubert Cancik and Helmuth Schneider eds., *Brill's New Pauly*：*Encyclopaedia of the Ancient World*, Leiden：Brill, 2009, p.522.
③ Xenophon, *Hellenica* 6.5.7.
④ Xenophon, *Hellenica* 6.5.6–10.

是应泰盖亚民主派的请求才出兵援助，但他们的行为已然干涉了泰盖亚内政。琉克特拉战役后，斯巴达、泰盖亚、曼提内亚均签署和平条约，并宣誓"如果任何人攻打宣读了该誓言的城邦之一，我将全力援助它"①。于是，斯巴达以曼提内亚人违反誓言，武装攻打泰盖亚人为由，对曼提内亚发动了军事远征。斯巴达为那些遭遇不幸的泰盖亚人复仇，可能还出于它对泰盖亚的盟友义务。上文提到，公元前6世纪末时泰盖亚就已经成为伯罗奔尼撒同盟的成员，公元前5世纪中期以来泰盖亚一直都是斯巴达的忠实盟友，故而泰盖亚的伯罗奔尼撒同盟成员的身份可能一直维持到公元前4世纪初。因此，斯巴达所依据的"誓言"不仅包括琉克特拉战役后签订的和约誓言，可能还包括伯罗奔尼撒同盟誓言。

对于曼提内亚与泰盖亚的民主改革，有两点需要说明，第一，曼提内亚与泰盖亚都确立了民主制，但两邦采取的方式不同，前者是以和平过渡的方式恢复民主，后者则是通过武装斗争实现民主。第二，无论是阿盖西劳斯二世提出的曼提内亚人应该暂缓建设城墙的要求，还是对曼提内亚人干涉泰盖亚内政而采取的军事行动，均都表明琉克特拉战役后，斯巴达的影响虽然被削减，但斯巴达仍旧是伯罗奔尼撒半岛的强国和主导势力，泰盖亚和曼提内亚在某种程度上没有完全脱离斯巴达的掌控。

曼提内亚帮助泰盖亚民主派夺取政权的行为，使曼提内亚面临斯巴达的攻击。公元前370年，阿盖西劳斯二世率军进入阿卡狄亚，直奔曼提内亚。由于曼提内亚人避而不战，加之寒冬将至，缺乏粮食补给，阿盖西劳斯二世没有与曼提内亚人交战。但是，斯巴达入侵阿卡狄亚的行为客观上促使阿卡狄亚人团结在一起，曼提内亚和泰盖亚则成为组织阿卡狄亚人抵抗斯巴达入侵的领袖。在这一过程中，阿卡狄亚地区诞生了史上唯一一个地区性国家——阿卡狄亚同盟。文献中没

---

① Xenophon, *Hellenica* 6.5.2.

有交代阿卡狄亚同盟诞生的具体时间，但可以肯定的是公元前370年阿卡狄亚同盟已经存在。依据色诺芬的记述，当大多数阿卡狄亚人汇集在阿塞亚时，"奥尔科麦诺斯人拒绝成为阿卡狄亚同盟成员，原因是他们憎恨曼提内亚人"①。色诺芬的这一记述表明并非所有阿卡狄亚人都愿意加入阿卡狄亚同盟。由此看来，公元前370年的阿卡狄亚同盟可能仅包含少数城邦。

———————————

① Xenophon, *Hellenica* 6.5.11.

第三章 走向兴盛：阿卡狄亚同盟的发展壮大

古代文献中没有记载阿卡狄亚同盟诞生的具体过程，但可以确定的是，阿卡狄亚同盟的建立并非一蹴而就，而是经过不断的发展和完善才逐渐形成。阿卡狄亚同盟在地区政治中占有重要地位，不仅是阿卡狄亚历史上唯一一个地区性国家，还是阿卡狄亚地区发展过程中最为繁盛的一个时期，族群认同进一步巩固，社群文化趋于统一，政治归属意识空前强化。本章的主要内容是介绍阿卡狄亚同盟的成员与机构，同时梳理同盟成立以来的内外活动。

第一节 同盟的成员与机构设置

公元前370年，阿卡狄亚同盟成立之初，仅包含阿卡狄亚的部分地区，之后才逐渐发展成为覆盖几乎整个阿卡狄亚的地区性国家。阿卡狄亚同盟包含了乡村、城镇、城邦、部落等不同类型的社会政治组织形式，但最主要的无外乎部落与城邦。因此，若要了解阿卡狄亚同盟成员，首先要了解阿卡狄亚地区内部的部落与城邦。由于古代文献和考古证据的限制，本节对阿卡狄亚部落与城邦的考察集中于资料相对丰富的古典时代。

古典时代，阿卡狄亚地区主要存在四个部落，分别是欧特莱西亚（Eutresia）、麦那利亚、帕拉西亚以及库努利亚（Kynouria）。在这些部落内部，还有许多更小的社会政治组织。欧特莱西亚部落包括了克瑙松（Knauson）、佐伊提亚（Zoitia）、提莱翁、卡利西亚（Charisia）、帕罗雷亚（Paroreia）、特里克罗尼（Trikoloni）以及普托莱德尔玛（Ptolederma）。① 麦那利亚部落包括了阿塞亚、欧泰亚、狄派亚、吕凯亚、伊萨亚（Iasaia）、海利松、帕拉提昂、海摩尼亚、麦那罗斯、佩莱提斯、苏玛提昂（Soumateion）、奥莱斯塔西昂等。② 帕拉西亚部落包括了达塞亚、提索阿（Thisoa）（位于与库努利亚部落的边界处，也可能属于库努利亚部落）、吕科苏拉、阿孔提昂（Akontion）、托克尼亚、马卡里亚（Makaria）、普罗西斯（Proseis）、特拉派左思、阿卡盖西昂等。库努利亚部落包括了提索阿、戈提斯、阿利菲拉等。③ 这些部落内部更小的社会政治组织，有的发展为城邦，如阿塞亚、欧泰亚、狄派亚、戈提斯、帕拉提昂、海利松、特拉派左思、奥莱斯塔西昂等，有的仅是城镇或乡村，如达塞亚、特里克罗尼、普托莱德尔玛、苏玛提昂、马卡里亚、阿孔提昂、阿卡盖西昂等。除上述四个部落外，阿扎尼亚（Azania）也是阿卡狄亚的一个重要部落。该部落存在古风时代，但在古典时代逐渐失去社会政治意义，变为一种历史记忆。④

除部落外，阿卡狄亚地区还存在不受部落管辖的城邦，主要包括了泰盖亚、阿莱亚、赫莱亚、卡菲亚、曼提内亚、菲奈奥斯、克雷托尔、普索菲斯、泰尔普萨、菲伽雷亚、奥尔科麦诺斯、斯提姆法罗斯。这些城邦在阿卡狄亚地区政治中占有重要地位，有的甚至主导着地区政治的发展方向，例如泰盖亚和曼提内亚。在这些城邦中，有一部分与部落无关，是独自发展而来的，例如泰盖亚、曼提内亚、赫莱亚以

---

① Pausanias, *Description of Greece* 8. 27. 3; Thomas Heine Nielsen, "Arkadia: City-Ethnics and Tribalism", p. 147.

② Thucydides, *History of The Peloponnesian War* 5. 64. 3; Pausanias, *Description of Greece* 6. 7. 9, 8. 27. 3; Thomas Heine Nielsen, "Arkadia: City-Ethnics and Tribalism", p. 148.

③ Pausanias, *Description of Greece* 8. 27. 4, in Jefferey Henderson ed. , *Pausanias IV* (Loeb), Cambridge, Massachusetts: Harvard University Press, 1935, pp. 34 – 35.

④ Strabo, *Geography* 8. 8. 1.

及奥尔科麦诺斯经由 Synoikismos 发展而来。[①] Synoikismos 本意为"居住在一起"，这里将其译作"居地统一"。在古代希腊，Synoikismos 通常指若干较小共同体结合成为一个较大共同体的过程，有时这种结合仅是单纯的政治结合，不涉及人们居住地的变化，但有时却需要城市居民变更居住地，迁至新城中。[②] Synoikismos 包含的城市、城镇以及乡村将接受同一中心城市的领导。奥尔科麦诺斯便包含了一些更小的城市——提索阿、泰乌提斯（Teuthis）、麦提德里昂（Methydrion），[③] 它们都接受奥尔科麦诺斯的领导。曼提内亚则是由若干乡村合并而成。公元前 386 年，曼提内亚被肢解时，色诺芬指出，曼提内亚被划分为四个独立的乡村，如同过去一样。[④] 可见，曼提内亚建立之前，乡村是其最初的居住模式。泰盖亚也是由多个乡村合并而成，[⑤] 赫莱亚亦是如此。[⑥] 这些经由"居地统一"（Synoikismos）发展而来的城邦，不受部落管辖，而是与部落并存。[⑦]

此外，还有一部分城邦虽然与部落有关，却建立于已瓦解的部落领土之上，如菲奈奥斯、克雷托尔、普索菲斯、泰尔普萨、菲伽雷亚。这些城邦原本属于阿扎尼亚部落，公元前 5 世纪阿扎尼亚部落分裂瓦解，部落内部的城镇、乡村逐渐发展为城邦。由于原本部落已不复存在，这些城邦自然不受部落约束。

这些独立于部落之外的城邦，有着不同的源起和发展轨迹，但到公元前 4 世纪时，它们已经发展成为阿卡狄亚地区的主要城邦，并在地区政治中发挥着作用。这些城邦在不断发展的过程中，经常使用武力等手段吞并周围更弱小的社会，尤其是部落内部的社会。那些实力

---

① Strabo, *Geography* 8. 3. 2.

② Hubert Cancik and Helmuth Schneider eds. , *Brill's New Pauly*：*Encyclopaedia of the Ancient World*, s. v. Synoikismos.

③ Pausanias, *Description of Greece* 8. 27. 4.

④ Xenophon, *Hellenica* 5. 2. 7.

⑤ Pausanias, *Description of Greece* 8. 45. 1.

⑥ Strabo, *Geography* 8. 3. 2.

⑦ Thomas Heine Nielsen, "Arkadia：City-Ethnics and Tribalism", p. 146.

相对弱小的社会为了生存不得不倚靠这些主要城邦，由此出现了小范围的具有霸权特征的地区军事组织。例如，公元前 5 世纪晚期，曼提内亚和泰盖亚分别建立各自的地区军事同盟。曼提内亚确立了在海摩尼亚、佩莱提斯等麦那利亚部落北部社会以及在帕拉西亚部落的影响，①泰盖亚则确立了对阿塞亚、欧泰亚、帕拉提昂、奥莱斯塔西昂等麦那利亚部落其他社会的统治。②这种城邦吞并部落社会的行为，实际上反映了城邦对部落的挑战。因此，城邦与部落是一种共存却又相互竞争的关系，城邦经常会蚕食部落的土地。

需要指出的是，个别强邦建立了霸权性质的地区军事同盟，但加入其中的城邦、城镇或乡村本身并没有发生太大变化，它们依旧可以自行组织和管理各自社会的内部事务。唯一不同的是，这些社会失去了原先的独立地位，变成了具有依附性的附庸，③地区军事同盟的领袖在对外活动中经常代表这些社会行使权力。公元前 420 年，曼提内亚与雅典、埃利斯、阿尔戈斯结盟时，代表其同盟成员宣誓，而这份盟约也仅在曼提内亚城邦公布，没有在盟约涉及的曼提内亚地区军事同盟中的其他成员国中公布。由此可见，依附于强邦的这些社会失去了独立的对外交涉权。

公元前 4 世纪的阿卡狄亚同盟由上述这些部落和城邦构成。阿卡狄亚同盟成立之初规模并不大，所涵盖的地区也十分有限。公元前 370 年，阿卡狄亚同盟可能仅包含了阿塞亚、欧泰亚、泰盖亚、曼提内亚等，其他地区如赫莱亚、奥尔科麦诺斯不仅坚决反对加入同盟，还帮助斯巴达攻打曼提内亚。色诺芬记述到，公元前 370 年秋，奥尔科麦诺斯人因为憎恨曼提内亚人，拒绝加入阿卡狄亚同盟，甚至还迎接斯巴达雇佣军队进入他们的城市。④赫莱亚人则在斯巴达军队中服

---

① Thucydides, *History of The Peloponnesian War* 5.28.3 – 29.2, 5.33.1 – 3.
② Thucydides, *History of The Peloponnesian War* 4.134.
③ Thucydides, *History of The Peloponnesian War* 5.33.1 – 3.
④ Xenophon, *Hellenica* 6.5.11.

务，帮助斯巴达攻打曼提内亚人。① 因此，最初自愿加入阿卡狄亚同盟的地区可能仅有泰盖亚、曼提内亚以及它们控制或影响下的阿塞亚、欧泰亚等。

那些不愿加入阿卡狄亚同盟的地区，后来可能是在曼提内亚和泰盖亚的武力威胁下被迫加入。赫莱亚人拒绝加入阿卡狄亚同盟，还支持斯巴达攻打曼提内亚，故而当斯巴达因寒冬到来而放弃攻打曼提内亚后，阿卡狄亚同盟对赫莱亚人发动了攻击，蹂躏了他们的土地，烧毁了他们的房屋，砍伐了他们的树林。② 奥尔科麦诺斯可能也是被迫加入同盟。文献中没有关于阿卡狄亚同盟形成过程的记述，但从赫莱亚等城邦的反对态度可知，阿卡狄亚同盟的成立并非整个地区达成的共识，这也使得同盟的建立注定不会是一帆风顺，不可避免地会混有流血与冲突。

到公元前 368 年，阿卡狄亚同盟规模进一步扩大，包括了麦那利亚部落、帕拉西亚部落、欧特莱西亚部落以及库努利亚部落的大多地区，北部的奥尔科麦诺斯及其控制的城市以及克雷托尔也都成为同盟成员。最晚至公元前 366 年，阿卡狄亚东北部的斯提姆法罗斯也加入了同盟。因为在此之前，斯提姆法罗斯人埃奈亚斯（Aineas）就已经当选为阿卡狄亚同盟执政官。③ 到公元前 363 年，阿卡狄亚同盟可能控制了整个阿卡狄亚地区。依据色诺芬的记述，阿卡狄亚同盟与埃利斯人签订和平条约时，所有阿卡狄亚城邦代表均向和约宣誓。④

除了对阿卡狄亚本土的掌控，阿卡狄亚同盟还将控制范围扩大至邻邦，例如埃利斯的拉西昂（Lasion）、特利菲利亚。拉西昂原本是依附于埃利斯的城邦。公元前 4 世纪初，阿卡狄亚人宣称控制了拉西昂。⑤ 但此后，拉西昂可能又回到了埃利斯人的控制中。公元前 365

① Xenophon, *Hellenica* 6.5.11 – 12.
② Xenophon, *Hellenica* 6.5.22.
③ Xenophon, *Hellenica* 7.3.1.
④ Xenophon, *Hellenica* 7.4.36.
⑤ Xenophon, *Hellenica* 3.2.30.

年，拉西昂加入阿卡狄亚同盟。公元前 369 年，依附于埃利斯的特利菲利亚人宣布他们是阿卡狄亚人，也变成了阿卡狄亚同盟成员。[①] 至此，阿卡狄亚同盟的影响范围不仅覆盖了传统意义上的阿卡狄亚地区，还包括了伯罗奔尼撒半岛西海岸的部分地区。

同盟国家是存在于城邦之外的另一种国家形式，汉斯·贝克（Hans Beck）说道："这些同盟国家是以一种更早的代议制的政府形式运作"[②]。如同城邦一样，阿卡狄亚同盟也有自己独立的政府机构。其中，最重要的是同盟大会，又称"万人大会"（hoi myrioi）。[③] 同盟大会在性质和功能上类似雅典的公民大会，是规模更大的全体阿卡狄亚人的公民大会，是阿卡狄亚同盟的最高权力和决策机构。理论上，同盟大会向全体阿卡狄亚人开放，但仅限阿卡狄亚的成年男性公民。同盟大会究竟包含多少成年男性公民？真如其名称所标榜的那样，由一万人构成吗？

"万人大会"这一称呼，可能只是为了形容阿卡狄亚同盟大会的规模之大。在古希腊语中，myrios（单数形式；复数形式系 myrioi）一词本身就有"不可估计、不计其数"的含义，其复数形式 myrioi 可以单独表示古希腊计数单位中的最大数额"万"。因此，"万人大会"所标榜的"万人"很可能是一个抽象概念，是一种象征性的标识。

保萨尼亚斯描述麦伽罗波利斯城时，写道："在剧院旁边，有专门为万人大会建造的会议大厅的地基，这个会议大厅被称作泰尔西里昂（Thersilion），是以资助者的名字命名的。"[④] 威廉·安德鲁（William Andrew）对这个号称是万人大会的会议大厅的遗迹进行了考察，最后得出的结论是：该会议大厅仅有大约六千个座位，即使加上站立

---

① Xenophon, *Hellenica* 7. 1. 26.

② Hans Beck, *A Companion to Ancient Greek Government*, Wiley-Blackwell, 2013, p. 466.

③ Xenophon, *Hellenica* 7. 1. 38, 7. 4. 33; Demosthenes, *De falsa legatione* 11. 3, in C. A. Vince and J. H. Vince trans., *Demosthenes II: De Corona, De Falsa Legatione*, Cambridge, Massachusetts: Harvard University Press, 1926.

④ Pausanias, *Description of Greece* 8. 32. 1.

的人们，其所能容纳的人数也不可能达到一万，甚至更多。①

实际上，万人大会会议厅的六千人容纳量，与阿卡狄亚地区成年男性公民的数量不成比例。仅泰盖亚、曼提内亚两邦的成年男性公民人数可能就已经接近，甚至超过一万人。古代文献中虽然没有关于泰盖亚和曼提内亚的城邦公民人口的明确记录，但通过古代作家对两邦军队人数的零散记述，我们可以对两邦的成年男性公民人数进行大致估算。

修昔底德记述公元前418年埃利斯、曼提内亚、阿尔戈斯联合反对斯巴达时，指出："阿尔戈斯人得到了曼提内亚人及其盟友和三千埃利斯重装步兵的援助"②。对此，狄奥多罗斯更详细地记述到："来自埃利斯的三千士兵加入了阿尔戈斯人的军队，他们在数量上几乎与来自曼提内亚的士兵一样多……"③ 由于直到公元前4世纪阿卡狄亚地区的很多城邦还没有自己的轻装步兵或骑兵，④ 因此，三千曼提内亚士兵可能是指曼提内亚的重装步兵。K. J. 贝洛赫（K. J. Beloch）和F. 博尔特（F. Bölte）以曼提内亚的三千重装步兵为基数，分别对公元前5世纪曼提内亚城邦的男性公民人数进行了估算。K. J. 贝洛赫认为，文献中提到的三千重装步兵，不全是曼提内亚人，还包括了曼提内亚的盟友，因此，他估算不足三千的曼提内亚重装步兵，应该来自七千人的成年男性公民。F. 博尔特认为，三千重装步兵全部都是曼提内亚人，推测曼提内亚城邦的成年男性公民多达七千五百人。⑤ 泰盖亚城邦的人口总数多于曼提内亚，如果根据 K. J. 贝洛赫和 F. 博尔特

---

① William Andrew McDonald, *The Political Meeting Places of the Greeks*, Baltimore：Johns Hopkins Press，1943，p. 204.

② Thucydides, *History of The Peloponnesian War* 5. 58. 1.

③ Diodorus Siculus, *The Library of History* 12. 78. 4，in *Diodorus Siculus V：The Library of History：Books XII. 41 – XIII*（Loeb），Cambridge，Massachusetts：Harvard University Press，1950.

④ Xenophon, *Hellenica* 4. 4. 16.

⑤ Stephen Hodkinson and Hilary Hodkinson, "Mantineia and the Mantinike：Settlement and Society in the Greek Polis"，p. 274；K. J. Beloch, *Griechische Geschiche*，2ⁿᵈ ed.，Berlin and Leipzig，1922 – 1931，iii I2. 280；F. Bölte, *RE* xiv2，1930，s. v. "Mantinea"，1308 – 9.

对曼提内亚成年男性公民数额的估算，泰盖亚和曼提内亚两邦的成年男性公民人数就有超过一万四千人。因此，万人大会可能并不是面向全体阿卡狄亚成年男性公民。

阿卡狄亚同盟是民主国家，但真正能够在同盟政治中发挥作用的，仍旧是那些拥有一定资产的贵族和富人，至少是中等以上水平的富裕公民。而且，就参与同盟政治活动的现实可行性而言，富裕公民较之普通民众有着明显的优势。阿卡狄亚地区人口的主体是贫苦大众，对于他们而言，谋生比参与政治活动更迫切、也更实际。加之，参与同盟大会以及同盟其他事务会花费很多时间与精力，这对于艰难求生的普通民众而言并不现实，因为他们不像富人拥有大把闲暇和大量财富。由此推测，同盟大会的实际构成成员很可能是阿卡狄亚成年男性公民群体内的贵族和中上层富裕公民。这些人不仅拥有殷实资产和闲暇时间，还具备一定的政治素养，是参与同盟大会的适合群体。

同盟大会的举办地似乎并没有固定在某个城邦，泰盖亚和麦伽罗波利斯可能都举行过同盟大会。保萨尼亚斯记述了，麦伽罗波利斯建造了一座专门召开同盟大会的会议大厅，① 但他并没有给出同盟大会在这个大厅里召开的确切证据。唯一一次确定的在麦伽罗波利斯举行的同盟大会，是在阿卡狄亚同盟分裂之后。公元前 348 年，雅典演说家埃斯基尼斯（Aischines）出使阿卡狄亚，在麦伽罗波利斯举行的万人大会上发表了反对腓力二世（Phillip II）的演说。②

泰盖亚可能也召开过同盟大会。公元前 363 年，阿卡狄亚同盟与埃利斯人缔结停战和约时，所有阿卡狄亚人都举行了宣誓。依据色诺芬的记述，宣誓结束后，许多阿卡狄亚人在泰盖亚城中"逗留了更长时间"（ἐπικαταμείναντες），欢庆和约的签订。③ ἐπικαταμείναντες 一词清楚表明，停战和约的缔结以及之后举行的庆祝活动均发生在泰

① Pausanias, *Description of Greece* 8. 32. 1.
② Demosthenes, *De falsa legatione* 19. 11.
③ Xenophon, *Hellenica* 7. 4. 36.

盖亚城。

不仅如此，阿卡狄亚同盟大会颁布的一项重要法令——"菲拉尔科斯法令"也发现于泰盖亚。① 保罗·富卡尔（Paul Foucart）指出，"菲拉尔科斯法令"是在泰盖亚召开的同盟大会上颁布的，它是刻在雕版上的法令。② 从这份法令的内容来看，它是公元前362年或公元前361年，阿卡狄亚同盟任命雅典人菲拉尔科斯为阿卡狄亚人的外国领事（proxenos）③ 的一份荣誉法令。法令末附有参加此次会议的来自阿卡狄亚各地的地方执政官员名单。法令的开头明确指出，该法令是阿卡狄亚同盟大会通过的决议：

> 神，命运。
> 阿卡狄亚的议事会和万人大会通过决议：
> 吕西克拉图斯的儿子菲拉尔科斯，
> 将是在雅典的外国领事
> 和全体阿卡狄亚人以及整个族群的援助者。④

从上述内容可以看出，阿卡狄亚同盟大会的举办地并没有固定在某个城邦。麦伽罗波利斯建造了专门举办万人大会的会议大厅，但在这个会厅中召开万人大会的时间却很晚。古代文献和考古证据没有记

---

① *IG* V 2 1.

② Paul Foucart, "Une inscription inédite copiée à Tégée en 1868", *Comptes rendus des séances de l'Académie des Inscriptions et Belles – Lettres*, Vol. 3, No. 1, 1869, p. 100.

③ 外国领事（Proxenos），指代某城邦在其他邦国中选出的可以代表并维护其城邦权益的外国公民。换言之，A城邦任命B城邦的某个公民为外国领事，担任A城邦外国领事的公民负责维护在B城邦中的A城邦的权益，例如，当A城邦的公民来到B城邦时，A城邦在B城邦的外国领事要负责招待并帮助来自A城邦的公民。这种外国领事最早可追溯至外国保护者（Xenoi），后来逐渐发展为一种制度。外国领事实际是为维护城邦间的友谊而特设的一种官职。到古典时代，这种官职成为了古希腊普遍存在的一种特权，并发展为一种荣誉头衔。公元前4世纪时，外国领事制度广泛流行于希腊世界，并在政治和经济领域发挥着重要作用。参见 Hubert Camcik and Helmuth Schneider eds. , *Brill's New Pauly：Encyclopaedia of the Ancient World*, s. v. Proxenia, proxenos.

④ *IG* V 2 1 1 –8.

载泰盖亚城中有专门召开同盟会议的建筑，但同盟大会确实在这里举办过。阿卡狄亚同盟大会没有固定举办地，表明阿卡狄亚同盟大会及其具体运作可能还不规范。阿卡狄亚同盟选择在泰盖亚举行同盟大会，在一定程度上反映了阿卡狄亚地区强邦在同盟政治中占据着重要地位。

同盟大会是阿卡狄亚同盟的最高决策机构，其职能覆盖很多方面，包括同盟官员的任命与审核、同盟内政的最终决策以及派遣使者、宣战缔约等对外职能。以下笔者将依次介绍同盟大会的具体职责。首先，同盟大会有权选择和任命同盟官员。色诺芬记述公元前369年阿卡狄亚同盟官员的选任时写道："阿卡狄亚人对吕科摩戴斯的热爱不可估量，他们一致认为他是独一无二的，并表示将依据他的个人意向选举同盟领导人"①。吕科摩戴斯的个人意向对同盟官员的选任具有重要影响，但同盟官员的最终任命权掌握在同盟大会手中，最后是由同盟大会"任命"（κελεύοι）吕科摩戴斯中意的人选。② 因此，即便同盟大会依据吕科摩戴斯的个人偏好选择了同盟官员，但官员的最终任命权始终掌控在同盟大会手中。

其次，同盟大会有权否决同盟行政官员下达的政策与指令。公元前363年，阿卡狄亚同盟行政官下达的使用奥林匹亚神圣财产，宣判曼提内亚城邦领导人有罪以及命令同盟常备军抓捕曼提内亚城邦领导人的一系列指令，在不久后被同盟大会否定。同盟大会还出台了禁止使用神圣财产的法令。③ 可见，同盟大会在内政事务上拥有最终决策权，同盟行政官服从于同盟大会。

再次，同盟大会可能还拥有类似法院的司法审判权。公元前363年，阿卡狄亚各邦领导人在泰盖亚遭到逮捕关押。之后，曼提内亚发表声明称，被捕人员不应该在没有接受审判的情况下被关押或处死，如果任何人对那些被关押人员有任何指控，所有需要被传唤的人都应

---

① Xenophon, *Hellenica* 7. 1. 24.
② Xenophon, *Hellenica* 7. 1. 24.
③ Xenophon, *Hellenica* 7. 4. 34.

该出现在阿卡狄亚同盟大会上。① 从曼提内亚的这段声明中可以看出，同盟大会在阿卡狄亚同盟中还充当了法庭的角色。

最后，同盟大会还负责同盟的对外事务，例如向外国派遣使者，而外派使者直接对同盟大会负责。公元前 367 年，阿卡狄亚同盟派安条克（Antiochos）前往波斯，安条克最后向同盟大会汇报了出使波斯的具体情况。② 同盟大会还负责与外国缔约结盟。公元前 366 年，吕科摩戴斯在征得同盟大会同意的情况下，前往雅典，促成了阿卡狄亚同盟与雅典的结盟。③ 公元前 363 年，阿卡狄亚同盟与埃利斯缔结的停战和约，也是由同盟大会主持订立的。④

在同盟大会之下，阿卡狄亚同盟设立了一个由同盟行政官员组成的专门处理同盟日常事务的行政委员会，即色诺芬笔下的 hoi archontes⑤（复数形式；单数形式系 archon，意即 "领导人、行政官"）。在古希腊，hoi archontes 不仅可以表示行政官员以及行政职务，还可指代由行政官员组成的会议机构。色诺芬描述同盟行政官员时，通常把他们视为一个整体，统称为 hoi archontes。因此，hoi archontes 所强调不是官员或官职，而是由多个同盟行政官员组成的会议机构，笔者将其译为 "行政委员会"。由于同盟官员是由同盟大会选举产生，⑥ 故而行政委员会应该是对同盟大会负责。

阿卡狄亚同盟行政委员会可能拥有一定的自主权，尤其在财政上。例如，公元前 363 年，行政委员会在未咨询同盟大会的情况下，便可以使用神圣财产。同盟行政委员会可能还负责管理阿卡狄亚各城邦缴纳的税款。公元前 363 年，曼提内亚人为避免神圣财产被继续使用，

---

① Xenophon, *Hellenica* 7. 4. 38.

② Xenophon, *Hellenica* 7. 1. 38.

③ Xenophon, *Hellenica* 7. 3. 2.

④ Xenophon, *Hellenica* 7. 4. 35.

⑤ Xenophon, *Hellenica* 7. 4. 33 – 36.

⑥ Xenophon, *Hellenica* 7. 1. 24.

筹集他们应该承担的份额，交给了同盟行政委员会。① 由此可见，同盟行政委员会掌握着同盟的财政大权。

尽管行政委员会在同盟财政事务上拥有一定自主权，但它还是会受到同盟大会的约束以及阿卡狄亚同盟成员国的监督。阿卡狄亚同盟设立了专门的监管审查制度，负责对行政委员会的内部官员进行财政审核，即 euthynai（复数形式；单数形式系 euthyna，意为"账目审核"），要求行政官员期满到任时，提交一份任职期间的财务报告。古代文献并没有交代阿卡狄亚同盟的这种审核制度的具体操作流程，但类似的账目审查制度普遍存在于希腊世界的其他国家，故其基本内容可以大致推测出来。通常情况下，在城邦或同盟国家中担任行政职务的官员在任期结束时都会面临审查，这些官员须向负责监管公共财务的监察部门提交一份任职期间的财务清单；之后，这些官员会接到法庭传唤；庭审期间，监察部门会公布官员所提交的财务清单，任何公民均可以对财务清单提出质疑，并有权对接受审查的官员提出指控，而这些指控带来的后果可能会危及性命。对此，色诺芬记述到，阿卡狄亚同盟行政官面对财政审核时十分担忧，"使用神圣财产的行政官员们意识到，如果他们必须提交财务清单，将会面临被处死的危险"②。色诺芬还指出，同盟行政官员"很担心自己的财务报告"③。

以提交财务清单的方式审核行政官员，表明阿卡狄亚同盟已经确立了监督机制，这种机制的设置体现了同盟机构间的权力平衡。皮埃尔·弗洛利希（Pierre Fröhlich）指出："权力平衡是希腊城邦政治机构的一个重要特征。该特征在寡头政府，尤其是民主政府中可以被察觉出来。"④

行政委员会对同盟大会负责，但这两个机构在实际运作中还存在

---

① Xenophon, *Hellenica* 7. 4. 33.
② Xenophon, *Hellenica* 7. 4. 34.
③ Xenophon, *Hellenica* 7. 4. 36.
④ Hans Beck, *A Companion to Ancient Greek Government*, p. 252.

相互竞争。阿卡狄亚同盟晚期,行政委员会与同盟大会在对外立场和外交政策上明显背道而驰,同盟大会坚决反对忒拜干涉阿卡狄亚同盟事务,行政委员会则希望忒拜插手同盟内政。可见,即便在同一体系中也不乏各部门间的竞争。

除行政委员会外,阿卡狄亚同盟可能还设置了一个议事会(boule)。目前唯一提及该会议的是"菲拉尔科斯法令"铭文,该铭文明确记录了法令是由阿卡狄亚同盟的万人大会和议事会共同通过。文献中没有关于阿卡狄亚同盟议事会的相关记述,但多次提及在一些阿卡狄亚城邦中存在着这种议事会。公元前420年,曼提内亚与雅典、埃利斯、阿尔戈斯签署的百年条约提到了各邦负责宣读誓言的机构:"在雅典,誓言应该由议事会(boule)和城市行政官执行,当时的部落主席团(prytaneis)①负责监督;在阿尔戈斯,誓言应该由议事会(boule)、80人会议以及地方治安官(artynai)执行,八十人会议负责监督;在曼提内亚,誓言应该由地方执政官(demiourgoi)、议事会(boule)和其他行政官执行,负责神谕的行政官(theoroi)和军事执政官(polemachoi)负责监督;在埃利斯,誓言由地方执政官、拥有最高决定权的长官以及六百人会议执行,地方执政官和司法官负责监督。"②从这段内容可以看出,公元前5世纪末甚至更早,曼提内亚城邦就已经有议事会,泰盖亚城邦也存在同样的议事会。③曼提内亚和泰盖亚共同倡导建立了阿卡狄亚同盟,因此阿卡狄亚同盟机构的设置

---

① Prytaneis,系复数形式,单数形式为prytanis,意为"首要,主要"。prytanis可指代拥有最高权力的官员,其职能类似行政官(archontes),执政官(demiourgoi)或其他城邦中的高级执政官。Prytaneis则可表示一个团体。雅典的500人议事会就是由10个Prytaneis(译作"部落主席团")所组成,这10个部落主席团来自10个不同部落,轮流负责500人议事会和立法大会(ἐκκλησία),一年中,前4个部落主席团掌权的时间为每个部落36天,剩余部落主席团掌权的时间是每个部落35天。参见 Hubert Camcik and Helmuth Schneider eds., *Brill's New Pauly: Encyclopaedia of the Ancient World*, s. v. Prytanis.

② Thucydides, *History of The Peloponnesian War* 5. 47. 9.

③ Thucydides, *History of The Peloponnesian War* 5. 47. 9; *SEG* 37. 340; Thomas Heine Nielsen, *Arcadia and its Poleis in the Archaic and Classical Periods*, pp. 334 – 338.

很可能借鉴了这两个城邦的经验，同盟议事会可能是参考城邦议事会而设立。

文献中没有关于阿卡狄亚同盟议事会构成及其实际运作的记述，但其职能可能与城邦议事会的职能相似，是同盟大会的预备会议，负责对提交同盟大会的提议进行初步讨论。同盟议事会除了是同盟大会的预备会议外，可能还负责同盟的一些日常事务。

"菲拉尔科斯法令"还提到了一个由地方执政官（damiorgoi）组成的团体，并列出了这些官员的姓名以及他们所属的城邦或部落：

> 这些人是地方执政官：
>
> 泰盖亚人：派德瑞阿斯、阿里斯托克拉泰斯、尼卡戈斯、薛诺佩戴斯、达摩克拉提达斯
>
> 麦那利亚人：哈吉阿斯、欧盖托尼达斯、薛诺芬
>
> 勒普里昂人：西庇阿斯、加多罗斯
>
> 麦伽罗波利斯人：阿里斯多、布鲁阿斯、阿尔盖皮奥斯、阿特瑞提达斯、戈盖阿斯、斯弥提斯、普雷斯提罗斯、尼基斯、拉克斯、波吕卡瑞斯
>
> 曼提内亚人：派德罗斯、瓦戈斯、欧达弥达斯、戴斯特拉托斯、卡瑞达斯
>
> 库努利亚人：提莫克拉泰斯、卡里克莱斯、拉姆皮罗斯、萨伊斯、萨伊斯
>
> 奥尔科麦诺斯人：欧盖冬、阿弥达斯、帕姆庇罗斯、帕萨尼斯、卡利阿斯
>
> 克雷托尔人：泰利马戈斯、阿勒克曼、埃斯奇戴斯、达马盖多斯、普罗薛诺斯
>
> 赫莱亚人：阿莱克西拉泰斯、西弥阿斯、泰奥波姆波斯、哈吉阿斯、希庇斯泰尼斯
>
> 泰尔普萨人：波莱阿斯、阿莱克西阿斯、埃基阿斯、帕萨尼

阿斯、吕基奥斯 ①

　　从这份名单中可以看出，五十位地方执政官来自十个不同的城邦或部落。这些地方执政官依据所属城邦或部落被划分开来，各地派出的执政官员在数量上也不尽相同。这种由来自城邦或部落的地方执政官员代表构成的团体，让人联想到了贝奥提亚同盟中由各选区推举产生的十一位 Boeotarches（后缩减至七人）构成的贝奥提亚同盟的首席长官会议，但阿卡狄亚地方行政官组成的这一团体在规模上明显更大。②

　　对于这个由地方执政官组成的团体，学者们提出了不同看法。J. A. O. 拉尔森（J. A. O. Larson）认为，这个由五十人组成的委员会，可以与雅典城邦中负责主持议事会的首席委员会或部落主席团相类比，同时也可以与埃托利亚同盟的小型委员会 apokletoi③（战时组建起来的小规模团体，负责在战争中协助同盟执政官）相对应。J. A. O. 拉尔森还指出，如果阿卡狄亚的地方执政官团体类似负责城邦议事会的首席委员会或部落主席团，那么它的主要职责应该包括主持同盟议事会以及负责同盟大会的召开；如果它与埃托利亚同盟的 apokletoi 相对应，那么地方执政官团体可能拥有相当大的权力，很可能就是在同盟中发挥关键作用的同盟行政官员。④ 对此，古斯塔夫·格洛茨（Gustave Glotz）认为，阿卡狄亚地方执政官员等同于同盟行政官。⑤ 但 G. C. 理查兹（G. C. Richards）认为，地方执政官这一团体等同于议事会。⑥

---

① *IG* V 2 1.

② Andrew Lintott, *Violence, Civil Strife and Revolution in the Classical City*, 750 – 330 *B. C.*, New York: Croom Helm, 1982, p. 227; *IG* VII 2407, 2408, in Wilhelm Dittenberger ed., *Inscriptiones Graecae*, VII. *Inscriptiones Megaridis*, *Oropiae*, *Boeotiae*, Berlin, 1892.

③ Livy, History of Rome XXXV. 34. 2, in Evan T. Sage trans., *Livy X: Books XXXV – XXXVII* (Loeb), Cambridge, Massachusetts: Harvard University Press, 1958.

④ J. A. O. Larson, *Greek Federal States*, Oxford: Clarendon Press, 1968, p. 187.

⑤ Gustave Glotz, *The Greek City*, New York: Barnes and Noble, 1965, p. 373.

⑥ Ernest A. Gardner, *Excavations at Megalopolis*, 1890 – 91, p. 132.

由于文献资料的限制，目前还无法确定这些地方执政官员在阿卡狄亚同盟中的地位与职能。各学者虽然对"菲拉尔科斯法令"铭文提到的五十名地方执政官团体提出了不同见解，但也仅是猜测。对此，古斯塔夫·格洛茨总结道："之所以不能够清楚区分这个机构（五十名地方执政官团体）的职能，与其说是因为文献证据的短缺，倒不如说该机构本身就是一个模糊、杂乱、不成熟的事物。"①

除上述机构外，阿卡狄亚同盟还组建了一支同盟常备军 eparitoi，意即"被挑选出来的人"。色诺芬在《希腊史》中多次提及这支军队。② 色诺芬首次提及 eparitoi 是在记述公元前 365 年阿卡狄亚同盟与斯巴达的一场激战中，"以阿基达摩斯（Archidamos）为先锋的轻装步兵看到围栏外的 eparitoi 后，立即对之发起进攻"③。狄奥多罗斯也提到阿卡狄亚同盟军队，但他使用的称呼与色诺芬的不同。狄奥多罗斯称这支军队为 epilektoi，意即"精兵"，他还指出该军队由五千人构成。④ 色诺芬与狄奥多罗斯都记述了阿卡狄亚同盟军队，并且使用了不同的称呼。无论是 eparitoi，还是 epilektoi，其所包含的核心含义是一致的，即精选出来的士兵。因此，笔者认为 epilektoi 和 eparitoi 所描述的应该是同一支军队，即阿卡狄亚同盟常备军。

同盟常备军的主要职能是负责同盟的对外军事行动以及维护同盟内部的稳定，它同时可能还有一定的外交权力。色诺芬记述到："阿卡狄亚同盟大会向雅典派使请求雅典人援助他们，同时同盟常备军也派使前往拉凯戴蒙，请求拉凯戴蒙人的援助……"⑤ 因此，同盟常备军可能是集军事、外交权于一体的机构。

同盟常备军是阿卡狄亚同盟的军事机构，但本质上是一支由阿卡狄亚同盟控制的雇佣军。J. A. O. 拉尔森指出，这些专业士兵停止在希

① Gustave Glotz, *The Greek City*, pp. 89 – 90, 372 – 373.
② Xenophon, *Hellenica* 7. 4. 22, 7. 4. 33 – 36, 7. 5. 3.
③ Xenophon, *Hellenica* 7. 4. 22.
④ Diodorus Siculus, *The Library of History* 15. 62. 2.
⑤ Xenophon, *Hellenica* 7. 5. 3.

腊其他国家的军事服役后，在阿卡狄亚同盟获得了永久地位。① 在希腊的雇佣军中，阿卡狄亚雇佣军久负盛名。吕科摩戴斯称赞，在雇佣军方面，没有任何一个民族能够比得上阿卡狄亚人。② 因而，阿卡狄亚同盟组建军队时，自然也会选择阿卡狄亚本土的雇佣军。公元前363 年，同盟常备军的一次人员变动进一步证实了该军队的雇佣性质。依据色诺芬的记述，那些没有报酬就无法继续待在同盟常备军中的人迅速疏散开来，那些不需要报酬的人趁机加入同盟常备军。③ 可见，阿卡狄亚同盟常备军是一支以获取酬劳为目的而效忠同盟的雇佣军队。在这种情况下，谁负责管理同盟财政和给军队发放报酬，谁就有更多机会与军队接触。同盟大会是同盟最高权力机构，负责包括财政在内的一切事务。但同盟常备军薪俸的发放是由同盟行政委员会负责，这导致同盟行政官成为同盟常备军直接负责的对象。公元前363 年，同盟常备军接到同盟行政官下达的逮捕曼提内亚城邦领导人的命令后，立即前往实施抓捕。④ 此后，同盟行政官策划的在泰盖亚城抓捕各邦领导人的行动，同盟常备军亦参与其中。⑤ 由此可见，同盟常备军与同盟行政官的关系十分密切。频繁的接触使同盟行政官与同盟常备军的联系日益紧密。同盟晚期，同盟行政官将神圣财产用于军队开销、拒绝使用曼提内亚筹集的资金表明同盟行政官可能企图控制同盟常备军，但同盟常备军的人员变动使军队落入了阿卡狄亚富人的掌控中，同盟行政官控制常备军的意图未能实现。

阿卡狄亚同盟还设立了同盟执政官（strategos）。该职务在阿卡狄亚同盟中占有重要地位，不仅是阿卡狄亚同盟的最高行政官职，还是战争时期负责同盟常备军的最高军事指挥官。同盟执政官由同盟大会选举产生，任期一年。由于这一职位十分重要，当选者主要来自阿卡

① J. A. O. Larson, *Greek Federal States*, p. 188.

② Xenophon, *Hellenica* 7. 1. 23.

③ Xenophon, *Hellenica* 7. 4. 34.

④ Xenophon, *Hellenica* 7. 4. 34.

⑤ Xenophon, *Hellenica* 7. 4. 36.

狄亚地区的重要城邦，并且出自拥有一定声望和地位的贵族家庭，例如吕科摩戴斯。依据色诺芬的记述，吕科摩戴斯是曼提内亚的一位贵族，无论是出身，还是财富，他都是最好的。[1] 公元前370年至公元前369年，吕科摩戴斯可能两次担任同盟执政官一职。其间，他对不愿意加入阿卡狄亚同盟的奥尔科麦诺斯等城邦实施了军事进攻，还领导阿卡狄亚同盟参与了对拉凯戴蒙的军事入侵。[2] 除了吕科摩戴斯，另一位有确切记载的担任过同盟执政官一职的是来自斯提姆法罗斯的埃奈亚斯。公元前366年，担当同盟执政官的埃奈亚斯出兵干涉欧弗隆（Euphron）在西库昂的个人专权。[3] 同盟执政官在同盟中拥有相当大的权力，但即便如此，同盟执政官在行使权力时仍需要征得阿卡狄亚同盟大会的同意，其最终服务对象始终是同盟大会。

第二节　新城麦伽罗波利斯的建设

阿卡狄亚同盟成立初期设立了一系列同盟机构，同时还建设了一座新城——麦伽罗波利斯。不同于泰盖亚、曼提内亚、奥尔科麦诺斯等，麦伽罗波利斯是阿卡狄亚同盟筹划建设的新城，控制了几乎整个阿卡狄亚南部地区，是阿卡狄亚地区最大的城邦，被称为 Megale Polis[4]，意即"大城"。麦伽罗波利斯的建设实际是一场大规模的"居地统一"运动，不仅是对阿卡狄亚南部地区居民的整合，还包括了政治上的统一。

古代文献虽有提及麦伽罗波利斯建设的时间，但并不统一。依据

---

[1]　Xenophon, *Hellenica* 7. 1. 23.

[2]　Diodorus Siculus, *The Library of History* 15. 62. 2, 15. 67. 2；Xenophon, *Hellenica* 6. 5. 22 – 50.

[3]　Xenophon, *Hellenica* 7. 3. 1.

[4]　古人称呼麦伽罗波利斯城邦时最初使用的是 Megale polis，把居住在麦伽罗波利斯的居民称作 Megalopolites。Megalopolites 系 Megale 与 polites 的合成词。晚些时候，城邦名 Megale polis 也出现了合成词，即 Megalopolis。此后，古人常用 Megalopolis 称呼城邦 Megale polis。当代学者在指称城邦 Megale polis 时，也习惯用合成词 Megalopolis，笔者遵循这一学术习惯，也使用 Megalopolis 这一称呼，译为"麦伽罗波利斯"。

狄奥多罗斯的记述,麦伽罗波利斯建于公元前 368 年,他写道:"这场战役后,阿卡狄亚人因为害怕拉凯戴蒙人入侵,便在一个有利位置建设了一座城市,它被称作麦伽罗波利斯,该城由二十个属于麦那利亚人和帕拉西亚人的阿卡狄亚乡村构成。"① 狄奥多罗斯所说的"这场战役"指的是公元前 368 年阿卡狄亚人试图围堵阿基达摩斯三世(Achidamos III)及其领导的拉凯戴蒙人的一场战役。多多那(Dodona)女祭司曾预言:"此战役于拉凯戴蒙人而言将是一场无泪之战"(πόλεμος οὗτος Λακεδαιμονίοις ἀδακρυσέσται)。② 保萨尼亚斯则有不同记述,他指出:"麦伽罗波利斯合并为一个城市,与拉凯戴蒙人在琉克特拉的战败发生于同一年,但是在琉克特拉战役之后的几个月……"③ 依据这两位古代作家的记述,麦伽罗波利斯建立的时间应该是在公元前 371 年至公元前 368 年期间的某个时间,具体有两种可能,即公元前 371 年或公元前 368 年。对此,笔者倾向于认为,麦伽罗波利斯的"居地统一"发生于公元前 368 年。

依据色诺芬对于当时阿卡狄亚地区局势的记述,公元前 370 年初,泰盖亚城邦内部还在围绕阿卡狄亚人是否应该联合起来、是否应该实现政治统一而争论不休。因此,那时阿卡狄亚可能还没有建立同盟国家,更不用说建设新城麦伽罗波利斯。即便在公元前 370 年的晚些时候,阿卡狄亚同盟也仅包括泰盖亚、曼提内亚等个别城邦,还有相当一部分城邦拒绝加入同盟,如赫莱亚、奥尔科麦诺斯等。④ 公元前 370 年,阿卡狄亚同盟可能才刚刚建立起来,很多阿卡狄亚地区还未加入其中,故而保萨尼亚斯记述的麦伽罗波利斯建于公元前 371 年的可能性很小。更关键的是,公元前 370 年,奥尔科麦诺斯尚未加入同盟,

---

① Diodorus Siculus, *The Library of History* 15. 72. 4.

② Diodorus Siculus, *The Library of History* 15. 72. 3;Xenophon, *Hellenica* 7. 1. 28 – 32;Plutarch, *Agesilaus* 33. 3, in *Plutarch V:Agesilaus and Pompey, Pelopidas and Marcellus* (Loeb), Cambridge, Massachusetts:Harvard University Press, 1917.

③ Pausanias, *Description of Greece* 8. 27. 8.

④ Xenophon, *Hellenica* 6. 5. 11, 6. 5. 22.

它控制下的提索阿、泰乌提斯、麦提德里昂三城不可能被划入到麦伽罗波利斯。笔者认为，保萨尼亚斯对麦伽罗波利斯建设时间的记述不可信。麦伽罗波利斯的建设也不太可能在公元前370年开展。公元前370年至公元前368年，阿卡狄亚同盟忙于与斯巴达的战争，双方战争主要集中在阿卡狄亚南部以及阿卡狄亚与拉凯戴蒙相邻的边境地区。因此，纵使阿卡狄亚同盟有意建设一座新城，也不会选择处于战乱中心的南部地区。由此推测，麦伽罗波利斯的建设更可能发生在公元前368年。

从公元前368年到公元前365年，阿卡狄亚同盟征战的对象从斯巴达变成了斯巴达在伯罗奔尼撒半岛东北部的盟国，战场也从阿卡狄亚南部转移至伯罗奔尼撒半岛东北部。饱受战争摧残的阿卡狄亚南部地区迎来了暂时的安定，这无疑为阿卡狄亚同盟在南部地区推行麦伽罗波利斯的建设计划创造了可能。因此，麦伽罗波利斯的建设时间最早应该是在公元前369年末或公元前368年。

阿卡狄亚同盟成立了一个负责麦伽罗波利斯建设的会议 oikistai。oikistai 系 oikistes（"殖民者、城市建设者"）的复数形式，笔者将其译作"城市建设委员会"。这个城市建设委员会由来自泰盖亚、曼提内亚、克雷托尔、麦那利亚、帕拉西亚五个地区的共十名成员构成："来自泰盖亚的提蒙（Timon）和普罗克塞诺斯（Proxenos），来自曼提内亚的吕科摩戴斯和霍波莱斯（Hopoleas），克雷托尔人克莱奥劳斯（Kleolaos）和阿克里菲奥斯（Akriphios），来自麦那利亚的欧卡姆皮达斯（Eukampidas）和希埃罗尼摩斯（Hieronymos），帕拉西亚人波西克拉泰斯（Possikrates）和泰奥克塞诺斯（Theoxenos）。"[1] 上文提到的在阿卡狄亚享有很高声望的曼提内亚贵族吕科摩戴斯也被包括其中。由于公元前366年，吕科摩戴斯在从雅典返回阿卡狄亚的途中被杀，[2]

---

[1] Pausanias, *Description of Greece* 8. 27. 2.
[2] Xenophon, *Hellenica* 7. 4. 2.

故而吕科摩戴斯成为城市建设委员会成员的时间不会晚于公元前366年，麦伽罗波利斯的建设时间最晚不会迟于公元前366年。

那么，麦伽罗波利斯合并了哪些地区？依据狄奥多罗斯的记述，麦伽罗波利斯是由属于麦那利亚人和帕拉西亚人的共二十个村庄合并而成。① 但依据保萨尼亚斯的记述，麦伽罗波利斯似乎覆盖了更多地区，他写道："以下便是阿卡狄亚人因为热情以及对拉凯戴蒙人的仇恨，被说服放弃的城市，尽管这些城市是他们的家乡：阿莱亚、帕拉提昂、欧泰亚、苏玛提昂、阿塞亚、佩莱提斯、海利松、奥莱斯塔西昂、狄派亚、吕凯亚，这些是麦那利亚人的城市；欧特莱西亚人的城市有，特里克罗尼、佐伊提亚、卡利西亚、普托勒德拉马、克瑙松、帕罗雷亚；来自埃基泰（Aigytai）的有，埃基斯（Aigys）、斯基尔多尼昂（Skirdonion）、玛莱亚（Malea）、克罗米、布莱尼那（Blenina）、琉克特隆（Leuktron）；属于帕拉西亚人的有，吕科苏拉、托克尼亚、特拉派左思、普罗西斯、阿卡盖西昂、阿孔提昂、马卡里亚、达塞亚；属于库努利亚人的有，戈提斯、吕凯昂山附近的提索阿、吕凯亚、阿利菲拉；属于奥尔科麦诺斯的有，提索阿、麦提德里昂、泰乌提斯；特里波利斯（Tripolis，意即"三座城市"）也加入其中，如同它的名称那样，包括了卡利亚（Kallia）、狄波伊那（Dipoina）和诺那克里斯（Nonakris）。"②

从以上内容可以看出，狄奥多罗斯对麦伽罗波利斯的具体构成的记述十分简单，仅提及麦伽罗波利斯是由属于帕拉西亚人和麦那利亚人的共二十个乡村构成，没有给出这些乡村的具体名称。保萨尼亚斯则详细列出了麦伽罗波利斯合并的所有城市。他还指出，并非所有城市都是自愿合并到麦伽罗波利斯。保萨尼亚斯写道："大部分阿卡狄亚人遵守同盟决定，立即在麦伽罗波利斯集会。仅有吕凯亚、特里克

---

① Diodorus Siculus, *The Library of History* 15.72.4.

② Pausanias, *Description of Greece* 8.27.3–4.

罗尼、吕科苏拉和特拉派左思的居民改变主意，不打算放弃他们古老的城市。除了特拉派左思的居民，其余三地的居民均被迫迁入麦伽罗波利斯。"①

狄奥多罗斯和保萨尼亚斯都记述了麦伽罗波利斯的"居地统一"，但具体内容有所不同。比较而言，保萨尼亚斯提供了有关麦伽罗波利斯建设的更详细信息。两位古代作家对麦伽罗波利斯建设的记述虽然存在差异，但二人对于阿卡狄亚同盟为何建设麦伽罗波利斯，表述基本一致，即防范斯巴达入侵。②

阿卡狄亚同盟选择在麦伽罗波利斯盆地建设新城，表明该盆地对同盟而言十分重要。麦伽罗波利斯盆地位于阿卡狄亚中部，土地肥沃、水源充足，使它成为阿卡狄亚地区重要的农业、畜牧业中心。不仅如此，麦伽罗波利斯盆地还具有重要的战略地位。该盆地是斯巴达进入阿卡狄亚中部的必经之路，而且斯巴达前往阿卡狄亚东部的泰盖亚和曼提内亚时，通常也会选择沿着欧罗塔斯河、麦伽罗波利斯盆地一线，因为这条路线比直接翻越山岭更容易。更重要的是，麦伽罗波利斯盆地还是一个重要的交通枢纽，连接着通往伯罗奔尼撒半岛其他地区的各条道路。以麦伽罗波利斯盆地为起点，沿西南部方向可通往美塞尼亚；向西可进入特利菲利亚；向西北方向行进，可通往埃利斯；如果从盆地北上，则可抵达阿卡狄亚地区北部以及阿凯亚地区。因此，在麦伽罗波利斯盆地建设新城十分必要。但是，麦伽罗波利斯管辖的土地不止麦伽罗波利斯盆地，还包括了盆地周边地区。埃基泰、麦那利亚、帕拉西亚、欧特莱西亚以及奥尔科麦诺斯等地的许多城市都并入其中。麦伽罗波利斯控制了几乎整个阿卡狄亚南部，阿卡狄亚同盟建设规模如此之大的城邦，很可能是为了加强阿卡狄亚南部地区团结，增强阿卡狄亚南部地区的防御能力，以更好地发挥防范斯巴达的作用。

①　Pausanias, *Description of Greece* 8. 27. 5.
②　Diodorus Siculus, *The Library of History* 15. 72. 4；Pausanias, *Description of Greece* 8. 27. 3.

因此，麦伽罗波利斯不但是阿卡狄亚面积最大的城邦，还是抵御斯巴达入侵的重要缓冲区。

古代文献中明确指出，建设麦伽罗波利斯是为了防范斯巴达入侵，但麦伽罗波利斯城过大的城市面积和五十斯塔狄亚（相当于 9251 米）的不规则环形长墙，给城市防御带来了很大压力。因为一旦敌人发动进攻，长墙的防守和维护，必然会消耗大量的人力和财力。而且，海利松河的一段流域从城中穿过，也在一定程度上也削弱了城市的防御能力。当然，这并不表示麦伽罗波利斯城不具备防御能力，它成功抵抗了多次进攻。公元前 331 年，麦伽罗波利斯城成功应对了斯巴达国王阿基斯三世（Agis III）的围攻。公元前 3 世纪中期，麦伽罗波利斯城抵挡了斯巴达国王阿基斯四世（Agis IV）的猛烈进攻。虽然该城在公元前 226 年被克莱奥麦奈斯三世（Kleomenes III）攻破，但修复后的麦伽罗波利斯城又抵御了纳比斯（Nabis）的围攻。[①] 麦伽罗波利斯城有一定的防御能力，但尚不完善。阿卡狄亚同盟本打算建设一座防御堡垒，但麦伽罗波利斯过大的城市面积和过长的城墙，显然影响了防御效果。笔者认为，麦伽罗波利斯城可能还承担着其他功能，例如保护财富，尤其是牲畜。

在古代希腊，牲畜是重要财富，也是城邦间争夺的战利品之一。[②] 众所周知，阿卡狄亚地区以牛羊繁盛闻名。土地肥沃、水源充足的麦伽罗波利斯盆地是畜牧饲养的绝佳地点，自然也成为被掠夺的目标。公元前 204 年，麦伽罗波利斯的马匹便遭到了劫掠。[③] 虽然该事件发

---

① Aischines, *Against Ctesiphon* 165, in Charles Darwin Adams trans., *Aeschines: Speeches* (Loeb), Cambridge, Massachusetts: Harvard University Press, 1919; Pausanias, *Description of Greece* 8. 27. 13 – 14; Polybius, *The Histories* 2. 55, in *Polybius I: Books* 1 – 2 (Loeb), Cambridge, Massachusetts: Harvard University Press, 1922; Plutarch, *Philopoemen* 13. 1 – 5, in *Plutarch X: Agis and Cleomenes, Tiberius and Caius Gracchus, Philopoemen and Titus Flaminius* (Loeb), Cambridge, Massachusetts: Harvard University Press, 1921.

② W. Kendrick Pritchett, *The Greek State at War V*, University of California Press, 1991, pp. 198 – 203.

③ Polybius, *The Histories* 13. 8.

生的时间较晚，但由此可以推测，类似的牲畜劫掠在之前可能也有发生。公元前318年，麦伽罗波利斯城还成为人们汇聚财富以便集中保护的庇护所。狄奥多罗斯记述到："当麦伽罗波利斯人得知波莱佩尔孔（Poleperchon）的阴谋后，将财产从乡村转至城中。"① 由此猜测，麦伽罗波利斯城的另一个重要功能可能是保护人们的财产，尤其是牲畜。

如同希腊世界的其他地方，麦伽罗波利斯城及其周边地区的大批牲畜是由富人掌握。对于这些富人而言，保护牲畜、避免牲畜被掠夺是他们最重视、最关心的事。因此，他们希望有一座能够实现此目的的城市。麦伽罗波利斯城遭克莱奥麦奈斯三世毁坏后，麦伽罗波利斯的富人坚持在维持城市原有规模的前提下重建城市，证实了这一点。当时，麦伽罗波利斯内部对于修复麦伽罗波利斯城的城墙存在两种不同意见。一部分人认为，应该把城墙规模限定在一个适当范围内，这样城市面临入侵时，城墙才能很好地护卫城市，但富人却坚决反对缩减城墙规模。② 波利比乌斯没有记述双方争论的最终结果，但麦伽罗波利斯城没有缩减城墙规模的事实，表明城墙重建可能遵照了富人的意愿。富人坚持重建大规模的城墙，其中必然存在利益牵扯，最可能的情况是富人想利用长墙保护其牲畜财产。

实际上，麦伽罗波利斯城不仅仅是紧急情况下人们财产的庇护所，还是牲畜过冬的最佳选地。阿卡狄亚的大部分地区是山地，整个地区的海拔又普遍较高，加之冬季严寒多雨，这使得高海拔地区的阿卡狄亚人的生活和生产环境尤其严峻。因而，严冬来临前，高海拔地区的居民为了让牲畜顺利过冬，通常会将畜群赶至海拔相对较低的沼泽、平原或盆地。麦伽罗波利斯城显然是牲畜过冬的绝佳地点。首先，该城所处的麦伽罗波利斯盆地有海利松河流过，城内有泉水，这为牲畜

---

① Diodorus Siculus, *The Library of Histories* 18. 70. 1, in *Diodorus Siculus IX: The Library of History: Books XVIII – XIX.* 65 (Loeb), Cambridge, Massachusetts: Harvard University Press, 1947.

② Polybius, *The Histories* 5. 93. 5 – 10.

提供了充足水源。其次,麦伽罗波利斯盆地土地肥沃,[1] 农业生产所附带的残渣,如谷壳、稻草、残枝等为牲畜提供了食物。再次,麦伽罗波利斯城的环形长墙圈围了大片土地,这为牲畜提供了足够空间。总之,麦伽罗波利斯城不仅是防御斯巴达的堡垒,还是人们财产的庇护所以及牲畜的冬季栖息地。

另外,麦伽罗波利斯的建设可能还包含了阿卡狄亚主要城邦间的斗争与妥协。负责建设麦伽罗波利斯的城市建设委员会的成员构成,说明了这一内容。城市建设委员会由来自泰盖亚、曼提内亚、克雷托尔、麦那利亚以及帕拉西亚的共十名成员组成,每个地区各占两个席位。[2] 麦那利亚和帕拉西亚为麦伽罗波利斯的建设贡献了土地,自然成为城市建设委员会的成员。泰盖亚和曼提内亚则不同,它们没有献出自己城邦的土地,却成为城市建设委员会的成员,可能是因为它们放弃了在麦那利亚和帕拉西亚地区的部分利益。早在公元前5世纪晚期,泰盖亚和曼提内亚就因为麦那利亚地区发生过战争。[3] 之后,曼提内亚虽然失去了对麦那利亚和帕拉西亚的控制,但它对这两个地区的兴趣犹在,而泰盖亚自公元前5世末,可能一直控制着麦那利亚的部分地区。因此,笔者猜测,曼提内亚和泰盖亚各占两个席位,可能是因为两邦在麦那利亚和帕拉西亚的领土问题上做出了让步。泰盖亚和曼提内亚都不希望对方控制麦那利亚和帕拉西亚,但又都不具备击倒对手的能力,故而将双方觊觎之地划入了麦伽罗波利斯,交由第三方管理。这可能是它们所能接纳的关于麦那利亚和帕拉西亚的最好处理方案。

奥尔科麦诺斯向麦伽罗波利斯贡献了三座城市,但没有成为城市建设委员会的成员,克雷托尔没有贡献分毫,却成为会议成员,这之中可能包含了一些特殊原因。笔者认为,奥尔科麦诺斯没能成为城市

---

[1] Plutarch, *Philopoemen* 13. 1.

[2] Pausanias, *Description of Greece* 8. 27. 2.

[3] Thucydides, *History of The Peloponnesian War* 5. 33. 1.

建设委员会的成员，可能与它在阿卡狄亚同盟成立初期的立场有关。公元前370年，奥尔科麦诺斯不仅拒绝加入阿卡狄亚同盟，还与斯巴达联合起来。因此，奥尔科麦诺斯没能成为城市建设委员会成员，可能是阿卡狄亚同盟对它的惩罚。克雷托尔取代奥尔科麦诺斯成为城市建设委员会成员，一方面可能考虑了它在阿卡狄亚北部的重要影响，克雷托尔是阿卡狄亚北部最大的城邦，领土面积仅次于麦伽罗波利斯；另一方面可能是为了让克雷托尔牵制奥尔科麦诺斯。克雷托尔与奥尔科麦诺斯之间存在矛盾。公元前378年双方曾爆发战争，但由于斯巴达的干涉，两邦并未决出胜负。① 因此，克雷托尔加入城市建设委员会，很可能发挥着监督奥尔科麦诺斯的部分城市并入新城的作用。

总之，麦伽罗波利斯不仅是阿卡狄亚地区重要的经济、军事重镇，还是阿卡狄亚政治统一的重要标志。麦伽罗波利斯将多地居民合并到一起的同时，也接纳了各地不同的神祇崇拜，② 这使得该城发展成为了阿卡狄亚地区重要的宗教中心，在巩固阿卡狄亚族群认同以及国家认同中发挥着重要作用。由此，麦伽罗波利斯成为集政治、经济、宗教功能于一身的城邦。

第三节　同盟的对外活动

自成立以来，阿卡狄亚同盟在伯罗奔尼撒半岛上表现活跃，其对外活动主要依据半岛局势而定。总体来说，阿卡狄亚同盟的对外活动主要包括两个方面。其一，反对在伯罗奔尼撒半岛称霸或意图称霸的城邦。阿卡狄亚同盟反对的霸权势力有两个，斯巴达和忒拜。公元前370年至公元前365年，阿卡狄亚同盟致力于削弱旧霸主斯巴达，瓦解伯罗奔尼撒同盟，同时也抵制忒拜在伯罗奔尼撒半岛扩大影响。其

---

① Xenophon, *Hellenica* 5. 4. 36 – 37.

② Xenophon, *Hellenica* 8. 30. 1 – 8. 33. 1.

二，维护并扩大阿卡狄亚同盟的利益。为维护同盟利益，公元前 365
年至公元前 363 年，阿卡狄亚同盟陷入了与埃利斯人的战争。

阿卡狄亚同盟成立初期，对外政策的核心是削弱斯巴达及其在伯
罗奔尼撒半岛上的影响。阿卡狄亚同盟表现出了极大的反斯巴达热情，
发动并参与了一系列反斯巴达战争。阿卡狄亚与斯巴达的不和由来已
久。公元前 6 世纪末，为了扩张领土斯巴达入侵阿卡狄亚，阿卡狄亚
人奋力抵抗，但还是被斯巴达打败。后来，在斯巴达的武力逼迫下，
阿卡狄亚各城邦加入伯罗奔尼撒同盟。阿卡狄亚人加入伯罗奔尼撒同
盟后，没有放弃反抗斯巴达。公元前 5 世纪中期，泰盖亚与阿尔戈斯
联合起来反斯巴达。公元前 5 世纪末，曼提内亚脱离伯罗奔尼撒同盟，
与科林斯、阿尔戈斯结成反斯巴达联盟。同盟初期，阿卡狄亚人发起
并参与的一系列反斯巴达战争，表明了同盟坚定的反斯巴达立场。

公元前 370 年，泰盖亚的民主派与寡头派就阿卡狄亚人是否应该
联合起来产生分歧，继而爆发冲突，民主派在曼提内亚的帮助取得胜
利，寡头派被迫逃亡斯巴达。逃亡的寡头派向斯巴达寻求援助，斯巴
达以曼提内亚出兵泰盖亚并屠杀寡头派违背了城邦独立自治原则为由，
派阿盖西劳斯二世攻打曼提内亚，由此揭开了同盟成立后以曼提内亚
为首的阿卡狄亚人与斯巴达的首次较量。[1] 在此番较量中，阿盖西劳
斯二世一度包围曼提内亚，被困城中的阿卡狄亚人清楚敌我力量悬殊，
故并未出城迎战。阿卡狄亚人避而不战，斯巴达军队又没有准备应对
即将到来的寒冬所需要的粮食补给，于是，阿盖西劳斯二世停止了对
曼提内亚的围守，返回了斯巴达。

公元前 370 年，斯巴达入侵阿卡狄亚，但双方并未交战，也没有
对曼提内亚有任何实质性的惩罚，相反阿卡狄亚人为抵抗斯巴达却走
向联合。在这一过程中，阿卡狄亚同盟得到了埃利斯、阿尔戈斯等国
支持，与忒拜结盟，开始了与忒拜、埃利斯、阿尔戈斯等国共同反斯

---

① Xenophon, *Hellenica* 6.5.9 – 12.

巴达的事业。

阿盖西劳斯二世离开阿卡狄亚后，忒拜援军抵达曼提内亚。因为没有看到斯巴达军队，忒拜人准备返回贝奥提亚。这时，阿卡狄亚人联合伯罗奔尼撒半岛上的其他国家说服忒拜人攻打斯巴达。色诺芬记述到，阿卡狄亚人、阿尔戈斯人以及埃利斯人劝说忒拜人应该全速开进拉凯戴蒙，他们赞扬忒拜人的军队是不可估量的，因为贝奥提亚人在武装中得到训练，在琉克特拉战役中取得了辉煌胜利，忒拜人还得到了希腊许多地区的支持；之后，阿卡狄亚人请求忒拜人进攻拉凯戴蒙。① 忒拜人仔细考虑并对斯巴达军力进行调查后，同意了阿卡狄亚人的请求，率领军队进入拉凯戴蒙地区。

在这次行动中，阿卡狄亚人沿奥伊昂（Oion）方向行进，之后在卡吕埃（Karyai）与忒拜人汇合，一同逼近斯巴达城。抵达斯巴达城后，他们没有攻打斯巴达城，而是继续南下劫掠了赫罗斯（Helos）和居泰昂（Gytheion）。在整个过程中，阿卡狄亚人没有与斯巴达军队有直接冲突，他们的注意力集中在对拉凯戴蒙城镇的掠夺和破坏。对此，色诺芬评价道："无论忒拜人在何处安营扎寨，他们都会尽可能多砍伐树木，并将这些树木放置在前方，以守卫他们的安全。但阿卡狄亚人不会这样做，他们将营地抛之脑后，专注于抢夺马匹。"② 之后，忒拜人、埃利斯人、阿卡狄亚人、阿尔戈斯人撤离拉凯戴蒙时，色诺芬再次指出："跨过拉凯戴蒙边界就是阿卡狄亚人、阿尔戈斯人、埃利斯人的居住地，因此他们很早就已经离开，离开时他们牵走或搬走了掠夺所得的战利品。"③ 这是阿卡狄亚同盟鼓动并参与的对拉凯戴蒙地区的首次入侵。

忒拜人从伯罗奔尼撒半岛撤离后，阿卡狄亚同盟继续反斯巴达战争。公元前369年，阿卡狄亚人攻击拉凯戴蒙地区要塞阿西奈（Asine），

---

① Xenophon, *Hellenica* 6. 5. 23.

② Xenophon, *Hellenica* 6. 5. 30.

③ Xenophon, *Hellenica* 6. 5. 50.

击败驻守在那里的斯巴达军队，杀死驻军长官，并趁机掠夺阿西奈人的外围城市。① 随后，斯巴达发动反攻。公元前368年，阿基达摩斯三世率领斯巴达军队以及来自叙拉古的援军进入阿卡狄亚，占领卡吕埃，毁坏了帕拉西亚人的土地。之后，阿卡狄亚人联合阿尔戈斯人和美塞尼亚人，对准备返回斯巴达的阿基达摩斯三世及其率领的斯巴达军队实施围堵，但被阿基达摩斯三世攻破。在这次战役中，"甚至没有一个拉凯戴蒙人被杀，而敌人（阿卡狄亚人）却伤亡惨重"②。阿基达摩斯三世突破阿卡狄亚人的堵截，击败阿卡狄亚人，是自琉克特拉战役后斯巴达取得的最辉煌胜利。色诺芬记述了听闻阿基达摩斯三世胜利消息后，斯巴达民众的激动心情，"据说所有人都哭了，从阿盖西劳斯、年长者、监察官开始。这确实是真的，眼泪是快乐的，同样也是悲伤的"③。

围堵阿基达摩斯三世失败后，阿卡狄亚同盟暂缓了与斯巴达的直接对抗，将注意力转移至新城麦伽罗波利斯的建设。直到公元前365年，阿卡狄亚人才与斯巴达再度开战。需要指出的是，公元前365年，阿卡狄亚与斯巴达的交战发生于阿卡狄亚同盟与埃利斯的战争中，是埃利斯向斯巴达寻求援助引起的，但这次对抗并没有持续很长时间。

阿卡狄亚同盟与斯巴达发生直接军事冲突的同时，还参与了针对伯罗奔尼撒半岛东北部的斯巴达盟国的战争。公元前369年，忒拜人联合埃利斯人、阿卡狄亚人、阿尔戈斯人，在伯罗奔尼撒半岛展开了第二轮反斯巴达战争，目标是半岛东北部的斯巴达盟友。忒拜等国组成的联军袭击了西库昂和佩莱奈（Pellene），远征埃皮道罗斯（Epidauros），毁掉了埃皮道罗斯人的所有土地；之后，联军攻打了科林斯。④ 在这次反斯巴达战争中，阿卡狄亚人联合埃利斯人、阿尔戈斯

---

① Xenophon, *Hellenica* 7.1.25.
② Xenophon, *Hellenica* 7.1.32.
③ Xenophon, *Hellenica* 7.1.32.
④ Xenophon, *Hellenica* 7.1.18 – 24.

人，攻打弗雷乌斯。公元前 368 年，忒拜人撤离伯罗奔尼撒半岛，其他城邦的军队也相继离开后，阿卡狄亚人和阿尔戈斯人再次攻打弗雷乌斯，包围弗雷乌斯城。① 从公元前 369 年到公元前 368 年，阿卡狄亚同盟与忒拜等国在对斯巴达盟友的战争中，战果虽然不多，但也攻占了西库昂和佩莱奈，削弱了伯罗奔尼撒同盟。

公元前 366 年，阿卡狄亚同盟与忒拜等国再次对伯罗奔尼撒半岛东北部的斯巴达盟友发动进攻。公元前 365 年，科林斯不愿继续与忒拜等国的战争，在询问并得到斯巴达的同意后，与忒拜缔结了和平和约，随后，弗雷乌斯也缔结了和平条约，② 伯罗奔尼撒同盟瓦解。

在反斯巴达斗争中，阿卡狄亚同盟不仅以战争方式削弱斯巴达在伯罗奔尼撒半岛的势力与影响，还通过帮助半岛上其他城邦的民主派夺取城邦领导权的方式，瓦解斯巴达在半岛扶持的寡头政权。

公元前 369 年，阿卡狄亚同盟帮助流亡的弗雷乌斯民主派，试图夺取弗雷乌斯城。③ 阿卡狄亚同盟还改变西库昂的传统贵族制，试图确立民主政治。公元前 367 年，西库昂的欧弗隆为了确立他在西库昂的领导地位，向阿卡狄亚人和阿尔戈斯人寻求帮助。欧弗隆声称，如果富人继续控制西库昂，一旦时机到来，这座城邦将再次倒向拉凯戴蒙人。他还说："如果确立了民主制，这座城邦将忠于你们（阿卡狄亚人和阿尔戈斯人）。因此，如果你们支持我，我将是召集所有民众的那个人，我不仅会以这种方式向你们宣誓我的忠诚，还会让这个城邦成为你们坚定的盟友。"欧弗隆解释了自己这样做的原因："和你们（阿卡狄亚人和阿尔戈斯人）一样，我无法忍受拉凯戴蒙人的傲慢自大，而且我很愿意从他们（拉凯戴蒙人）的奴役中逃脱出来。"④ 听完欧弗隆的演说后，阿卡狄亚同盟决定帮助欧弗隆取得在西库昂的领导

---

① Xenophon, *Hellenica* 7. 2. 5, 7. 2. 10.

② Xenophon, *Hellenica* 7. 4. 7 – 11.

③ Xenophon, *Hellenica* 7. 2. 5 – 9.

④ Xenophon, *Hellenica* 7. 1. 44.

地位，显然与欧弗隆强烈的反斯巴达意愿有很大关系。

但是，阿卡狄亚同盟并不会为了反斯巴达，而盲目支持伯罗奔尼撒半岛其他城邦的民主派，这从阿卡狄亚同盟对欧弗隆在西库昂推行僭主统治的反对态度可以看出。欧弗隆当权后，没有践行城邦民主制，而是把民主政治偷换成雇佣军支持下的僭主统治。得知西库昂的情况后，阿卡狄亚同盟极度不满。依据色诺芬的记述，公元前366年，阿卡狄亚同盟执政官埃奈亚斯无法忍受欧弗隆在西库昂的僭主统治，率军攻打西库昂卫城，并召回那些被流放的民主人士。① 之后，阿卡狄亚同盟决定不再干涉西库昂内政，任由西库昂的寡头派和民主派自由竞争城邦领导权。从西库昂的欧弗隆事件中可以看出，为了削弱斯巴达及其支持的寡头政权，阿卡狄亚同盟愿意帮助欧弗隆在西库昂确立民主制度，但不会为了得到欧弗隆对同盟反斯巴达事业的支持，无视欧弗隆在西库昂实行僭主统治。即便欧弗隆的僭主政权得到了民众支持，但僭主统治不是欧弗隆之前承诺的城邦民主。由此可见，阿卡狄亚同盟对民主的维护是真诚的。

公元前366年，为得到阿凯亚的支持，忒拜领袖埃帕米农达（Epameinondas）私下与阿凯亚当权的贵族寡头派达成协定，只要阿凯亚人成为忒拜的盟友并听从忒拜的领导，阿凯亚贵族不会被驱逐，阿凯亚的政府形式也不会被改变。对于埃帕米农达与阿凯亚贵族的协议，阿卡狄亚人表示反对，指责埃帕米农达这样做将有利于拉凯戴蒙人。② 之后，忒拜突然改变了对阿凯亚贵族的态度，依据色诺芬的记述："忒拜人抵达（阿凯亚）后，驱逐了贵族，并在民众的支持下，在阿凯亚确立了民主制。"③ 色诺芬没有提及忒拜为何违背与阿凯亚贵族的协定，但不排除阿卡狄亚同盟的反对立场对忒拜产生了影响。此后，阿卡狄亚同盟继续支持伯罗奔尼撒半岛上的民主势力。公元前365年，

① Xenophon, *Hellenica* 7.3.1.
② Xenophon, *Hellenica* 7.1.43.
③ Xenophon, *Hellenica* 7.1.43.

阿卡狄亚同盟在与埃利斯人交战期间，帮助被驱逐的埃利斯民主人士在埃利斯城东的皮罗斯（Pylos）建立民主政权。①

从公元前 370 年到公元前 365 年，阿卡狄亚同盟与忒拜、埃利斯、阿尔戈斯等国在伯罗奔尼撒半岛对斯巴达及其盟友发动战争，帮助伯罗奔尼撒半岛上的民主派建立城邦民主制，削弱了斯巴达在半岛的势力和影响，破坏了斯巴达在半岛扶持的寡头政权。面对军事与政治的双重打击，斯巴达在伯罗奔尼撒半岛的霸权逐步瓦解，伯罗奔尼撒同盟随之分崩离析。

斯巴达霸权的瓦解并不表示阿卡狄亚同盟外部威胁的消失。琉克特拉战役后，不断发展壮大且意图谋取希腊领导权的忒拜，成为阿卡狄亚同盟防范和应对的另一个目标。公元前 370 年至公元前 365 年，阿卡狄亚同盟与忒拜因为反斯巴达而联合起来，但在反斯巴达的过程中，忒拜逐渐扩大了它在希腊的影响，试图成为希腊新霸主。这使得阿卡狄亚人在对付斯巴达的同时，还要时刻防范忒拜的潜在威胁。由此看来，阿卡狄亚同盟与忒拜除了合作关系，还存在相互斗争。

阿卡狄亚同盟成立初期，出现了与忒拜人共享领导权的要求。公元前 369 年，在结束伯罗奔尼撒半岛的第二轮反斯巴达战争后，忒拜人以及所有叛离斯巴达的人表示，他们将在忒拜人的领导下开展军事远征。但阿卡狄亚同盟的吕科摩戴斯表达了不同意见，他认为，只有阿卡狄亚人能够将伯罗奔尼撒半岛称作故乡，因为阿卡狄亚人是半岛上唯一的土著民族；而且，阿卡狄亚人是所有希腊人中人数最多的民族，拥有最强壮的体魄，并且最勇敢。他声称，如果没有阿卡狄亚人的帮助，拉凯戴蒙人无法入侵雅典人的领土，忒拜人也无法攻入拉凯戴蒙地区。于是，吕科摩戴斯对阿卡狄亚人说："如果你们明智的话，应该停止听从任何人的领导；过去，你们追随拉凯戴蒙人，使拉凯戴蒙人变得强大，现在，如果你们追随忒拜人，但不要求与他们轮流享

---

① Xenophon, *Hellenica* 7. 4. 12 – 16.

有领导权，你们将很快发现忒拜人将成为另一个拉凯戴蒙人。"① 吕科摩戴斯鼓励阿卡狄亚人应该与忒拜人共享领导权，表明了他对忒拜在伯罗奔尼撒半岛扩大影响的担忧，警示阿卡狄亚人防止忒拜成为第二个斯巴达。

吕科摩戴斯的演说极大地激发了阿卡狄亚人的民族优越感。色诺芬这样描述到："无论何时，只要阿卡狄亚人想走上战场，无论黑夜，还是暴风，无论路途多么遥远，无论山路多么艰辛，都无法阻止他们；他们曾一度认为自己是希腊人之中最强壮的。"② 吕科摩戴斯的演说提升了阿卡狄亚人的民族自信心和自豪感，但同时也对阿卡狄亚同盟与忒拜的关系产生了很大影响。

吕科摩戴斯鼓励阿卡狄亚人与忒拜人分享领导权，以及阿卡狄亚人取得战争胜利后的骄傲张扬，使"忒拜人心生嫉妒，并不再对阿卡狄亚人友好"③。公元前368年，阿卡狄亚人堵截阿基达摩斯三世遭遇惨败。对此，忒拜人十分喜悦。色诺芬记述到："忒拜人和埃利斯人对于阿卡狄亚人的厄运，几乎和拉凯戴蒙人一样高兴——到此时，他们（忒拜人和埃利斯人）已对他们（阿卡狄亚人）的傲慢无礼十分恼怒。"④ 由此可见，至少在公元前368年，忒拜人与阿卡狄亚人的关系已经发生变化。

之后，阿卡狄亚同盟对忒拜谋求希腊领导权的反对立场，表明忒拜人与阿卡狄亚人的关系可能进一步恶化。公元前367年，忒拜以斯巴达使者出使波斯为由，号召盟友埃利斯、阿卡狄亚、阿尔戈斯派使一同前往波斯。但忒拜人的真实意图其实是为了获得希腊领导权，因为"如果他们向波斯国王派使，有可能会从国王那里获得一些优势"⑤。雅典人得知忒拜人的举动后，也向波斯派出使者。希腊各邦都

---

① Xenophon, *Hellenica* 7.1.23.
② Xenophon, *Hellenica* 7.1.26.
③ Xenophon, *Hellenica* 7.1.26.
④ Xenophon, *Hellenica* 7.1.32.
⑤ Xenophon, *Hellenica* 7.1.33.

希望得到国王阿尔塔薛西斯二世对它们在希腊事务上的支持，都向国王表达了各自的期望，最终忒拜使节佩罗皮达斯（Pelopidas）赢得了国王青睐。阿尔塔薛西斯二世批准了佩罗皮达斯提出的处理希腊事务的提议："美塞尼亚应该独立于拉凯戴蒙人，雅典人应该将船只停靠在陆地上；如果他们拒绝遵守这些要求，缔约各方将对他们发动远征；如果任何城邦拒绝参加远征，他们将首先攻击这个城邦。"[①] 阿尔塔薛西斯二世按照佩罗皮达斯的提议，拟定了和约的相关条款，并向各国使者宣读和约。

从佩罗皮达斯提出的和约提议可以看出，忒拜想要借波斯之手，压制雅典和斯巴达，限制它们的活动。佩罗皮达斯的此次波斯之行，与公元前386年安塔尔基达斯前往苏撒寻求阿尔塔薛西斯二世的支持如出一辙，都是想要借助波斯的权威和冠冕堂皇的和约，实现它们称霸希腊的野心。

佩罗皮达斯提出的和约提议可能还包括与阿卡狄亚同盟相关的内容，并且该内容很可能不利于阿卡狄亚同盟。色诺芬记述到："埃利斯人阿基达莫斯（Archidamos）称赞了国王的作为，因为国王给埃利斯人的荣誉在阿卡狄亚人之上；但是，安条克因为阿卡狄亚同盟获得的关注很少，没有接受国王赠予的礼物……"[②] 色诺芬没有记述提议中与阿卡狄亚同盟相关的内容，但他指出波斯国王阿尔塔薛西斯二世批准佩罗皮达斯的提议后，埃利斯使者和阿卡狄亚同盟使者的不同态度。由此推测，佩罗皮达斯的提议可能包含了有利于埃利斯人，而不利于阿卡狄亚同盟的内容。之后，阿卡狄亚人在忒拜集会上公开指责忒拜，拒绝接受和约，进一步证实这一猜测。

公元前367年，各国使者从波斯返回希腊后，忒拜立即召集希腊所有城邦在忒拜集会。会上，忒拜人敦促各邦向国王批准的和约宣誓。

---

① Xenophon, *Hellenica* 7.1.36.
② Xenophon, *Hellenica* 7.1.38.

但阿卡狄亚同盟代表吕科摩戴斯却说，此次集会不应该在忒拜举行，而应该在战争发生的地方举行。忒拜人听后很气愤，指责吕科摩戴斯是在破坏结盟条约。吕科摩戴斯则拒绝出席大会并离开会场，与他同行的阿卡狄亚使者也都选择离开。随后，其他国家的使者也都拒绝在忒拜宣誓。①此次忒拜集会以失败告终，波斯国王批准的忒拜和约最终变成一纸空文。

忒拜等国前往波斯寻求阿尔塔薛西斯二世的支持，表明希腊各邦都希望得到波斯的支持，以获取它们所期望的利益。忒拜得到了波斯国王的支持，却没能获得希腊领导权，说明波斯国王对希腊各邦的震慑力已大不如前，波斯在希腊世界的影响在缩减。这种情形下，忒拜效仿公元前386年斯巴达借波斯之势独霸希腊，已不再可行。

忒拜集会后，阿卡狄亚同盟与忒拜的矛盾进一步升级。公元前366年，忒拜拉拢阿凯亚当权的贵族寡头派，试图凭借阿凯亚人的支持对阿卡狄亚同盟施压。色诺芬记述道："埃帕米农达希望把阿凯亚人争取到忒拜人那边，目的在于使阿卡狄亚人和其他盟友更愿意听从他们（忒拜人）的指挥……"②但后来，忒拜人违背与阿凯亚当权的贵族寡头派的协定，驱逐阿凯亚贵族的行为，非但没能实现他们的预期目的，还将阿凯亚人推到了拉凯戴蒙人的怀抱。

面对忒拜的连续施压，阿卡狄亚同盟寻得了一个新盟友——雅典。公元前366年，雅典人痛失奥罗波斯于忒拜人之手，却没有一个盟友给予雅典人任何援助。吕科摩戴斯得知该情况后，抓住时机说服同盟大会与雅典人结盟。之后，吕科摩戴斯前往雅典，与雅典人商讨结盟事宜。但是，吕科摩戴斯离开雅典返回阿卡狄亚的途中，不幸被杀害。色诺芬这样写道："他（吕科摩戴斯）以这种方式丧命，但联盟却很成功。"③

---

① Xenophon, *Hellenica* 7.1.40.
② Xenophon, *Hellenica* 7.1.41.
③ Xenophon, *Hellenica* 7.4.3.

对于阿卡狄亚同盟而言，吕科摩戴斯促成的阿卡狄亚人与雅典人的结盟是一场关键胜利。在不破坏与忒拜人以及伯罗奔尼撒半岛上友邦的盟友关系的前提下，阿卡狄亚人得到了雅典人这个新盟友。在雅典的庇护下，阿卡狄亚同盟不仅提升了对抗忒拜人的信心，同时也增强了在未来应对潜在外部威胁的实力。

需要指出的是，阿卡狄亚同盟对忒拜的防范以及对忒拜谋取希腊领导权的抵制，离不开一个关键人物——吕科摩戴斯。吕科摩戴斯极具感染力的演说以及他在对外活动中表现出的对忒拜霸权的警惕和抵制，均表明了他在处理阿卡狄亚同盟与忒拜关系时所坚持的政策，而该政策也成为公元前 369 年至公元前 366 年，阿卡狄亚同盟对外政策的重要构成部分。

在与霸权势力相抗衡的同时，阿卡狄亚人也成为其他国家眼中的掠夺者，尤其是对埃利斯人。阿卡狄亚同盟占据了本属于埃利斯人的土地，致使这对昔日的反斯巴达盟友变成了敌人。公元前 369 年，埃利斯人再次要求阿卡狄亚人归还被拉凯戴蒙人剥夺的城市，阿卡狄亚人非但没有理会埃利斯人提出的要求，还给予特利菲利亚人以及其他背离埃利斯人的人们以最高奖赏，理由是这些人宣称他们是阿卡狄亚人。依据色诺芬的记述："自此之后，埃利斯人不再对他们（阿卡狄亚人）友好。"① 公元前 368 年，阿卡狄亚人被阿基达摩斯三世击败，埃利斯人表现出的喜悦，表明他们与阿卡狄亚同盟不睦。② 由此可见，早在阿卡狄亚同盟成立初期，阿卡狄亚人与埃利斯人的不和就已经显现。由于当时最迫切任务是削弱斯巴达及其盟友的势力，所以埃利斯人对阿卡狄亚同盟虽然心怀怨恨，但双方并没有发生直接冲突。随着斯巴达势力的削弱和伯罗奔尼撒同盟的瓦解，埃利斯人继续与阿卡狄亚同盟维持合作关系的必要性降低，他们对阿卡狄亚人的不满也爆发

---

① Xenophon, *Hellenica* 7. 1. 26.
② Xenophon, *Hellenica* 7. 1. 32.

了出来。

公元前 365 年，埃利斯人占领拉西昂。拉西昂原本是埃利斯人控制的地区，但当时的拉西昂已经加入阿卡狄亚同盟，因而埃利斯占领拉西昂的举动显然是对阿卡狄亚同盟的公开挑衅。对此，阿卡狄亚同盟立刻召集军队救援拉西昂，由此开始了阿卡狄亚同盟与埃利斯人近三年的战争。

战争的第一年，公元前 365 年，阿卡狄亚人成功驱逐了拉西昂的埃利斯人，并将战场扩大至埃利斯人控制的其他地区，攻陷了阿克罗雷人（Akroreioi）的许多城市，占领奥林匹亚及其附近城镇马尔迦奈亚斯（Marganeas）。[1] 之后，阿卡狄亚人攻打埃利斯城时，虽然被埃利斯骑兵击退，但也攻打到了埃利斯城中的市集。不仅如此，阿卡狄亚人还帮助被驱逐的埃利斯民主派，占领了皮罗斯，并在那里建立与埃利斯寡头派相抗衡的民主政权。不久，阿卡狄亚人再次攻打埃利斯城。当时，埃利斯人得到了身处城内的阿凯亚人的支持，阿卡狄亚人的此次进攻未能成功。[2] 紧接着，阿卡狄亚人对埃利斯发起第三次进攻，打败了埃利斯人。

面对阿卡狄亚人的持续攻击，埃利斯人向斯巴达寻求援助，这使得阿卡狄亚同盟与斯巴达再次开战。同年，斯巴达占领位于阿卡狄亚边界的克罗米诺斯（Kromnos），使阿卡狄亚人陷入对埃利斯和对斯巴达的两线作战。阿卡狄亚同盟虽然集中主要军力对付克罗米诺斯的斯巴达军队，但直到忒拜、阿尔戈斯、美塞尼亚等国援军的到来，才最终稳定了克罗米诺斯的局势。[3] 公元前 365 年末，阿卡狄亚同盟与斯巴达签订停战和约，阿卡狄亚人得以集中精力对付埃利斯人。

战争的第二年，公元前 364 年，阿卡狄亚同盟加强了在奥林匹亚的防御工事，同时取代埃利斯成为奥林匹亚赛会的主持者。同年，阿

---

① Xenophon，*Hellenica* 7. 4. 14.

② Xenophon，*Hellenica* 7. 4. 16 – 17.

③ Xenophon，*Hellenica* 7. 4. 20 – 27.

卡狄亚人与居住在埃利斯地区的皮萨（Pisa）的居民，共同举办了第104届奥林匹亚赛会。① 在这次奥林匹亚赛会期间，埃利斯人不顾赛会期间禁止战争的传统，攻入奥林匹亚，与阿卡狄亚人发生激烈交战。埃利斯人发动了几次进攻，但由于阿卡狄亚人得到了阿尔戈斯人以及雅典人的支持，埃利斯人始终未能攻破阿卡狄亚人设置的防线，最终被迫撤离。

在与埃利斯人的战争中，阿卡狄亚同盟一直都处于优势，但巨额的战争花销给阿卡狄亚同盟带来了巨大压力，军费问题引发了阿卡狄亚同盟内部的争论。最终，阿卡狄亚同盟决定停止与埃利斯人的战争。公元前363年，阿卡狄亚同盟与埃利斯缔结停战和约，战争结束。②

阿卡狄亚同盟与埃利斯冲突的根源是两邦都想要维护它们各自的利益。埃利斯人希望收回属于他们的土地，而阿卡狄亚人则极力维护已经加入同盟的拉西昂。阿卡狄亚同盟成立的初衷是为了摆脱斯巴达对阿卡狄亚地区的控制，抵制试图主导伯罗奔尼撒半岛事务的霸权势力。但在抵制霸权势力的过程中，阿卡狄亚人也走上了侵犯他国利益的道路。拒不归还本属于埃利斯人的土地，侵犯埃利斯城邦独立，干涉埃利斯内政，夺取埃利斯对奥林匹亚的控制权，这些表现出了阿卡狄亚同盟的霸权倾向，同时也表明古希腊国家难以摆脱相互竞争的宿命。

阿卡狄亚同盟自成立以来，联合忒拜、埃利斯、阿尔戈斯、美塞尼亚等国开展了一系列反斯巴达战争，同时积极支持伯罗奔尼撒半岛上的民主派，扩大民主阵营，瓦解斯巴达扶持的寡头政权。在削弱斯巴达的同时，阿卡狄亚同盟还防范和抵制忒拜在伯罗奔尼撒半岛扩大影响。无论是对旧霸主斯巴达，还是对新兴霸权忒拜，阿卡狄亚同盟都不会，也不可能放任它们在伯罗奔尼撒半岛称霸。但是，阿卡狄亚

---

① Xenophon, *Hellenica* 7. 4. 28.

② Xenophon, *Hellenica* 7. 4. 35.

同盟反对霸权势力的同时，也侵犯了其他城邦的利益。阿卡狄亚同盟陷入的这种矛盾状况，在公元前 4 世纪城邦混战的希腊似乎是无法避免的。正如 B. 施特劳斯（B. Strauss）所指出的，竞争与不团结是古希腊国家间关系的一个典型特征。① 维护并扩大各自的利益是所有国家处理与他国关系时的基本立场，阿卡狄亚同盟也不例外。

---

① B. Strauss, "The Art of Alliance and the Peloponnesian War", in Charles D. Hamilton and Peter Krenz eds., *Polis and Polemos*, Claremont, CA: Regina Books, 1997, p. 132.

第四章　重回分裂：阿卡狄亚同盟的瓦解与城邦的生存

在伯罗奔尼撒半岛的反斯巴达浪潮中，阿卡狄亚同盟成长为一个新兴强国。但是，随着伯罗奔尼撒同盟的瓦解以及希腊局势的变化，反斯巴达不再是伯罗奔尼撒半岛各国对外政策的重心。在这种情况下，阿卡狄亚与埃利斯、比奥提亚等国的关系恶化，继而诱发了阿卡狄亚同盟内部的矛盾不和。在内外因素的共同作用下，公元前362年阿卡狄亚同盟分崩离析，阿卡狄亚地区再次陷入分裂。本章的任务主要包括两个方面，其一，介绍并分析阿卡狄亚同盟瓦解的原因、过程与影响；其二，梳理并总结同盟瓦解后阿卡狄亚地区的历史，尤其是主要城邦的相关情况。

第一节　阿卡狄亚同盟的瓦解

公元前365年至公元前364年，阿卡狄亚同盟在与埃利斯人的战争中取得了一系列胜利，占据着优势，但战争的巨额花销使阿卡狄亚同盟倍感压力。为了筹措同盟常备军的军费，阿卡狄亚同盟行政官使用了奥林匹亚的神圣财产，这一举动引发了同盟内部的争论，并不断发酵，成为影响同盟团结、诱发同盟分裂的关键事件。

同盟行政官使用神圣财产的行为，遭到了曼提内亚城邦领导人的反对。为了避免神圣财产被继续使用，曼提内亚城邦主动筹集自己应该支付给同盟常备军的份额，交给了同盟行政官。对此，同盟行政官却宣称曼提内亚城邦领导人的做法是在破坏阿卡狄亚同盟，要求曼提内亚城邦领导人出席同盟大会。文献中没有交代同盟行政官要求曼提内亚领导人出席同盟大会具体要做些什么，但很可能与神圣财产有关。在曼提内亚城邦领导人拒绝出席同盟大会后，同盟行政官宣判曼提内亚城邦领导人有罪，并派遣同盟常备军前往曼提内亚实施逮捕。曼提内亚人紧闭城门，不让同盟常备军入城。①

与此同时，曼提内亚关于停止使用神圣财产的呼吁，得到了阿卡狄亚地区其他城邦的支持。公元前363年，各城邦代表在同盟大会上纷纷表示，不应该使用神圣财产，不应该让他们的后代一直背负着亵渎神灵的罪责。② 于是，同盟大会投票表决，通过了禁止使用神圣财产的法令。至此，同盟行政官与曼提内亚城邦领导人之间的纷争暂时平息。但是，同盟行政官与曼提内亚城邦领导人的矛盾并没有就此消除，却日益加剧。

对于同盟行政官员而言，同盟大会颁布的禁止使用神圣财产的法令是危险的，因为该法令有可能会成为他们日后遭受指控的依据。在古典时代甚至更早，希腊大多数国家已经设立了针对行政官员的监督机制——"账目审核"（euthynai），要求行政官员在任期结束后，呈递一份其任职期间的财务报告。这份财务报告将交由相关部门审查，如果发现行政官员有滥用公款或欺骗等行为，违法官员将会在任期结束时，面临公共审判。③ 阿卡狄亚同盟也设立了这样的审查制度。同盟行政官员在任期结束时，需要提交一份财务报告，由同盟大会负责审查，而审查结果有可能会危及性命。④

由于担心使用神圣财产的行为会使自己在任期结束后遭受指控，同盟行政官便以阿卡狄亚人有可能再次投靠斯巴达为由，向忒拜人寻

---

① Xenophon, *Hellenica* 7. 4. 33; Diodorus Siculus, *The Library of History* 15. 77. 1 – 4, 15. 78. 2 – 3, 15. 82. 1.

② Xenophon, *Hellenica* 7. 4. 34.

③ Hans Beck, *A Companion to Ancient Greek Government*, p. 261.

④ Xenophon, *Hellenica* 7. 4. 34.

求援助。"寻求伯罗奔尼撒半岛利益最大化的阿卡狄亚人"（οἱ δὲ τὰ κράτιστα τῇ Πελοποννήσῳ βουλευόμενοι）①，得知同盟行政官的行动后，说服同盟大会向忒拜派出使节，明确告诉忒拜人，未经同盟大会允许，不得武装进入阿卡狄亚。色诺芬没有标明"寻求伯罗奔尼撒半岛利益最大化的阿卡狄亚人"具体包括了哪些人，但在之后的记述中，他指出，与忒拜人对立的是"曼提内亚人和其他同样关心伯罗奔尼撒半岛的其他阿卡狄亚人"（Μαντινεῖς τε καὶ τῶν ἄλλων Ἀρκάδων οἱ κηδόμενοι τῆς Πελοποννήσου）②。由此推测，"寻求伯罗奔尼撒半岛利益最大化的阿卡狄亚人"应该就是曼提内亚人以及与其立场相同的其他阿卡狄亚人。

公元前 363 年，阿卡狄亚同盟内部可能已经出现并形成两个对立派系，一个是以阿卡狄亚同盟行政官为首的亲忒拜派系，他们希望忒拜干涉阿卡狄亚同盟事务，另一个是以曼提内亚人为首的反忒拜派系，他们坚决反对忒拜干涉阿卡狄亚同盟事务。

之后，在以曼提内亚为首的阿卡狄亚人的倡导和努力下，阿卡狄亚同盟与埃利斯人缔结停战和约，阿卡狄亚各邦代表在泰盖亚城举行和约宣誓仪式，阿卡狄亚人与埃利斯人的战争结束。停战和约的签订没有缓解同盟内部的矛盾，反而进一步加剧了同盟行政官与曼提内亚的敌对。对同盟行政官而言，当同盟处于战时状态时，他们的任期会被延长，他们遭受审查和指控的时间也会相应推后，但战争一旦结束，他们就失去了借战争延缓审查的机会，不得不面对随之而来的指控和危险。在这种情形下，同盟行政官对曼提内亚发起了最后攻击。

公元前 363 年，同盟行政官伙同身处泰盖亚城中的忒拜长官、贝奥提亚三百重装步兵以及阿卡狄亚同盟常备军中的支持者，对当时正在泰盖亚城内举行停战和约庆祝活动的阿卡狄亚各邦贵族，尤其是曼

---

① Xenophon, *Hellenica* 7. 4. 35.

② Xenophon, *Hellenica* 7. 5. 1.

提内亚人,实施了抓捕行动。依据色诺芬的记述,当时泰盖亚城中的监狱、城市大厅很快就关满了人。[1]同盟行政官策划的这次抓捕行动的主要目标是曼提内亚人,但由于大多数曼提内亚人在抓捕之前就已经离开泰盖亚城,故而仅有一小部分曼提内亚人被扣押。[2]

曼提内亚得知泰盖亚城内发生的事情后,立刻告知其他城邦武装起来。曼提内亚在武装好自己的同时,派使前往泰盖亚,要求忒拜长官释放所有被关押的曼提内亚人,并承诺同盟大会将公正地审判所有涉事人员。忒拜长官"不知如何处理,便释放了所有人"[3]。事后,阿卡狄亚同盟派使前往忒拜,要求处死实施抓捕行动的忒拜长官。对此,埃帕米农达回复说,忒拜长官没有过错,继而将矛头指向阿卡狄亚人。埃帕米农达对阿卡狄亚同盟使者说:"在你们的请求下,我们参战(对埃利斯人的战争),你们缔结和约时,却没有询问我们的意见;为此,我们指控你们背叛,难道不公正吗?"[4] 接着,埃帕米农达说道:"我们将远征阿卡狄亚,并且将在支持我们的人的帮助下发动战争。"[5]

阿卡狄亚同盟行政官联合忒拜长官,在泰盖亚城对阿卡狄亚各邦贵族的公开抓捕,表明阿卡狄亚同盟内部的矛盾已发展至不可调和的程度。同盟行政官与曼提内亚城邦领导人的矛盾,逐渐扩大为亲忒拜的阿卡狄亚人与反忒拜的阿卡狄亚人之间的对抗。

阿卡狄亚同盟使者将埃帕米农达的回复报告同盟大会后,以曼提内亚为首的反忒拜派系认为,忒拜人意图削弱伯罗奔尼撒半岛,奴役整个半岛。于是,阿卡狄亚同盟派使前往雅典、斯巴达寻求援助。与此同时,埃帕米农达率领贝奥提亚人、优卑亚人、色萨利人向阿卡狄亚进发。埃帕米农达还得到伯罗奔尼撒半岛部分城邦的支持。阿尔戈斯人和美塞尼亚人因为敌视拉凯戴蒙人,加入了埃帕米农达的阵营。

---

① Xenophon, *Hellenica* 7. 4. 36.

② Xenophon, *Hellenica* 7. 4. 37.

③ Xenophon, *Hellenica* 7. 4. 39.

④ Xenophon, *Hellenica* 7. 4. 40.

⑤ Xenophon, *Hellenica* 7. 4. 40.

阿卡狄亚地区的泰盖亚人、阿塞亚人、帕拉西亚人、麦伽罗波利斯人等也支持忒拜。自此，阿卡狄亚同盟正式分裂为两部分，曼提内亚人以及与其有相同的反忒拜立场的阿卡狄亚人，与埃利斯人、阿凯亚人、雅典人以及拉凯戴蒙人建立反忒拜联盟，泰盖亚人、阿塞亚人、帕拉提昂人、麦伽罗波利斯人等则与忒拜人、阿尔戈斯人、美塞尼亚人结成盟友。①

公元前362年，埃帕米农达率军进入伯罗奔尼撒半岛，曼提内亚战争爆发。起初，埃帕米农达在攻打曼提内亚城的战争中，赢得了胜利。之后，埃帕米农达不幸阵亡，忒拜军队陷入混乱。这场战争没有角逐出最终的胜利者，交战双方都以胜利者的身份建造了胜利纪念碑，并缔结休战和约。色诺芬这样评价道："双方都宣称自己是胜利者，但没有谁的情况比战争爆发前更好……相反，此次战役后，希腊比之前更加混乱无序。"②

从公元前370年到公元前362年，阿卡狄亚同盟仅存在了不到十年。阿卡狄亚同盟行政官与曼提内亚城邦领导人因使用神圣财产而发生的争议，是引起同盟分化的导火索。忒拜干涉同盟事务，则是同盟内部矛盾激化并最终走向分裂的助燃剂。忒拜之所以能够影响同盟内部的团结，其实与曼提内亚和泰盖亚关系的变化有关。

泰盖亚和曼提内亚在公元前5世纪的大部分时间里一直是处于敌对状态，两邦因为水源和土地问题还发生了冲突。琉克特拉战役后，泰盖亚和曼提内亚的民主派为摆脱斯巴达的控制联合起来，共同建立了阿卡狄亚同盟。同盟初期，反斯巴达的共同需要使曼提内亚和泰盖亚基本能够维持合作局面。随着斯巴达势力的衰落，两邦逐渐失去了合作基础，双方矛盾也日益显现，它们处理同忒拜关系时的不同立场，表明两邦再次走向了对立。

---

① Xenophon, *Hellenica* 7. 5. 4 – 8.
② Xenophon, *Hellenica* 7. 5. 27.

阿卡狄亚同盟建立之初,曼提内亚对忒拜便有所警惕,这从其代表人物吕科摩戴斯的政治活动中可以看出。公元前 369 年,吕科摩戴斯发表演讲劝说阿卡狄亚人不要听从忒拜指挥,应该防范忒拜成为第二个斯巴达。公元前 367 年,忒拜召集希腊各邦在忒拜集会,试图确立它在希腊的领导地位,会上,吕科摩戴斯公开指责在忒拜集会不合理,还以离开会场的方式表示反对。公元前 366 年,面对忒拜对阿卡狄亚同盟的不断施压,吕科摩戴斯积极促成了阿卡狄亚同盟与雅典的结盟,使同盟得到了雅典的庇护。同盟晚期,曼提内亚反对忒拜干涉阿卡狄亚同盟事务。公元前 362 年,曼提内亚与忒拜正式对立。这些事实均表明曼提内亚不仅对忒拜早有防范,而且反忒拜立场十分明确。

与曼提内亚不同,泰盖亚坚持亲忒拜立场,并且与同盟行政官处于同一阵营。种种迹象表明,泰盖亚很可能参与了公元前 363 年同盟行政官和忒拜长官策划的抓捕行动。抓捕行动虽然是由同盟行政官和忒拜长官发起,但此事件发生在泰盖亚城中,如果说泰盖亚城邦领导人与抓捕活动全无干系,似乎不大可能。而且,阿卡狄亚各邦领导人在泰盖亚城内举行停战和约宣誓时,实施抓捕行动的忒拜长官及其带领的三百重装步兵就已经身处泰盖亚城中。[①] 但此前,阿卡狄亚同盟大会已明确告知忒拜人,未经阿卡狄亚同盟大会的允许,不得武装进入阿卡狄亚。泰盖亚城邦领导人明知同盟大会决议,却仍然允许忒拜军队进入城中,表明泰盖亚很可能与同盟行政官处于同一阵营。至少,泰盖亚默许了忒拜对阿卡狄亚同盟事务可能实施的干涉。公元前 362年,泰盖亚与忒拜结盟,参加忒拜领导的对阿卡狄亚的军事远征,进一步表明泰盖亚的亲忒拜立场。

阿卡狄亚同盟的分裂可能还与其内部寡头派对民主派的挑战有关。公元前 363 年,曼提内亚城邦领导人首先责难同盟行政官使用神圣财产,随后无视同盟行政官的判决,拒绝出席大会,这些行为在某种程

---

① Xenophon, *Hellenica* 7. 4. 36.

度上表明曼提内亚城邦领导层可能发生了变化。此后，曼提内亚城邦领导人说服同盟大会通过禁止使用神圣财产的法令，同盟常备军失去了神圣财产这一军费来源，其构成发生变化。依据色诺芬的记述，当时，同盟常备军中的许多士兵因为无法获取报酬纷纷离开，富人趁机加入常备军，控制军队。① 自此，同盟常备军的性质发生了根本性的转变，从民主制度的维护者沦为了富人控制的工具。这一客观结果表明曼提内亚城邦的领导权可能已经落入贵族寡头派手中。由此推测，曼提内亚城邦领导人反对同盟行政官使用神圣财产，很可能是为了维护贵族寡头派的安全。因为同盟行政官一旦利用神圣财产控制了同盟常备军，同盟内部的贵族寡头派很可能会遭到民主派的攻击。公元前362 年，曼提内亚与斯巴达的结盟，表明曼提内亚的贵族寡头派已经复苏。不同于曼提内亚，泰盖亚与同盟行政官一致立场表明泰盖亚城邦可能一直由民主派掌权。

同盟晚期，曼提内亚与泰盖亚在政治上表现出的差异有着深刻的历史原因。公元前 370 年，曼提内亚和泰盖亚相继确立城邦民主制，但两邦民主制的稳固程度不同。泰盖亚是通过暴力革命的方式确立民主制，城邦中的寡头派或被杀，或遭流放，泰盖亚民主派实现了对城邦政治的绝对控制。曼提内亚的民主是通过保守的和平过渡方式取得，民主变革不彻底，城邦中的寡头势力仍旧存在，一旦时机到来，这些寡头势力必然会发挥影响。因此，曼提内亚与泰盖亚城邦民主改革方式和程度的不同，是导致两邦不同政治立场的重要原因。

阿卡狄亚同盟瓦解的根本原因在于同盟根基的脆弱。实际上，阿卡狄亚同盟的统治权威，始终都没有摆脱地区主要城邦的影响。阿卡狄亚同盟仅是地区性强邦主导下的一个松散组织，并没有发展成为足以驾驭阿卡狄亚各邦的政治实体。一旦曼提内亚和泰盖亚这些重要城邦的内政和相互关系发生变化，必然会对同盟政治产生影响，甚至影

---

① Xenophon, *Hellenica* 7. 4. 34.

响同盟的兴衰。因此，外部因素固然是影响阿卡狄亚同盟命运的关键因素，但导致同盟分裂的根本原因还在于阿卡狄亚内部的矛盾不和。

曼提内亚战役之后，阿卡狄亚地区政治退回到了同盟成立前的分裂状态。但公元前 362 年以后，阿卡狄亚地区的政治形势又有别于同盟诞生前的情形。阿卡狄亚地区没有倒退至公元前 5 世纪时的分散状态，而是保持着同盟分裂时以泰盖亚、麦伽罗波利斯为首和以曼提内亚为首的两大阵营的对立，[①] 这种状态可能从公元前 362 年一直持续到公元前 338 年或公元前 337 年[②]。

阿卡狄亚同盟瓦解后，整个阿卡狄亚地区陷入不安，阿卡狄亚各城邦可能面临着政体变革的危险，这一点从雅典卫城发现的一份铭文中可以看出。这份铭文是在曼提内亚战役后不久，大约公元前 362 年末或公元前 361 年早期，阿卡狄亚人与雅典人、埃利斯人、阿凯亚人、弗雷乌斯人结盟时的盟约，它对缔约国的权利与义务做出规定，尤其强调了维护各邦的现存政体，内容如下:"如果任何人攻打阿提卡，或推翻雅典人民，或设立僭主或寡头制，只要雅典人召唤，阿卡狄亚人、阿凯亚人、埃利斯人以及弗雷乌斯人将竭尽全力支持雅典人;如果任何人攻打那些城邦，推翻弗雷乌斯人民，颠覆或改变阿卡狄亚、阿凯亚或埃利斯的政体，驱逐任何人，只要那些被冤枉的城邦召唤，雅典人也将竭尽全力给予支持。每个城邦都应该拥有对各自领土的领导权。"[③] 这一内容表明阿卡狄亚人与雅典人等结盟的目的在于，维护阿卡狄亚各邦的现有政体，同时确保各邦对各自领土的控制。

除了对政体变革的担忧，阿卡狄亚城邦可能还面临分裂危机，例

---

① Scholia in Aeschinem 3. 83. 13 – 14, in Mervin R. Dilts ed., *Scholia in Aeschinem*, Stutgardiae: B. G. Teubner, 1992; Demosthenes, *On the False Embassy* 11, in C. A. Vince and J. H. Vince trans., *Demosthenes II: Orations 18 – 19: De Corona, De Falsa Legatione* (Loeb), Cambridge, Massachusetts: Harvard University Press, 1926.

② Hubert Cancik and Helmuth Schneider eds., *Brill's New Pauly: Encyclopaedia of the Ancient World*, Leiden-Boston: Brill Academic Publishers, 2002, s. v. Arcadia.

③ *IG* II² 112 24 – 34, in Johannes Kirchner ed., *Inscriptiones Graecae II et III: Inscriptiones Atticae Euclidis anno posteriores*, 2nd edn., Berlin, 1913 – 1940.

如麦伽罗波利斯。公元前 361 年，麦伽罗波利斯遭遇了一场源自城邦内部的分裂危机。麦伽罗波利斯的"居地统一"是阿卡狄亚同盟以武力威胁的方式，强迫居住在麦伽罗波利斯邻近城市中的阿卡狄亚人迁入实现的。因而，当同盟破裂后，那些被迫迁离自己的城市、迁入麦伽罗波利斯城的阿卡狄亚人，迫切希望能够返归自己曾经居住的地方。公元前 362 年曼提内亚战役后，交战各国缔结了一份共同和约，和约规定"每个人都应该在战争后，返回自己故乡"（γεγραμμένον ἐ κά στους εἰς τὴν ἑαυτῶν ἀπιέναι πατρίδα μετὰ τὴν μάχην）[1]，这一内容原本是为了确保所有国家都能够撤回它们在别国的军队，但却被那些被迫迁离自己的城市、迁入麦伽罗波利斯城内的阿卡狄亚人，解读为他们可以离开麦伽罗波利斯，返回自己的城市。

为了能够顺利返回自己的城市，那些被迫迁入麦伽罗波利斯城的阿卡狄亚人，向曼提内亚及其盟友寻求帮助。为避免麦伽罗波利斯城分崩离析，麦伽罗波利斯人请求忒拜人出兵援助。以麦伽罗波利斯人为首的阿卡狄亚人与以曼提内亚人为首的阿卡狄亚人开始了新一轮的对抗，最终在忒拜将领帕姆麦奈斯（Pammenes）的武力威慑下，那些想要脱离麦伽罗波利斯城的阿卡狄亚人被迫放弃，麦伽罗波利斯的分裂危机得以化解。[2]

麦伽罗波利斯的分裂危机表明以曼提内亚为首的阿卡狄亚人和以麦伽罗波利斯为首的阿卡狄亚人继续保持对立关系，前者与忒拜敌对，后者则与忒拜维持友好关系。不仅如此，这两大对立阵营对斯巴达的态度和立场也截然相反。以麦伽罗波利斯为首的阿卡狄亚人坚持反斯巴达立场。曼提内亚战役结束时，参战各国商定共同和约，斯巴达为了重新控制美塞尼亚，极力阻止美塞尼亚被包括到和约中，麦伽罗波利斯则坚持美塞尼亚应该被包括在和约中，并最终

---

① Diodorus Siculus, *The Library of History* 15. 94. 1.
② Diodorus Siculus, *The Library of History* 15. 94. 3.

帮助美塞尼亚成为和约缔约国之一。[①] 文献中没有记述以曼提内亚为首的阿卡狄亚人在商定共同和约时的态度,但考虑到同盟晚期曼提内亚与泰盖亚、麦伽罗波利斯的对立,曼提内亚可能与麦伽罗波利斯持相反立场。

第二节　同盟瓦解后的阿卡狄亚城邦

公元前 362 年,阿卡狄亚同盟内部的矛盾不和最终发展为一场牵涉雅典、忒拜、斯巴达等各方势力的希腊混战。这场以阿卡狄亚同盟瓦解为代价的战争,并没有换来希腊世界的和平。此后,希腊陷入了更严重的混乱无序。

希腊城邦间的混战削弱了希腊的整体实力,为马其顿崛起和影响希腊创造了条件。公元前 4 世纪中期以后,希腊陷入了马其顿、阿凯亚同盟、埃托利亚同盟的相互争斗中,阿卡狄亚地区也成为被争夺的目标,相继被马其顿、阿凯亚同盟所控制。阿卡狄亚很少得到古代作家的关注,关于同盟瓦解后阿卡狄亚地区历史的记载更是鲜见。鉴于此,笔者将以泰盖亚、曼提内亚、麦伽罗波利斯等阿卡狄亚地区的主要城邦为重心,尽可能梳理同盟瓦解后阿卡狄亚地区的历史。

一　古典时代末期的阿卡狄亚

公元前 4 世纪中期以后,希腊城邦逐渐衰落,希腊北部的马其顿趁机发展壮大。腓力二世时,马其顿插手希腊事务并逐渐确立在希腊的影响,阿卡狄亚成为马其顿影响和控制下的地区之一。

马其顿能够在希腊发挥影响,与公元前 356 年希腊爆发的第三次

---

① Polybius, *The Hitories* 4. 33.

神圣战争①密切相关。公元前 357 年，德尔菲近邻同盟②要求佛基斯人支付因非法耕种基拉（Kirra）平原的神圣土地而应该缴纳的罚金。由于罚金数额超出了佛基斯人的承受范围，公元前 356 年佛基斯人拒绝缴纳罚金，还占领了德尔菲。忒拜得知消息后，向德尔菲近邻同盟的成员国派出使者，倡议对佛基斯开战。德尔菲近邻同盟的大多成员国都同意忒拜的提议，第三次神圣战争由此爆发。

在这场战争中，雅典、斯巴达支持佛基斯，忒拜则得到德尔菲近邻同盟大部分成员国以及马其顿的支持。公元前 354 年，色萨利城市菲莱（Pherai）与佛基斯结盟，色萨利城市拉里萨（Larissa）因与菲莱敌对，请求腓力二世出兵援助，马其顿开始介入希腊事务。公元前 352 年，腓力二世带领色萨利军队以及马其顿军队在克罗库斯平原战役中大败奥诺马科斯（Onomarchos）领导的佛基斯人，奥诺马科斯战死，腓力二世取得决定性胜利。之后，佛基斯的僭主们因为害怕遭遇同奥诺马科斯一样的命运，与腓力二世达成协议，愿意交出菲莱，作为交换条件，腓力二世允许他们带领两千雇佣兵返回佛基斯。

公元前 347 年，腓力二世应忒拜请求，再次出兵希腊，攻打雅典。面对马其顿的强势进攻，公元前 346 年，雅典派遣菲罗克拉泰斯（Philocrates）等人与腓力二世商定和约，双方最终订立"菲罗克拉泰斯和约"，第三次神圣战争结束。自此，马其顿确立了在北希腊和中希腊的影响。

阿卡狄亚地区的主要城邦也卷入了第三次神圣战争。麦伽罗波利

---

① 神圣战争（Sacred War）可以指代由近邻同盟发动的一系列具有宗教性质的战争，总共有四次：公元前 595 至公元前 585 年的第一次神圣战争，公元前 449 年至公元前 448 年的第二次神圣战争，公元前 356 年至公元前 346 年的第三次神圣战争，以及公元前 339 年至公元前 338 年的第四次神圣战争。

② 近邻同盟是古希腊邻近各部落或城邦以某一个神庙或崇拜圣地为中心联合起来的宗教性质的联盟。德尔菲近邻同盟是古希腊存在时间最长的近邻同盟，主要职责是保护和管理德尔菲的阿波罗神庙以及安泰莱（Anthele）的德墨特尔神庙。德尔菲近邻同盟的创始部落包括色萨利人、贝奥提亚人、多里安人、伊奥尼亚人、佛基斯人、洛克利亚人等十二个。参见 Aeschines, *On the Embassy* 115, in Charles Darwin Adams trans., *Aeschines*: *Speeches*（Loeb）, Cambridge, Massachusetts: Harvard University Press, 1919.

斯与斯巴达一直处于敌对状态,因此当斯巴达国王阿基达摩斯三世支持佛基斯时,麦伽罗波利斯选择与忒拜联合。对此,斯巴达于公元前353 年进军阿卡狄亚,袭击了麦伽罗波利斯。① 以曼提内亚为首的阿卡狄亚人可能继续维持着与斯巴达的盟友关系。公元前 352/1 年斯巴达远征麦伽罗波利斯时,曼提内亚作为斯巴达军队的一个驻扎地。② 鉴于与曼提内亚在领土和水源问题上的历史争端,泰盖亚在对外政策上可能与麦伽罗波利斯一致,即反对斯巴达、支持忒拜。

第三次神圣战争后,马其顿在希腊影响的扩大引起了希腊各邦,尤其是雅典、忒拜等国的担忧。希腊局势因马其顿的加入变得更加复杂。除希腊内部城邦间的相互争斗,反马其顿战争成为当时希腊世界的又一主题。

第三次神圣战争结束后不久,希腊人再次陷入战火之中。公元前340 年至公元前 338 年相继爆发德尔菲近邻同盟针对安菲萨(Amphissa)的第四次神圣战争以及雅典联合忒拜等国的反马其顿战争,阿卡狄亚地区的主要城邦也身陷其中。

公元前 339 年,在德尔菲近邻同盟大会上,雅典指责安菲萨公民非法耕种德尔菲南部克里萨(Krissa)平原的阿波罗圣地。随即,德尔菲近邻同盟任命腓力二世为最高指挥官,负责主持对安菲萨人的战争,第四次神圣战争爆发。与此同时,雅典因马其顿人俘获其运粮船舰,对腓力二世宣战,③ 联合忒拜、优卑亚、阿凯亚、科林斯等国发

---

① 麦伽罗波利斯遭斯巴达攻击时,援引公元前366 年阿卡狄亚同盟与雅典订立的盟约,希望雅典出兵援助,但由于当时雅典与斯巴达处于同一阵营,故拒绝了麦伽罗波利斯的请求。详见 Demosthenes, *For the Megalopolitans*, in J. H. Vince trans., *Demosthenes I: Orations 1 – 17 and 20: Olynthiacs 1 – 3. Philippic 1. On the Peace. Philippic 2. On Halonnesus. On the Chersonese. Philippics 3 and 4. Answer to Philip's Letter. Philip's Letter. On Organization. On the Navy-boards. For the Liberty of the Rhodians. For the People of Megalopolis. On the Treaty with Alexander. Against Leptines* (Loeb), Cambridge, Massachusetts: Harvard University Press, 1930.

② Diodorus Siculus, *The Library of History* 16. 39. 3.

③ Diodorus Siculus, *The Library of History* 16. 77. 2, in *Diodorus Siculus VIII: The Library of History: Books XVI. 66 – XVII* (Loeb), Cambridge, Massachusetts: Harvard University Press, 1963; Demosthenes, *On the Crown* 76, in C. A. Vince and J. H. Vince trans., *Demosthenes II: Orations 18 – 19: De Corona, De Falsa Legatione* (Loeb), Cambridge, Massachusetts: Harvard University Press, 1926.

起反马其顿战争，① 得到希腊大多数国家的支持。埃利斯与腓力二世结盟，并参与了公元前 338 年马其顿对拉凯戴蒙地区的入侵。伯罗奔尼撒半岛上的阿尔戈斯、美塞尼亚以及麦伽罗波利斯选择中立。虽然公元前 342 年阿尔戈斯、美塞尼亚、麦伽罗波利斯与雅典确立了盟友关系，② 但在此次反马其顿战争中，这三个地区并没有支持雅典。这表明阿尔戈斯、美塞尼亚、麦伽罗波利斯不想与腓力二世为敌，不想破坏与腓力二世的关系。

其实，早在对安菲萨的神圣战争爆发前，这三个地区就已经与马其顿建立了联系，并且还有过合作。公元前 348 年和公元前 344 年，腓力二世派遣雇佣军进入伯罗奔尼撒半岛时，美塞尼亚人、阿尔戈斯人、麦伽罗波利斯人曾与马其顿军队联手对付拉凯戴蒙人。③ 在对安菲萨的神圣战争期间，美塞尼亚人、阿尔戈斯人以及麦伽罗波利斯人没有对腓力二世宣战，而是尽可能地宣传和提高腓力二世在伯罗奔尼撒半岛的声望和荣誉。④ 由此看来，这三个地区虽然表示保持中立，但实际却是亲马其顿的。对此，德莫斯提尼指出，伯罗奔尼撒半岛上的大多数国家授予腓力二世荣誉的做法，表明亲马其顿的病症已经渗透到了希腊；在阿卡狄亚，腓力二世还成为人们崇拜的对象，阿卡狄亚人不仅为腓力二世建造了由花环装饰的青铜雕像，还颁布法令规定，如果腓力二世访问伯罗奔尼撒半岛，他们将在高墙内欢迎他；阿尔戈

---

① Demosthenes, *On the Crown* 237; Plutarch, *Demosthenes* 17. 4 – 5, in *Plutarch VII*: *Demetrius and Antony*, *Pyrrhus and Caius Marius* (Loeb), Cambridge, Massachusetts: Harvard University Press, 1919; Plutarch, *Vitae decem oratorum* 815c, in *Plutarch*: *Moralia X* (Loeb), Cambridge, Massachusetts: Harvard University Press, 1936.

② Scholia in Aeschinem 3. 83; *IG* II2 225; *IG* II3 308, in Stephen D. Lambert ed., *Inscriptiones Graecae II et III*: *Inscriptiones Atticae Euclidis anno posteriores*, *Part I*, *Leges et decreta. Fasc. 2*, *Leges et decreta annorum 352/1 – 322/1*, Berlin, 2012.

③ Demosthenes, *Second Philippic* 15; Isocrates, *To Philip* 73 – 74, in *Isocrates I* (Loeb), Cambridge, Massachusetts: Harvard University Press, 1928; E. I. McQueen, "Some Notes on the Anti-Macedonian Movement in the Peloponnese in 331 B. C. ", *Historia*: *Zeitschrift für Alte Geschichte*, Bd. 27, H. 1, 1978, p. 42, no. 10.

④ Polybius, *The Histories* 18. 14. 7 – 9.

斯人也效仿阿卡狄亚人的做法。①

公元前338年，腓力二世摧毁安菲萨并献与德尔菲，第四次神圣战争宣告结束。同年，腓力二世在喀罗尼亚（Chaeronea）击溃以雅典人和忒拜人为主力的希腊联军，希腊反马其顿战争以失败告终。同年冬，腓力二世召集希腊各邦在科林斯集会，订立了一份共同和约，②组建了泛希腊同盟，即"科林斯同盟"。除斯巴达外，所有希腊国家都成为科林斯同盟成员，宣誓听命并效忠于腓力二世及其继承者。自此，马其顿确立了在希腊的霸主地位。

科林斯集会后，腓力二世对伯罗奔尼撒半岛上存有争议的土地，进行了裁定和重新划分。美塞尼亚、阿尔戈斯以及阿卡狄亚地区的泰盖亚和麦伽罗波利斯，成为此次土地划分的获益者。③针对斯巴达与麦伽罗波利斯之间对贝尔比那提斯（Belbinatis）的争夺，④腓力二世效仿埃帕米农达，将贝尔比那提斯划归麦伽罗波利斯。腓力二世做出有利于麦伽罗波利斯的裁决，可能与麦伽罗波利斯人对他的友好和推崇有关。依据保萨尼亚斯的记述，麦伽罗波利斯人十分推崇腓力二世，城市中广场柱廊的名称 Philippeion 是以腓力二世的名字命名。⑤与麦伽罗波利斯一样，泰盖亚也在土地划分中获益。⑥依照腓力二世的裁决，泰盖亚与斯巴达争执多年的斯基里提斯（Skiritis）和卡吕埃两地，划归泰盖亚所有。

但是，一些阿卡狄亚城邦保持坚定的中立立场，对马其顿的态度十分冷淡，例如曼提内亚，它既没有参与雅典等国的反马其顿战

① Demosthenes, *On the False Embassy* 259 – 261.
② *IG* II² 236.
③ Cornelius Tacitus, *The Annals* 4.43, in *Tacitus IV* (Loeb), Cambridge, Massachusetts: Harvard University Press, 1937; Polybius, *The Histories* 18.14.
④ Pausanias, *Description of Greece* 8.35.4; Livy, *History of Rome* XXXVIII.34.8, in Evan T. Sage trans., *Livy XI*: *Books XXXVIII – XXXIX* (Loeb), Cambridge, Massachusetts: Harvard University Press, 1936; Polybius, *The Histories* 9.28.7.
⑤ Pausanias, *Description of Greece* 8.30.6, 8.31.9.
⑥ Polybius, *The Histories* 18.14.

争，也没有像泰盖亚、阿尔戈斯及麦伽罗波利斯那样恭维腓力二世。也许因为曼提内亚人对腓力二世的冷漠，他们并没有在土地划分中获益。

希腊大多数国家成为科林斯同盟成员，听从腓力二世的领导，服从他对伯罗奔尼撒半岛有争议土地的裁定，除了因为马其顿强大的军事实力，还与腓力二世在希腊推行的政策密切相关。腓力二世在谋求希腊领导权的过程中，没有把君主制强加给希腊各国。公元前 338 年，马其顿与希腊各国订立共同和约时，在誓言中明确规定："不允许推翻每个国家在和约宣誓时的政治体制"①。腓力二世管理希腊时，采取间接监管的方式。在一些重要地区，如西希腊的安布拉奇亚（Ambracia）、中希腊的忒拜以及南希腊的科林斯等地，腓力二世派军驻扎。②与此同时，腓力二世积极扶持希腊各国中的亲马其顿势力，帮助亲马其顿派系以及僭主获得统治地位，例如特罗埃曾（Troezen）、麦加拉（Megara）均由亲马其顿派系当权，麦伽罗波利斯则实行僭主统治。③由于管理方式灵活，希腊人并没有对腓力二世的领导产生强烈排斥。在马其顿霸权之下，希腊各国没有完全丧失自主权，而是处于了一种被监管的半自治状态。

腓力二世通过温和手段在希腊培植了亲马其顿势力，同时又借助希腊各地的亲马其顿政权加强了对希腊的监管。以伯罗奔尼撒半岛为例，从腓力二世至亚历山大大帝及其继业者（hoi diadokhoi）④ 所处时代，伯罗奔尼撒半岛的大部分城邦，或直接被马其顿军队驻守，或处

---

① *IG* II² 236.

② Plutarch, *Aratus* 23；Polybius, *The Histories* 38. 3. 3；Diodorus Siculus, *The Library of History* 16. 87. 3，17. 3；Pausanias, *Description of Greece* 9. 1. 8，9. 6. 5.

③ Hyperides, *Against Athenogenes* 29 – 35；Aelian, *Varia Historia* 6. 1，in Nigel G. Wilson trans.，*Aelian*：*Historical Miscellany*（Loeb），Cambridge，Massachusetts：Harvard University Press，1997.

④ 继业者（hoi diadokhoi）泛指公元前 323 年亚历山大大帝逝世后，争夺马其顿帝国土地的亚历山大大帝的将领、家人及朋友。继业者之间的相互竞争引发了继业者战争，马其顿帝国最终分裂为马其顿王国、托勒密王国以及塞琉古王国三个比较稳固的希腊化国家。

在邻近地区的马其顿驻军的监督之下。亲马其顿派系和僭主统治的城邦也成为马其顿在伯罗奔尼撒半岛的政治堡垒，负责监督并遏制半岛上潜在的反马其顿活动。麦伽罗波利斯对阿卡狄亚东部地区以及斯巴达的反马其顿势力，起到了一定的监督和遏制作用。

腓力二世在处理同希腊各国关系时，没有采取激进方式，而是以谨慎地巩固马其顿在希腊的领导地位。公元前346年，腓力二世处置战败投降的佛基斯时，没有以胜利者的姿态给佛基斯人强加条约，而是在咨询色萨利人和贝奥提亚人之后，把对佛基斯的处置权交给了德尔菲近邻同盟大会。① 腓力二世的这种处理方式，没有冒犯希腊城邦的独立自治，也避免了给希腊人留下马其顿强权的印象。尊重希腊城邦传统，不将君王制强加于希腊各邦，这使得希腊人相对容易接受腓力二世对希腊的领导。

但是，这并不表示希腊人甘心屈从于马其顿。实际上，希腊的反马其顿情绪并没有消除，希腊人对马其顿霸主地位的挑战也从未停止。公元前336年，腓力二世遇刺身亡，其子亚历山大三世（Alexander III，即亚历山大大帝）继位。亚历山大大帝继位时仅二十岁，希腊人认为这是反抗马其顿的绝佳时机，掀起了一场反马其顿战争。

科林斯同盟成员忒拜首先发动叛乱，② 阿卡狄亚人也参与其中。阿里安记述到，当忒拜人战败的消息传开后，"前往支援忒拜人的阿卡狄亚人，把那些教唆他们这样做的人判以死刑"③。文献中没有提及前往支援忒拜人的阿卡狄亚人具体来自哪些城邦，但当时阿卡狄亚人可能是反马其顿的。④ 公元前335年，阿卡狄亚人拒绝与马其顿将军

---

① Diodorus Siculus, *The Library of History* 16. 59. 4.

② Arrian, *Anabasis Alexandri* 1. 7 – 10, in *Arrian I*: *Anabasis of Alexander*: *Books* 1 – 4（Loeb），Cambridge, Massachusetts: Harvard University Press, 1976.

③ Arrian, *Anabasis Alexandri* 1. 10: "… Ἀρκάδες μὲν, ὅσοι βοηθήσοντες Θηβαίοις ἀπὸ τῆς οἰκείας ὡρμήθησαν, θάνατον κατεψηφίσαντο τῶν ἐπαράντων σφᾶς ἐς τὴν βοήθειαν…"

④ Diodorus Siculus, *The Library of History* 17. 8. 5; Aeschines, *Against Ctesiphon* 240; Dinarchus, *Against Demosthenes* 18 – 21, in J. O. Burtt trans. , *Minor Attic Orators II*: *Lycurgus*, *Dinarchus*, *Demades*, *Hyperides*（Loeb），Cambridge, Massachusetts: Harvard University Press, 1954.

安提帕特（Antipater）合作，派阿斯提罗斯（Astylos）率军支援忒拜。虽然阿斯提罗斯没有通过马其顿在科林斯的军队驻地，并在得知亚历山大大帝抵达忒拜的消息后撤军，但阿卡狄亚人支援忒拜的行为表明了阿卡狄亚人的立场。狄奥多罗斯这样描述到，阿卡狄亚人是唯一一个在过去不承认腓力二世的领袖地位，到现在仍旧不认可亚历山大领导地位的希腊人。[①]

亚历山大大帝镇压忒拜叛乱后不久，[②] 斯巴达趁马其顿总督叛乱之际，再次发动反马其顿战争。公元前 333 年斯巴达在得到波斯的支持后，[③] 于公元前 331 年攻击了马其顿在伯罗奔尼撒半岛的军事驻地，[④] 击败了伯罗奔尼撒半岛上科拉戈斯（Koragos）领导的马其顿驻军。此后，在国王阿基斯三世的领导下，斯巴达反马其顿战争的规模不断壮大。在这种情形下，马其顿摄政王安提帕特在镇压了色雷斯将领麦姆农（Memnon）的叛变后迅速南下，与斯巴达在麦伽罗波利斯城附近激烈交战，取得了对阿基斯三世的胜利，斯巴达反马其顿战争以失败告终。

公元前 333 年，斯巴达发起的反马其顿战争波及伯罗奔尼撒半岛的大部分国家，埃利斯、阿凯亚以及阿卡狄亚的大部分地区都参与其中，此时麦伽罗波利斯可能支持马其顿。安提帕特南下之前，阿基斯三世在伯罗奔尼撒半岛取得的胜利以及麦伽罗波利斯遭受的损失，表明麦伽罗波利斯人可能坚持反斯巴达政策和亲马其顿立场。

与麦伽罗波利斯不同，曼提内亚和泰盖亚支持斯巴达。曼提内亚亲斯巴达的立场并不意外，早在公元前 362 年曼提内亚与斯巴达就曾有过合作。公元前 340 年在希腊反马其顿的战争中，曼提内亚没有支持马其顿，且对腓力二世态度冷漠。公元前 338 年，腓力二世裁定伯

---

① Diodorus Siculus, *The Library of History* 17. 3. 4.

② Diodorus Siculus, *The Library of History* 17. 4.

③ Arrian, *Anabasis Alexandri* 2. 13. 14.

④ Aeschines, *Against Ctesiphon* 165.

罗奔尼撒半岛上有争议的土地时，曼提内亚一无所获，这可能与其亲斯巴达立场有关。相比之下，泰盖亚在立场上的转变令人不解。自公元前362年以来，泰盖亚与麦伽罗波利斯一直保持密切联系，而且在大多数情况下两邦的对外政策和立场也基本一致。阿卡狄亚同盟晚期，泰盖亚和麦伽罗波利斯都选择与忒拜交好。公元前4世纪中期以后，泰盖亚与麦伽罗波利斯一样，选择支持腓力二世。公元前338年腓力二世裁定伯罗奔尼撒半岛有争议土地时，两邦都曾获益。但是，公元前331年泰盖亚突然改变立场，并与宿敌曼提内亚联合起来反马其顿。明知斯巴达取胜后会失去在公元前338年获得的土地，但泰盖亚还是选择支持斯巴达。

泰盖亚立场的改变可能与其城邦内部的权力变动有关。当时，泰盖亚城邦政权可能落入了少数贵族手中，实行亲斯巴达政策，这一点从马其顿对泰盖亚的处罚可以看出。昆图斯·库尔提乌斯（Quintus Curtius）记述了，在平息斯巴达叛乱后，马其顿对参与叛乱的国家实施了处罚，泰盖亚也在受罚之列。但是，泰盖亚受到的惩处不同于阿凯亚和埃利斯。马其顿对阿凯亚和埃利斯的处罚是面向全社会的，对泰盖亚仅针对那些煽动叛乱的人们。[①] 对此，E. I. 麦奎因（E. I. Mc-Queen）指出，埃利斯人和阿凯亚人对斯巴达的支持是诚恳的，但大部分泰盖亚人对斯巴达的支持并非全心全意，而且很可能是违背他们意愿的。他指出，泰盖亚人之所以这样做，一方面可能是因为泰盖亚没有麦伽罗波利斯那样坚固的城防，缺乏抵抗阿基斯三世的坚定信心，另一方面可能是因为泰盖亚的亲斯巴达派使用诡计或采用强迫等手段，胁迫泰盖亚人加入斯巴达阵营。[②] 对比泰盖亚此前一贯的反斯巴达立场，公元前331年泰盖亚突然转变对斯巴达的态度，很可能是城邦内

---

① Quintus Curtius, *Historiarum Alexandri Magni* 6. 1. 20, in J. C. Rolfe trans., *Quintus Curtius I: History of Alexander: Books 6 – 10* (Loeb), Cambridge, Massachusetts: Harvard University Press, 1946.

② E. I. McQueen, "Some Notes on the Anti – Macedonian Movement in the Peloponnese in 331 B. C.", pp. 50 – 51.

部的亲斯巴达派策划操控的结果。自此之后，泰盖亚恢复反斯巴达政策。

总体而言，公元前4世纪三四十年代，阿卡狄亚地区的主要城邦泰盖亚、曼提内亚、麦伽罗波利斯对马其顿和对斯巴达的政策比较稳定，基本坚持了公元前362年以来的对外政策。

麦伽罗波利斯在建城之初，就肩负了反斯巴达的使命，因此麦伽罗波利斯人怀有强烈的反斯巴达情结。阿卡狄亚同盟瓦解后，斯巴达一直都是麦伽罗波利斯密切关注和防范的对象。无论与忒拜结盟，还是同马其顿交好，都是为了维护麦伽罗波利斯的独立自治，免遭斯巴达的侵扰。与麦伽罗波利斯一样，曼提内亚的对外政策也以维护自身利益为根本出发点。公元前362年以来，曼提内亚与斯巴达基本保持友好关系，在对外行动中倾向于支持斯巴达。但曼提内亚的对外政策可能还包括了对试图干涉伯罗奔尼撒半岛事务的外部势力的抵制。阿卡狄亚同盟时期，曼提内亚积极防范并抵制忒拜在伯罗奔尼撒半岛扩大影响。公元前340年曼提内亚对腓力二世的冷漠以及公元前331年曼提内亚与斯巴达联手反对马其顿，其实都延续了曼提内亚在阿卡狄亚同盟时期坚持的立场——排斥伯罗奔尼撒半岛以外的势力。泰盖亚与曼提内亚是宿敌，在对外政策上两邦经常是相反的。加之，泰盖亚与麦伽罗波利斯一直保持友好关系，因此在对外政策上泰盖亚基本也是反斯巴达。

自腓力二世到亚力山大大帝，马其顿逐渐确立了在希腊的领导地位，但希腊城邦之间的混战始终没有停止，希腊人反对马其顿的斗争也从未停止。亚历山大大帝逝世后，马其顿帝国走向分裂，希腊世界陷入了更大的战乱，阿卡狄亚地区再次沦为各方势力争抢的目标之一。此后，无论是面对斯巴达的入侵，还是夹于阿凯亚同盟与埃托利亚同盟的争斗中，抑或深陷更大范围下的希腊人与马其顿人、罗马人的对抗中，阿卡狄亚地区的主要城邦处于较为被动的状态，相继落入马其顿人、阿凯亚人以及罗马人的掌控中，直到失去独立自治，退出历史舞台。

二　希腊化时代及以后的阿卡狄亚

公元前 323 年亚历山大大帝去世，其子亚历山大四世（Alexander IV）继位。当时，亚历山大四世仍在襁褓之中，安提帕特任马其顿摄政王，管理马其顿和希腊的事务。当雅典人听闻亚历山大大帝去世的消息后，立刻组织了一个包括雅典、埃托利亚同盟等国在内的希腊联盟，反抗马其顿统治，试图把希腊人从马其顿的统治下解放出来，拉米亚战争爆发。公元前 322 年，在克拉农战役中安提帕特取得对雅典及其盟友的决定性胜利，希腊人摆脱马其顿控制的斗争以失败告终，所有参加此次战争的希腊国家被迫与马其顿签订和平条约。[①]

文献中没有关于阿卡狄亚城邦参与拉米亚战争的记述，但可以确定的是，部分阿卡狄亚人可能继续与马其顿交好。其中，麦伽罗波利斯继续坚持亲马其顿政策。依据狄奥多罗斯的记述，直到公元前 319 年，麦伽罗波利斯仍然是由安提帕特建立起来的寡头派当权。[②]泰盖亚人与麦伽罗波利斯人可能有着相同立场，至少是维持中立。

公元前 319 年安提帕特去世后，波利伯孔（Polyperchon）任命马其顿摄政王。不久，波利伯孔与安提帕特之子卡山德（Cassander）因为权力产生矛盾，王权之争不断扩大，几乎亚历山大大帝麾下的所有将领都卷入其中，在希腊、马其顿引发了一场大范围的混战。公元前 4 世纪末，希腊和马其顿一直处在所谓的"继业者战争"中，直到公元前 276 年安提戈诺斯二世（Antigonos II）巩固了安提柯王朝的统治地位，希腊和马其顿的局势才得以稳定。

继业者战争期间，阿卡狄亚地区始终处于马其顿的控制下。卡山

---

① Diodorus Siculus, *The Library of History* 17. 12 – 18.

② Diodorus Siculus, *The Library of History* 18. 68. 3.

德确立在希腊的领导地位前，波利伯孔控制着伯罗奔尼撒半岛的大部分地区。为了确保在伯罗奔尼撒半岛的优势地位，波利伯孔与苏西亚那（Susiana）的总督安提戈尼斯（Antigenes）缔结了友好和约。依据狄奥多罗斯的记述，波利伯孔与安提戈尼斯的合作实际是各取所需，波利伯孔希望从安提戈尼斯那里获得金钱，以对抗卡山德，① 安提戈尼斯则希望波利伯孔能够认可他合法继业者的身份。最终，双方达成协议，波利伯孔放弃马其顿摄政王一职，承认安提戈尼斯的地位和权威，接受安提戈尼斯的任命，担任马其顿在伯罗奔尼撒半岛的将领。② 鉴于卡山德是安提帕特之子的这一身份，伯罗奔尼撒半岛各国对卡山德有着更多的同情，这也使得卡山德很快便控制了阿尔戈斯、美塞尼亚和阿卡狄亚等地，掌控了伯罗奔尼撒半岛的大部分地区。公元前309年，卡山德谋杀亚历山大四世。公元前305年卡山德称王，正式确立他在马其顿和希腊的统治地位，阿卡狄亚地区各城邦落入卡山德手中。

公元前298年卡山德去世，德莫特里乌斯一世（Demetrius I）在新一轮的王权之争中崭露头角。公元前296年德莫特里乌斯一世包围雅典，公元前294年占领雅典卫城。随后，在攻打斯巴达期间，③ 德莫特里乌斯一世利用卡山德的两个儿子亚力山大五世与安提帕特二世（Antipater II）兄弟相争的有利时机，成功谋取马其顿王权。公元前293年，德莫特里乌斯一世成为除伊比鲁斯（Epirus）、埃托利亚以及斯巴达外的希腊统治者。在接下来的十多年中，伯罗奔尼撒半岛的局势相对稳定，阿卡狄亚地区各城邦一直处在德莫特里乌斯一世的控制下，直到拉凯戴蒙人谋划重建斯巴达帝国才打破这一平静。

---

① Diodorus Siculus, *The Library of History* 19. 61. 5.

② Eugenio Manni, *Demetrio Poliorcete*, Rome：Angelo Signorelli, 1951, p. 7, no. 13；R. H. Simpson, "Antigonus, Polyperchon and the Macedonian Regency", *Historia：Zeitschrift für Alte Geschichte*, Bd. 6, H. 3, 1957, p. 373.

③ Plutarch, *Demetrius* 35. 1, in *Plutarch IX：Demetrius and Antony*, *Pyrrhus and Caius Marius* (Loeb), Cambridge, Massachusetts：Harvard University Press and London：W. Heinemann, 1920.

公元前 281 年，安提戈诺斯二世与凯劳诺斯·托勒密（Ptolemaios Keraunos，意为"雷神"托勒密）争夺马其顿王权，斯巴达国王阿莱乌斯一世（Areus I）利用这一有利时机，试图恢复斯巴达在伯罗奔尼撒半岛的霸权。依据尤斯提努斯（Justinus）的记述，马其顿王国控制下的几乎所有希腊城邦都受到鼓舞，它们在阿莱乌斯一世的领导下联合起来。① 不仅如此，阿莱乌斯一世得到安条克一世（Antiochos I）和托勒密二世（Ptolemaios II）的资助，重新组建了伯罗奔尼撒同盟。公元前 280 年，阿莱乌斯一世率盟军北上攻打马其顿的盟友埃托利亚，却在与埃托利亚人的游击战中遭遇惨败，盟军对斯巴达失去信心，拒绝给予支援，导致此次反马其顿战争以失败告终。

恢复城邦自由的共同愿望使伯罗奔尼撒半岛上的许多城邦都投身到阿莱乌斯一世领导的反马其顿战争中，阿卡狄亚地区的大部分城邦可能也有参与。鉴于以往阿卡狄亚各邦在斯巴达问题上的不同立场，曼提内亚、泰盖亚、奥尔科麦诺斯很可能更愿意追随斯巴达的领导，麦伽罗波利斯则继续坚持反斯巴达。② 由于参战城邦争取的是各自的自由，而非全体希腊人的自由，因此它们之间的合作貌合神离，恢复独立自由的斗争必然会失败。虽然此次反马其顿战争失败，但却刺激了阿凯亚同盟的重建，③ 在之后的历史中该同盟成为影响伯罗奔尼撒半岛局势的又一势力。

公元前 274 年，伊比鲁斯的皮洛士（Pyrros）入侵并控制马其顿，次年占领希腊大片土地。公元前 272 年，以解放马其顿统治下的拉凯戴蒙人为口号，皮洛士进军伯罗奔尼撒半岛，劫掠拉凯戴蒙地区。同

---

① Justinus, *Epitome of Pompeius Trogus' Philippic Histories* 24. 1, in J. S. Watson, *Justin, Cornelius Nepos, and Eutropius*, London：G. Bell, 1886.

② Xenophon, *Hellenica* 7. 5. 1 – 5.

③ 阿凯亚地区城邦帕特莱（Patrai）、杜迈（Dyme）、特利泰亚（Tritaia）、法莱（Pharai）为了支持阿莱乌斯一世反马其顿，联合起来，开启了阿凯亚地区走向统一的大门。公元前 280 年，阿凯亚同盟便是在这四个城邦联合的基础上发展起来。参见 Polybius, *The Histories* 2. 41.

年秋，皮洛士攻打斯巴达城未果，转而攻占阿尔戈斯城，不幸战死。[①]
不久，安提戈诺斯二世收复失地，重新巩固了在希腊的权威。基于伯
罗奔尼撒半岛各邦对皮洛士的不同立场，安提戈诺斯二世采取了不同
的处置办法，允许斯巴达、曼提内亚、美塞尼亚等地继续保持独立，
在埃利斯、阿尔戈斯以及麦伽罗波利斯等地则扶持僭主统治，例如安
提戈诺斯二世安排阿里斯提波斯（Aristippos）为阿尔戈斯僭主，阿里
斯多达莫斯（Aristodamos）则在麦伽罗波利斯实行僭主制。这一处置
结果表明，在皮洛士之乱中阿卡狄亚各邦对马其顿的立场可能存在差
异，曼提内亚可能亲马其顿，麦伽罗波利斯则可能持反马其顿立场。[②]

公元前 267 年，在托勒密二世的支持下希腊城邦再次联合起来，
反抗安提戈诺斯二世的统治，克莱摩尼戴斯战争爆发[③]，希腊大部分
地区都卷入其中。在此次反马其顿战争中，阿卡狄亚地区的很多城邦，
如泰盖亚、卡菲亚、曼提内亚、菲伽雷亚、奥尔科麦诺斯等与雅典、
埃利斯、斯巴达、阿凯亚同盟以及克里特的部分地区组成反马其顿联
盟。[④] 麦伽罗波利斯则与阿尔戈斯结盟，继续支持安提戈诺斯二世。
此外，希腊其他地区如美塞尼亚、贝奥提亚、埃托利亚以及科林斯虽
然宣称中立，实际却倾向于马其顿。公元前 265 年，为援助被马其顿
围困的雅典，阿莱乌斯一世进攻马其顿在科林斯的驻军，不幸被杀，[⑤]
雅典因无力抵挡马其顿军队，被迫投降。[⑥] 公元前 262/1 年，雅典与马
其顿签订和平条约，克莱摩尼戴斯战争以马其顿的胜利告终。此次战

---

① Plutarch, *Pyrrhus* 30 – 34.

② Pausanias, *Description of Greece* 1. 13. 6.

③ 公元前 268 年，雅典当权派领袖克莱摩尼戴斯（Chremonides）颁布法令，创建了一个由
雅典、斯巴达、托勒密二世组成的反马其顿联盟，并对马其顿宣战，故公元前 267 年希腊城邦联
合反对马其顿安提戈诺斯二世的战争被称为克莱摩尼戴斯战争，该战争从公元前 267 年一直持续
至公元前 261 年，最终马其顿取得胜利。

④ *IG* II2 687；*Syll.*³ 434/435；W. W. Tarn, *Antigonus Gonatas*, Oxford, 1913, p. 293.

⑤ Plutarch, *Agis* 3. 7；Justinus, *Epitome of Pompeius Trogus' Philippic Histories* 26.

⑥ Pausanias, *Description of Greece* 3. 6. 6；Polyainos, *Strategemata* 4. 6. 20, in R. Shepherd
trans., *Polyaeus's*: *Stratagems of War*, London: printed for George Nicol, 1793.

争后,阿卡狄亚地区继续处于马其顿的控制下。

公元前 3 世纪中期以后,伯罗奔尼撒半岛的局势更加复杂。埃托利亚同盟和阿凯亚同盟①开始向伯罗奔尼撒半岛扩大影响,斯巴达国王阿基斯四世(Agis IV)展开新一轮社会改革并在伯罗奔尼撒半岛扩张势力,伯罗奔尼撒半岛成为马其顿、斯巴达、阿凯亚同盟、埃托利亚同盟四大势力争夺的地区,阿卡狄亚各城邦的处境变得更加艰难。

公元前 250 年以后,埃托利亚同盟开始向伯罗奔尼撒半岛扩张势力。埃托利亚人首先与埃利斯人交好,帮助后者占领阿卡狄亚西部的拉西昂、特利菲利亚以及普索菲斯,打算日后取道埃利斯,再经阿卡狄亚西部进入阿凯亚。公元前 240 年左右,埃托利亚人又以仲裁者的身份调解了美塞尼亚与菲伽雷亚之间的争端,使双方达成协议,协议规定美塞尼亚人与菲伽雷亚人将享有对等公民权(isopoliteia),双方可以相互通婚,同时还强调了美塞尼亚人、菲伽雷亚人与埃托利亚人之间的友谊,声称如果菲伽雷亚人或美塞尼亚人放弃与埃托利亚人的友谊,这份协议将失效。② 这些内容表明埃托利亚同盟在伯罗奔尼撒半岛已拥有了一定的影响力,其势力范围可能从埃利斯一直延伸到阿卡狄亚西部。

埃托利亚同盟势力的日益增长,引起了阿凯亚同盟的担忧。公元前 3 世纪 50 年代末,阿凯亚同盟劝说并支持贝奥提亚与埃托利亚同盟开战。当时,担任阿凯亚同盟最高执政官③的阿拉托斯(Aratos)亲率1 万人前往援助贝奥提亚。④ 公元前 241 年左右,阿拉托斯率领阿凯亚同盟军队,试图占领阿卡狄亚北部城邦库奈塔,⑤ 因为该城邦控制着

---

① Polybius, *The Histories* 2. 41. 1.

② *IG* V 2 419, in Friedrich Hiller von Gaertringen ed. , *Inscriptiones Graecae*, V, 2, *Inscriptiones Arcadiae*, Berlin, 1913; *Syll.* ³ 472, in Wilhelm Dittenberger ed. , *Sylloge inscriptionum graecarum*, 3rd edition, Leipzig, 1915 – 1924.

③ 阿凯亚同盟执政官最初由两个人共同担任,公元前 251 年起才减至一人。同盟执政官每年由同盟大会选举产生,可多次当选,但不能连任。

④ Plutarch, *Aratus* 16. 1; Polybius, *The Histories* 20. 4. 4 – 5.

⑤ Polybius, *The Histories* 9. 17. 1 – 8.

从埃利斯进入阿凯亚地区的一条重要通道。当时，埃利斯已经控制了阿利菲拉和普索菲斯，为避免阿凯亚地区更多地暴露于埃利斯及埃托利亚同盟的攻击下，占领库奈塔城邦，防范埃托利亚同盟可能发动的军事进攻十分必要。

公元前3世纪中期，埃托利亚同盟与阿凯亚同盟处于竞争状态，并找寻各自的盟友。阿凯亚同盟与斯巴达结盟，① 埃托利亚同盟则结盟马其顿，② 埃利斯、美塞尼亚以及麦伽罗波利斯因与斯巴达敌对，选择支持埃托利亚同盟。但是，两大同盟的对抗并没有持续很久。公元前239年安提戈诺斯二世去世，其子德莫特里乌斯二世（Demetrius II）继位后，埃托利亚同盟与马其顿的关系破裂。公元前239年，为消除伯罗奔尼撒半岛上的马其顿势力，阿凯亚同盟与埃托利亚同盟结盟，开始了长达十年的友好合作，于次年发动了反对马其顿德莫特里乌斯二世统治的德莫特里乌斯战争。在这场战争中，阿凯亚同盟和埃托利亚同盟划分了它们在伯罗奔尼撒半岛的势力范围，阿卡狄亚各城邦分别被这两大同盟控制。

公元前235年，麦伽罗波利斯城邦的僭主吕狄亚戴斯（Lydiades）放弃独裁统治，带领麦伽罗波利斯加入阿凯亚同盟。③ 自此之后，麦伽罗波利斯一直都是阿凯亚同盟的成员。奥尔科麦诺斯也加入了阿凯亚同盟。公元前234年的一份法令表明奥尔科麦诺斯已成为阿凯亚同盟的成员之一，该法令记录了奥尔科麦诺斯人宣读的誓言：

---

① 为阻挡埃托利亚人进入伯罗奔尼撒半岛，阿拉托斯请求斯巴达国王阿基斯四世（Agis IV）出兵援助。但当阿基斯四世率军抵达科林斯时，阿拉托斯却在与埃托利亚人交战的问题上犹豫不决，导致阿凯亚同盟错失有利时机，埃托利亚人进入伯罗奔尼撒半岛后入侵阿凯亚地区并占领佩莱奈。参见 Plutarch, *Agis* 13. 4, 15. 1 – 3；Plutarch, *Aratus* 31. 之后，当斯巴达国王阿基斯四世去世时，埃托利亚人又趁机入侵拉凯蒙，俘虏了五千奴隶。

② 埃托利亚同盟利用阿凯亚同盟与马其顿在科林斯问题上的矛盾，得到了马其顿国王安提戈诺斯二世的支持。公元前245年冬安提戈诺斯二世占据科林斯，公元前243年阿拉托斯突袭占领了科林斯卫城，并说服科林斯人加入阿凯亚同盟。公元前224年阿凯亚同盟为与马其顿结盟放弃科林斯，马其顿重新控制了科林斯。

③ Polybius, *The Histories* 2. 44. 4；Plutarch, *Aratus* 30. 2.

　　我以宙斯·阿玛里奥斯、雅典娜·阿玛里亚、阿弗罗狄特以及所有神的名义发誓,在各方面我都会遵守石碑,协议以及阿凯亚同盟大会颁布的法令;如有人不遵守,我必尽我所能阻止他。于我而言,如果我遵守该誓言,好事将会降临;(与我而言)如果我打破它,厄运将会降临。①

　　赫莱亚也加入了阿凯亚同盟。依据普鲁塔克的记述,公元前226年,麦伽罗波利斯城邦的僭主吕狄亚戴斯被杀后,克莱奥麦奈斯三世占领了当时已是阿凯亚同盟成员的赫莱亚。②由此推测,克莱奥麦奈斯三世入侵阿卡狄亚地区之前,赫莱亚就已加入阿凯亚同盟。此外,卡菲亚、泰盖亚、曼提内亚也都加入了阿凯亚同盟。

　　后来,为稳固与埃托利亚同盟的联合,阿凯亚同盟可能把一些已经加入到阿凯亚同盟的阿卡狄亚城邦,交给埃托利亚同盟管理。依据波利比乌斯的记述,公元前229年,克莱奥麦奈斯三世占领了泰盖亚、曼提内亚以及奥尔科麦诺斯,这些城邦不仅是埃托利亚人的盟友,还是埃托利亚同盟实际上的成员。③

　　阿卡狄亚城邦虽然陆续加入阿凯亚同盟,但斯巴达并未放弃对阿卡狄亚地区的争夺。公元前229年,克莱奥麦奈斯三世占领了斯巴达与麦伽罗波利斯之间一直存有争议的贝尔比那(Belbina)附近的雅典娜城(Athenaeum),④ 阿凯亚同盟对斯巴达宣战,克莱奥麦奈斯战争爆发。克莱奥麦奈斯战争期间,阿卡狄亚的许多城邦落入斯巴达之手。公元前229年至公元前225年,克莱奥麦奈斯三世相继攻占赫莱亚、泰盖亚、曼提内亚、泰尔普萨、奥尔科麦诺斯等地,并利用劝说、威胁等手段,迫使卡菲亚屈服于斯巴达。⑤ 斯巴达征服阿卡狄亚大部分

---

① *Syll.*³ 1490.

② Plutarch, *Cleomenes* 7. 5.

③ Polybius, *The Histories* 2. 46. 2.

④ Plutarch, *Aratus* 36. 1; Plutarch, *Cleomenes* 4; Polybius, *The Histories* 2. 51. 3.

⑤ Polybius, *The Histories* 2. 52. 1 - 2.

地区后进军阿凯亚，阿凯亚同盟向埃托利亚同盟求助被拒。① 于是转而向马其顿寻求援助。公元前223年，在马其顿国王安提戈努斯三世（Antigonus III）的帮助下，赫莱亚、泰盖亚、曼提内亚、奥尔科麦诺斯、麦伽罗波利斯等城邦从斯巴达的控制中被解放出来。斯巴达占领期间，上述阿卡狄亚城邦的立场各有不同，这直接影响着它们之后的命运。

克莱奥麦奈斯战争期间，曼提内亚先被克莱奥麦奈斯三世占领，后为阿拉托斯解放。解放后的曼提内亚对阿凯亚同盟和斯巴达的态度发生了变化，从支持阿凯亚同盟转变为支持斯巴达。依据波利比乌斯的记述，被解放后的曼提内亚人预见了自己内部的不和以及埃托利亚人和拉凯戴蒙人的密谋，于是向阿凯亚同盟派出使者，请求阿凯亚同盟保卫他们的城市。阿凯亚同盟应邀派出三百名士兵和两百名雇佣军守卫曼提内亚，但当阿凯亚同盟军队身处曼提内亚城中时，曼提内亚却突然发生内乱。曼提内亚人把城市交给了拉凯戴蒙人，并处死了驻守在城中的阿凯亚同盟军队。② 曼提内亚的背叛引起阿凯亚同盟的不满。公元前223年马其顿国王安提戈努斯三世突袭曼提内亚，在城中肆意劫掠和破坏，对此阿凯亚人态度冷漠，任由安提戈努斯三世蹂躏曼提内亚。安提戈努斯三世将曼提内亚自由公民变卖为奴，驱逐了所有曼提内亚人，之后又把曼提内亚改名为安提戈尼亚（Antigoneia），下令马其顿的支持者迁居其中，③ 曼提内亚彻底被毁。

麦伽罗波利斯和斯提姆法罗斯一直都是阿凯亚同盟忠实的支持者，并且是克莱奥麦奈斯战争中坚定的反斯巴达力量。波利比乌斯这样评价道："开始，麦伽罗波利斯人任由克莱奥麦奈斯（克莱奥麦奈斯三世）支配他们的故土；后来，他们因为支持阿凯亚人，又彻底失去了他们的城市；最后，当他们出人意料地将城市完好无损地收回时，他

---

① Plutarch, *Aratus* 41. 3.

② Polybius, *The Histories* 2. 58.

③ Pausanias, *Description of Greece* 8. 8. 12.

们宁愿失去他们的土地、坟墓、庙宇、房屋以及财产,也不愿意背弃他们的盟友,尽管所有这些对他们而言十分重要。"① 波利比乌斯还评论道:"在那个沧桑年代,克莱奥麦奈斯唯独在麦伽罗波利斯和斯提姆法罗斯这两个城邦中没有支持者,也没能诱导任何一个公民叛变。"② 泰盖亚因坚持反斯巴达、亲阿凯亚同盟的立场,没有面临被摧毁的厄运。③ 赫莱亚被收复后,其相关事务可能继续由阿凯亚同盟负责。④

在马其顿的帮助下,阿凯亚同盟取得克莱奥麦奈斯战争的胜利,但安提戈努斯三世的介入使此前为消除伯罗奔尼撒半岛上亲马其顿势力而做的努力付之东流。在这种形势下,阿卡狄亚各城邦成为马其顿、斯巴达、阿凯亚同盟、埃托利亚同盟⑤各方势力争夺的目标。虽然阿卡狄亚人处境被动,但仍对伯罗奔尼撒半岛的局势产生影响,麦伽罗波利斯人是其中不容小视的一支力量。公元前235年,吕狄亚戴斯带领麦伽罗波利斯加入阿凯亚同盟。麦伽罗波利斯的加入壮大了阿凯亚同盟势力,同时也影响着阿凯亚同盟的对外政策以及伯罗奔尼撒半岛的局势。

公元前235年之前阿凯亚同盟的对外政策一直由阿拉托斯主持制定,麦伽罗波利斯加入后,吕狄亚戴斯与阿拉托斯在斯巴达问题上的不同立场引发了同盟内部的分歧,并形成了以阿拉托斯为首和以吕狄亚戴斯为首的两大派系。前者持保守立场,主张应尽量避免与斯巴达发生冲突,后者则延续了麦伽罗波利斯一贯的反斯巴达立场。公元前234年、公元前231年和公元前229年,吕狄亚戴斯担任阿凯亚同盟的最高执政官期间,积极鼓动对斯巴达战争。对此,阿拉托斯坚决反对。

---

① Polybius, *The Histories* 2. 61. 9 – 10.

② Polybius, *The Histories* 2. 55.

③ Polybius, *The Histories* 2. 46. 2, 2. 54.

④ Polybius, *The Histories* 2. 54.

⑤ 克莱奥麦奈斯战争后,埃托利亚同盟在伯罗奔尼撒半岛的盟友仅剩埃利斯、美塞尼亚以及阿卡狄亚的菲伽雷亚。参见 Polybius, *The Histories* 4. 3. 6, 4. 3. 9, 4. 5. 4.

由于阿拉托斯在阿凯亚同盟中的影响力较大，吕狄亚戴斯任职期间阿凯亚同盟没有对斯巴达采取军事行动。但是，吕狄亚戴斯在同盟中的地位不容小视，他可能拥有为数不少的支持者。公元前226年，吕狄亚戴斯违背阿凯亚同盟命令，擅自追击斯巴达军队，结果不幸被杀。事后，阿凯亚人没有怪罪吕狄亚戴斯违抗命令，而是将吕狄亚戴斯之死归咎于阿拉托斯袖手旁观。不仅如此，阿凯亚同盟大会还通过了专门针对阿拉托斯的决议，规定如果阿拉托斯发动战争，同盟将不会为他提供资金，也不会承担供养雇佣军的责任，战争所需的一切均由阿拉托斯本人负担。①

此外，阿凯亚同盟与马其顿的联合也离不开麦伽罗波利斯人的牵线搭桥。克莱奥麦奈斯战争初期，克莱奥麦奈斯三世的胜利给阿凯亚同盟带来了巨大压力。为抵抗克莱奥麦奈斯三世，阿凯亚同盟决定与马其顿交好。依据波利比乌斯的记述，阿拉托斯私下委托他的两个朋友，麦伽罗波利斯的尼科法尼斯（Nikophanes）和凯尔基达斯（Kerkidas），鼓动麦伽罗波利斯人向阿凯亚同盟提出向马其顿求助的请求。不久，麦伽罗波利斯人任命尼科法尼斯和凯尔基达斯为使者前往阿凯亚表达了这一请求。阿凯亚同盟大会批准后，尼科法尼斯、凯尔基达斯与阿凯亚同盟派出的使节一同前往马其顿，成功说服安提戈诺斯三世，并得到了他的承诺——如果阿凯亚人需要这样的援助，他很乐意提供。之后，尼科法尼斯和凯尔基达斯向同盟大会报告安提戈诺斯三世的回复，提议尽快与马其顿结盟，得到了阿凯亚人的广泛赞同。②

从波利比乌斯的记述中可以看出，麦伽罗波利斯人在阿凯亚同盟与马其顿的结盟中发挥了重要作用。阿拉托斯虽是此次结盟的策划者，但实际的推动者却是麦伽罗波利斯人。麦伽罗波利斯人积极促成阿凯亚同盟与马其顿的联合，延续了其反斯巴达的传统政策和自腓力二世

---

① Plutarch, *Aratus* 37.

② Polybius, *The Histories* 2. 48 – 50. 2.

起坚持的亲马其顿政策。作为策划者的阿拉托斯对阿凯亚同盟与马其顿的结盟可能并不坚定。当阿凯亚人同意尼科法尼斯和凯尔基达斯提出的与马其顿结盟的提议后，阿拉托斯却提出阿凯亚人应尝试独自抵抗克莱奥麦奈斯三世，当确实处于绝境时再寻求马其顿的帮助。阿凯亚同盟与马其顿在公元前226年就合作事宜已进行了有效沟通，但直到公元前224年阿凯亚同盟才与马其顿结盟。阿凯亚同盟多次尝试与斯巴达修好，迟迟不愿与马其顿结盟，表明阿拉托斯对马其顿的态度可能一直没有改变。在阿凯亚同盟与马其顿结盟后，阿拉托斯与安提戈诺斯三世之间总有互相猜忌。阿拉托斯将包括其子在内的人质送往佩拉（Pella）表明安提戈诺斯三世对阿拉托斯的心存疑虑。普鲁塔克描述了阿拉托斯对安提戈诺斯三世的不信任："阿拉托斯不是十分信任安提戈诺斯，也不相信马其顿人，因为他知道自己的权力是建立在过去伤害马其顿的基础上，而且与安提戈诺斯敌对的同盟对外政策的主要基础，最初也是由他奠定的。"因此，阿凯亚同盟与马其顿结盟的真正推动者是麦伽罗波利斯人。

公元前224年，安提戈努斯三世进军伯罗奔尼撒半岛，[①] 在帮助阿凯亚同盟扭转不利局面的同时趁机在半岛扩张势力，占领了阿凯亚同盟在阿卡狄亚的雅典娜城，在埃基提斯（Aegytis）设立驻军，还重新组建了泛希腊联盟，阿凯亚人、马其顿人、色萨利人、佛基斯人、优卑亚人、贝奥提亚人、阿卡纳尼亚人、伊比鲁斯人、洛克利亚人等都加入其中。[②] 公元前222年，斯巴达在塞拉西亚（Sellasia）战役中被阿凯亚同盟和马其顿的联军击败，[③] 克莱奥麦奈斯战争结束。此后，伯罗奔尼撒半岛上的国家均加入马其顿主导的泛希腊联盟。[④] 公元前222年以后，阿卡狄亚人听从阿凯亚同盟的领导，参加了对埃托利亚

---

① Plutarch, *Cleomenes* 14；Polybius, *The Histories* 2. 52. 8.

② Polybius, *The Histories* 2. 54. 4, 4. 9. 4；Plutarch, *Aratus* 38. 6；F. W. Walbank, *Aratos of Sicyon*, Cambridge：Cambridge University Press, 1933, p. 104.

③ Plutarch, *Cleomenes* 27. 2.

④ Polybius, *The Histories* 2. 70. 1.

同盟、斯巴达、埃利斯的同盟者战争①。

公元前 221 年，安提戈努斯三世离世，腓力五世（Philip V）继位。② 同年冬，埃托利亚同盟入侵并劫掠美塞尼亚。③ 公元前 220 年，阿凯亚同盟出兵援助美塞尼亚，④ 在麦伽罗波利斯集结了一支阿凯亚同盟军，但在阿卡狄亚的卡菲亚落入敌人的圈套，被佯装逃跑的埃托利亚人击败。⑤ 同年夏，埃托利亚同盟占领阿卡狄亚的库奈塔，向南行进至克雷托尔。对此，腓力五世召集泛希腊联盟大会，对埃托利亚同盟宣战，同盟者战争爆发。面对来自泛希腊联盟的压力，公元前 219 年，埃托利亚同盟先后与斯巴达和埃利斯结盟。⑥

公元前 219 年斯巴达国王吕库尔戈斯（Lykourgos）入侵阿尔戈利斯后，进攻阿卡狄亚。公元前 218 年斯巴达入侵并包围泰盖亚，⑦ 泰盖亚人没有屈服而是积极抵抗吕库尔戈斯发起的进攻。在泰盖亚地区发现的一份铭文证实了这一点，铭文时间为公元前 218 年，内容如下：

> 当敌人爬上我们的城墙，
>
> 泰奥克里托斯和安法尔凯斯表现英勇；
>
> 他们为城邦的安全而战，并且在面临紧急情况时展现出了善意；
>
> 因此，城邦决定按照惯例，公开宣布他们的英勇行为，
>
> 斯特拉泰亚斯和其他执政官应该将这个法令刻在石碑上，

---

① 同盟者战争（Social War）可指代多场战争，如公元前 357 年至公元前 355 年雅典与其盟友之间的战争，公元前 220 年至公元前 217 年腓力五世领导下的泛希腊联盟与埃利斯、斯巴达、埃托利亚同盟之间的战争，公元前 91 年至公元前 88 年罗马共和国与意大利其他城市之间的战争。这里所说的同盟者战争是指公元前 220 年至公元前 217 年的同盟者战争。

② Polybius, *The Histories* 4. 5.

③ Polybius, *The Histories* 4. 6.

④ Polybius, *The Histories* 4. 7.

⑤ Polybius, *The Histories* 4. 17 – 18.

⑥ Polybius, *The Histories* 4. 35. 1 – 6.

⑦ Polybius, *The Histories* 5. 17. 1 – 2.

并将石碑放在广场,

这样,当其他人看到城邦如此感激时,

可能会受鼓舞变得英勇。

在同一块石碑上,如同泰奥克里托斯和其他人,

还写有斯米达斯、尼奇亚斯、克塞尼波斯、阿尔凯亚斯、埃
皮泰莱斯的名字。①

除泰盖亚人外,克雷托尔人也坚持与阿凯亚同盟共进退。依据波
利比乌斯的记述,埃托利亚人进攻克雷托尔之前,曾试图说服克雷托
尔人放弃与阿凯亚人的盟友关系,与埃托利亚人结盟,但克雷托尔人
断然拒绝。随后,埃托利亚人对克雷托尔发动进攻,试图通过云梯攻
战占领该城。面对埃托利亚人的猛烈进攻,克雷托尔城的居民坚持抵
抗,埃托利亚人最终无功而返。②

克雷托尔西北部的库奈塔可能也是阿凯亚同盟的支持者。依据波
利比乌斯的记述,埃托利亚人在攻打克雷托尔未果的情况下,撤退至
库奈塔。起初,埃托利亚人打算将该城交给埃利斯人,埃利斯人拒绝
后,埃托利亚人决定自己控制这座城市,任命欧里庇戴斯(Euripides)
管理该城。听闻大批马其顿军队前来援救该城后,埃托利亚人焚烧并
遗弃了库奈塔。③

战争期间,阿卡狄亚的普索菲斯可能被迫加入了阿凯亚同盟。普
索菲斯位于阿卡狄亚西北角,与埃利斯、阿凯亚接壤,是进入埃利斯、
阿凯亚、阿卡狄亚的重要通道。当时普索菲斯已与埃利斯结盟,因此
占据该城对泛希腊联盟而言十分必要。公元前 219 年冬,腓力五世击
败奥尔科麦诺斯的埃利斯人后,攻占普索菲斯,将该城邦交付阿凯亚

---

① *IG* V 2 16.

② Polybius, *The Histories* 4. 19.

③ Polybius, *The Histories* 4. 19.

同盟管理。[1]

到公元前218年，卡菲亚、泰盖亚、赫莱亚、拉西昂、曼提内亚、普索菲斯、奥尔科麦诺斯、麦伽罗波利斯等城邦都成为阿凯亚同盟成员。

为集中力量对付罗马，公元前217年秋腓力五世在诺帕克托斯（Naupaktos）召集泛希腊联盟的所有盟国，与埃托利亚人缔结"诺帕克托斯和约"，和约规定"双方均保留它们现在所持有的"[2]。希腊各国同意订立"诺帕克托斯和约"，除了腓力五世的倡导外，与当时罗马共和国的日益强盛密切相关。诺帕克托斯的阿盖劳斯（Agelaos）的演说表明当时的希腊人确实对罗马人心存担忧，阿盖劳斯这样说道：

> 最重要的是希腊人不应该互相开战，而应感激神明，如果所有希腊人可以用同一个声音说话，携手前进，他们能够击退蛮族人的进攻，拯救自己和他们的城市。但是，如果不可能做到这一点，至少在目前，当我们看到西方战争所展现的庞大军备和规模时，我们应该一致并保持警惕。即使现在，任何一个关注公共事务的人都知道，无论迦太基人征服罗马人，还是罗马人征服迦太基人，胜利者都不可能满足于在西西里和意大利的帝国。他们将继续前进，进一步扩大他们的势力和野心，远超出我们的想象。[3]

"诺帕克托斯和约"并没有终止伯罗奔尼撒半岛上的纷争。不久，阿卡狄亚各邦陷入马其顿战争中。公元前210年，斯巴达、埃托利亚同盟与罗马结盟，[4] 阿凯亚同盟与马其顿为盟。[5] 公元前207年，麦伽

---

[1] Polybius, *The Histories* 4. 70 – 72.

[2] Polybius, *The Histories* 5. 103.

[3] Polybius, *The Histories* 5. 104.

[4] Livy, *History of Rome* XXVI. 24. 8, in Frank Gardner Moore trans., *Livy VII: Books XXVI – XXVII* (Loeb), Cambridge, Massachusetts: Harvard University Press, 1943; Livy, *History of Rome* 34. 32. 1, in Evan T. Sage trans., *Livy IX: Books XXXI – XXXIV* (Loeb), Cambridge, Massachusetts: Harvard University Press, 1935.

[5] Polybius, *The Histories* 10. 41. 2.

罗波利斯人菲罗波伊门（Philopoemen）担任阿凯亚同盟最高执政官，马卡尼达斯（Machanidas）① 率领拉凯戴蒙人从泰盖亚出发，向集结在曼提内亚的阿凯亚同盟军队发动进攻，双方在曼提内亚发生激烈交战，马卡尼达斯被杀，菲罗波伊门则从斯巴达手中解放了泰盖亚，② 将拉凯戴蒙人赶出了阿卡狄亚。此次曼提内亚战役的胜利令阿卡狄亚人无比激动，波利比乌斯记述道："多年来，他们（阿卡狄亚人）没有能力将敌人驱逐出自己的领土，现在，他们毫无畏惧地劫掠了拉凯戴蒙地区，并且在战争中损失很少；他们杀死的拉凯戴蒙人不少于四千人，俘获的甚至更多，他们还收缴了所有辎重和武器装备。"③

　　公元前207年，纳比斯主导斯巴达政治，④ 确立反阿凯亚同盟、反马其顿的对外政策。在与埃利斯人、埃托利亚以及罗马人结盟后，⑤ 于公元前204年进攻麦伽罗波利斯。纳比斯借口麦伽罗波利斯人窝藏了一些偷盗马匹的贝奥提亚人，对麦伽罗波利斯发动突袭。⑥ 之后，斯巴达继续扩张，于公元前202年攻打与麦伽罗波利斯交好的美塞尼亚。菲罗波伊门听闻美塞尼亚遭斯巴达攻击的消息后，当即劝说阿凯亚同盟最高执政官的吕西波斯（Lysippos）援助美塞尼亚人。在劝说无果的情况下，菲罗波伊门集结了一支由麦伽罗波利斯人组成的军团，前往援助美塞尼亚人，斯巴达听闻菲罗波伊门率军前来，匆忙撤离。⑦

---

　　① 公元前211/10年斯巴达国王吕库尔戈斯去世，其子珀罗普斯（Pelops）继位。由于珀罗普斯仍是婴孩，故由马卡尼达斯（Machanidas）和纳比斯（Nabis）先后摄政，执掌斯巴达政权。

　　② Polybius, *The Histories* 11. 11 – 18.

　　③ Polybius, *The Histories* 11. 18. 9 – 10.

　　④ Diodorus Siculus, *The Library of History* 27. 1, in *Diodorus Siculus XI*：*The Library of History*：*Books XXI – XXXII* (Loeb), Cambridge, Massachusetts：Harvard University Press, 1957；*Syll.*³ 584；*IG* V 1 885, in Walter Kolbe ed., *Inscriptiones Graecae*, V, 1, *Inscriptiones Laconiae et Messeniae*, Berlin, 1913.

　　⑤ Polybius, *The Histories* 16. 13；Livy, *History of Rome* 29. 12. 14, in Frank Gardner Moore trans., *Livy VIII*：*Books XXVIII – XXX* (Loeb), Cambridge, Massachusetts：Harvard University Press, 1949；Livy, *History of Rome* 34. 31. 5.

　　⑥ Polybius, *The Histories* 13. 8. 3 – 7.

　　⑦ Plutarch, *Philopoemen* 12. 4 – 6.

此次麦伽罗波利斯人对美塞尼亚人的援助并非阿凯亚同盟的官方行动。普鲁塔克写道，麦伽罗波利斯人"没有等到任何法令或委任"，却都听从菲罗波伊门的领导，"似乎他一直都是指挥官"。① 麦伽罗波利斯人听从菲罗波伊门的号令，一方面是因为这与麦伽罗波利斯一贯坚持的反斯巴达政策切合，另一方面是因为与美塞尼亚的往日情谊。公元前223年，克莱奥麦奈斯三世攻打麦伽罗波利斯时，美塞尼亚人曾为大量逃亡的麦伽罗波利斯人提供庇护。

菲罗波伊门能够召集一支麦伽罗波利斯军团，与其坚定的反斯巴达立场以及杰出的军事才能密切相关。公元前223年，克莱奥麦奈斯三世提出麦伽罗波利斯离开阿凯亚同盟，与斯巴达结盟，便归还麦伽罗波利斯的条件，但在菲罗波伊门的坚持和影响下，麦伽罗波利斯人拒绝了斯巴达。在菲罗波伊门在阿凯亚同盟任职期间，斯巴达很少进犯麦伽罗波利斯。公元前199年菲罗波伊门被派往克里特时，斯巴达才对麦伽罗波利斯发动攻击。普鲁塔克记述了当时麦伽罗波利斯所面临的困境："麦伽罗波利斯城处在持续的攻击下，城中居民被迫居住在城墙上；他们的田地遭到毁坏，不得不在街道上种植谷物，而敌军便驻扎在城市各大门的出口。"②

公元前200年，阿卡狄亚人参与了第二次马其顿战争。期间，以麦伽罗波利斯为首的阿卡狄亚人可能继续影响着阿凯亚同盟的对外政策。公元前198年，麦伽罗波利斯人阿里斯泰诺斯（Aristainos）担任阿凯亚同盟最高执政官，在其倡导下阿凯亚同盟大会通过了与罗马结盟的决议。公元前195年，在罗马召集的科林斯集会中，阿凯亚同盟代表宣扬纳比斯威胁论，③ 成功煽动与会各国代表一致同意对斯巴达宣战。④ 在罗马和希腊各国的联合进攻下，斯巴达战败投降，接受了

---

① Plutarch, *Philopoemen* 12. 4.

② Plutarch, *Philopoemen* 13. 1.

③ Livy, *History of Rome* 34. 22 – 23.

④ Livy, *History of Rome* 34. 24.

罗马拟定的和平条约，①　势力大为削弱。

　　但是，罗马不打算彻底击垮斯巴达。公元前 193 年纳比斯违背和平条约再次叛乱，②　罗马没有严惩纳比斯，而是又一次违背阿凯亚同盟驱逐纳比斯的意愿，强迫阿凯亚同盟与斯巴达缔结停战和约，并尽可能保全纳比斯在斯巴达的统治地位。③　罗马不顾阿凯亚同盟意愿，坚持对纳比斯宽容，可能想要借助纳比斯牵制阿凯亚同盟，维持伯罗奔尼撒半岛势力的均衡，同时也说明罗马与阿凯亚同盟的合作关系逐渐走向破裂。公元前 193 年秋，在罗马军队尚未抵达的情况下，阿凯亚同盟最高执政官麦伽罗波利斯人菲罗波伊门单方面对纳比斯开战，在陆战中取得接连胜利，洗劫了拉凯戴蒙地区。④公元前 192 年，菲罗波伊门听闻纳比斯被杀的消息后，火速赶往拉凯戴蒙，强迫斯巴达加入阿凯亚同盟，⑤　斯巴达不再是罗马牵制阿凯亚同盟的棋子。

　　此后，阿凯亚同盟与罗马之间的矛盾逐渐升级。这一过程中，麦伽罗波利斯发挥着重要作用，来自该城的一些政治领袖多次当选阿凯亚同盟最高执政官，对阿凯亚同盟的对外政策施加影响，麦伽罗波利斯的反斯巴达立场也成为同盟处理对外关系的主要立场。

　　公元前 189 年，斯巴达试图收复拉凯戴蒙沿海城市，宣称将脱离阿凯亚同盟，阿凯亚同盟立即对斯巴达宣战。⑥　罗马派执政官马库斯·弗拉维乌斯（Marcus Fulvius）出面调解双方矛盾，但阿凯亚同盟

---

　　①　当时，罗马执政官提图斯·昆克提乌斯·弗拉米尼乌斯（Titus Quinctius Flamininus）起草了和平条约，规定，纳比斯撤离他在阿尔戈利斯的所有驻军，归还所有没收的财产；恢复拉凯戴蒙沿海城市的自由；不得与克里特城市结盟；向罗马移送五名人质，并支付共计五百塔兰特的战争赔款。参见 Livy, *History of Rome* 34. 35，34. 40.

　　②　公元前 193 年，在埃托利亚人的支持下纳比斯煽动拉凯戴蒙沿海城市镇叛乱。反纳比斯战争后，拉凯戴蒙沿海城市交由阿凯亚同盟管理，纳比斯不顾阿凯亚同盟的警告，违背弗拉米尼乌斯拟定的和约，占领大部分沿海城市，并包围了吉泰伊昂（Gytheion）。阿凯亚同盟向罗马求助，罗马先后派出弗拉米尼努斯和奥卢斯·阿提里乌斯·塞拉努斯（Aulus Atilius Serranus）。参见 Livy, *History of Rome* 35. 12. 1 – 9.

　　③　Livy, *History of Rome* 35. 31. 2.

　　④　Livy, *History of Rome* 35. 27. 11.

　　⑤　Livy, *History of Rome* 35. 37.

　　⑥　Livy, *History of Rome* 38. 31. 5.

最高执政官的菲罗波伊门无视罗马调解，于公元前 188 年进攻拉凯戴蒙，强迫斯巴达接受和平条约，① 那些拒绝接受和约的人被抓捕贩卖，所得钱财用于重建被克莱奥麦奈斯三世破坏的麦伽罗波利斯城内的柱廊。

公元前 185 年，罗马官员昆图斯·凯西里乌斯·麦泰鲁斯（Quintus Caecilius Metellus）前往阿凯亚，要求阿凯亚同盟召开会议讨论斯巴达事务，阿凯亚同盟断然拒绝了昆图斯·凯西里乌斯·麦泰鲁斯的要求。公元前 184 年，阿庇乌斯·克劳迪乌斯·普尔凯尔（Appius Claudius Pulcher）带领罗马使团前往考察马其顿、希腊事务，在克雷托尔召开会议。会上，阿庇乌斯·克劳迪乌斯·普尔凯尔指责阿凯亚同盟在孔帕西昂的杀戮。② 对此，阿凯亚同盟代表麦伽罗波利斯人吕科尔塔斯（Lycortas）回应称，罗马人才是导致伯罗奔尼撒半岛现状的罪魁祸首。③

公元前 180 年罗马元老院颁布斯巴达流亡者可以归国的法令，因为大部分流亡者坚持反阿凯亚同盟，故此举显然是针对阿凯亚同盟。对此，吕科尔塔斯选择无视罗马法令，直到公元前 179 年亲罗马的阿凯亚人卡里克拉泰斯（Kallikrates）担任阿凯亚同盟最高执政官时，斯巴达流亡者才得以归国。

公元前 150 年秋，麦伽罗波利斯人狄埃奥斯（Diaeos）担任阿凯亚同盟最高执政官，他以麦那尔基达斯（Menalkidas）与罗马合谋颠覆阿凯亚同盟为由，要求斯巴达流放包括麦那尔基达斯在内的二十四位斯巴达公民，否则将对斯巴达开战。

---

① 阿凯亚同盟强迫斯巴达接受的和平条约包括以下内容，斯巴达拆除城墙，遣散所有外国雇佣军；被纳比斯释放的希洛人离开拉凯戴蒙；废除吕库尔戈斯确立的传统法令，代行阿凯亚同盟的法规和宪制；在泰盖亚举行同盟会议，颁布流亡者返回斯巴达的法令；贝尔比那提斯地区归还麦伽罗波利斯。参见 Livy, *History of Rome* 38. 33 - 34；Linda Jane Piper, "A History of Sparta: 323 - 146 B. C. ", Ph. D. diss., The Ohio State University, 1966, p. 109.

② 公元前 189 年秋，斯巴达再次试图收复拉凯戴蒙沿海城市，攻占吉泰伊昂附近的拉斯（Las）后屠杀了那里亲阿凯亚同盟的市民。公元前 188 年春，阿凯亚同盟进攻拉凯戴蒙，在孔帕西昂（Compasion）杀死了袭击拉斯的肇事者。

③ Livy, *History of Rome* 39. 36. 5 - 21.

公元前 147 年，麦伽罗波利斯人克利托劳斯（Kritolaos）担当阿凯亚同盟最高执政官，游说同盟内部各城市的民众反抗罗马。公元前 146 年，阿凯亚同盟在科林斯举行同盟大会，克利托劳斯成功劝说阿凯亚同盟与罗马开战，双方爆发战争。最终，罗马打败阿凯亚同盟，将整个伯罗奔尼撒半岛划归马其顿行省。

自公元前 3 世纪末到阿凯亚同盟瓦解，阿卡狄亚各城邦一直都是阿凯亚同盟成员，在对外行动中听从阿凯亚同盟的领导，同时也影响着同盟政策。其中，麦伽罗波利斯发挥着重要作用。

来自麦伽罗波利斯城邦的吕狄亚戴斯、菲罗波伊门、吕科尔塔斯、狄埃奥斯、克利托劳斯等人，相继担任阿凯亚同盟最高执政官，影响着阿凯亚同盟的对外政策。吕狄亚戴斯任职期间，积极鼓动阿凯亚同盟对斯巴达开战，并在阿凯亚同盟中拥有了许多支持者。菲罗波伊门一直坚持反斯巴达政策，领导阿凯亚同盟多次打败斯巴达，即便后来罗马介入斯巴达事务，菲罗波伊门也不曾改变他对斯巴达的立场。面对罗马执政官马库斯·弗拉维乌斯对斯巴达和阿凯亚同盟做出的调解，菲罗波伊门选择无视，执意攻打拉凯戴蒙。吕科尔塔斯也是一位坚定的反斯巴达份子。面对罗马使者阿庇乌斯·克劳迪乌斯·普尔凯尔对阿凯亚同盟在孔帕西昂杀戮斯巴达人的指责，吕科尔塔斯以强硬的态度予以反驳。除这些政治领袖外，麦伽罗波利斯人在阿凯亚同盟对外政策的制定中也发挥作用。公元前 224 年，麦伽罗波利斯人促成了阿凯亚同盟与马其顿的结盟。关于阿卡狄亚地区的其他城邦，文献中几乎未有提及，但由于它们都是阿凯亚同盟的成员，在对外行动中很可能与同盟保持一致。

阿卡狄亚同盟瓦解后，阿卡狄亚各邦先后落入马其顿、阿凯亚同盟以及罗马的控制下，除麦伽罗波利斯外，大多数阿卡狄亚城邦的政治影响力较小。阿卡狄亚城邦的衰落不是一个局部现象，而是整个希腊城邦普遍走向衰退的反映。希腊各城邦之间的竞争使希腊人深陷战争旋涡，整个希腊世界走向混乱无序，最终被罗马征服。

结　语

从古风时代到希腊化时代，阿卡狄亚的地区政治经历了分裂—统一—分裂的演变。公元前6世纪和公元前5世纪，阿卡狄亚城邦尤其是地区性强邦之间矛盾冲突不断，城邦之间的斗争使阿卡狄亚地区一直处于分裂状态。公元前4世纪初，希腊局势的变化，尤其是伯罗奔尼撒半岛掀起的反斯巴达民主改革浪潮，为阿卡狄亚地区的政治统一创造了条件。公元前370年，在泰盖亚和曼提内亚的领导下，阿卡狄亚人建立了其历史上唯一一个地区性国家——阿卡狄亚同盟，由此结束了阿卡狄亚地区长期的分裂。阿卡狄亚同盟成立后，致力于反斯巴达战争，并逐渐成长为伯罗奔尼撒半岛的一个新兴强国。同盟晚期，伯罗奔尼撒同盟的瓦解、埃利斯战争的爆发以及忒拜对阿卡狄亚事务的干涉，诱发并激化了阿卡狄亚同盟内部的矛盾。公元前362年，在多种因素的共同作用下阿卡狄亚同盟瓦解，阿卡狄亚地区重新回到了原先的分裂状态。通过对阿卡狄亚地区从分裂到统一、再从统一到分裂的这一演变过程的细致观察，可以得出以下结论：

第一，特殊的自然地理环境，独特的族群文化属性与族群认同，是阿卡狄亚地区政治演变的基础。

阿卡狄亚位于伯罗奔尼撒半岛中部，被半岛上其他国家包围，是一个相对隔绝孤立的地理、族群和文化单元。高海拔、内部多山的特殊地理环境，从多方面限制了阿卡狄亚地区的经济与社会活动。多山且耕地短缺，制约了阿卡狄亚地区的农业生产。阿卡狄亚虽然以繁荣的畜牧业闻名希腊，但高海拔和冬季的严酷气候也给畜牧带来了不少困难。交错纵横的山脉阻碍了阿卡狄亚内部的交流，使阿卡狄亚各城邦具有很强的独立性，相互之间的联系不足。这些因素成为阿卡狄亚各城邦矛盾对立的经济与社会根源。阿卡狄亚城邦之间经常为了争夺资源和掠夺财富发生战争，地区冲突成为阿卡狄亚地区政治的主题。在特殊时期，团结统一会成为阿卡狄亚地区政治发展的重心，各邦在物质利益上的矛盾冲突在一段时间内会暂时平息，但不会消除，一旦团结统一的需求减弱，各邦会重新投身到利益争夺中。

独特的族群文化属性与族群认同也是影响阿卡狄亚地区政治的重要因素。阿卡狄亚人认为其始祖佩拉斯戈斯是"大地之子"，他们是一支"比月亮还古老"的民族。在此基础上，阿卡狄亚人创造出了一套土生土长的起源神话和祖先谱系，把自己与希腊的其他族群区别开来。阿卡狄亚人使用的方言不同于伯罗奔尼撒半岛的其他地区，这虽然不利于阿卡狄亚人与外界交流，却成为阿卡狄亚族群独特性的一个重要表现。阿卡狄亚人还发展并形成了自己的一套地区神祇崇拜体系，塑造了半人半山羊的潘神形象，编写了与吕凯昂的宙斯相关的人祭和狼人传说，将潘神、戴斯波伊娜分别定义为牧神和动物守护神。在这一过程中，全希腊神宙斯本土化为吕凯昂的宙斯，与之相关的泛希腊神话也被改编成了阿卡狄亚版本，而潘神则从阿卡狄亚本土神蜕变为了泛希腊神。吕凯昂的宙斯和潘神崇拜的不同发展表明宗教的"泛阿卡狄亚性"与"泛希腊性"可以相互转化，但这种转化是有条件的，只有具备了良好适用性的宗教崇拜才会有更好、更稳定的生存和发展空间。宙斯和潘神崇拜因其灵活性和可塑性被赋予了新的身份和地位，它们的发展诠释了泛阿卡狄亚宗教与泛希腊宗教间并存且竞争的关系。这三位神祇的崇拜共同构成了泛阿卡狄亚宗教崇拜体系，同时也成为阿卡狄亚族群认同与地区文化的重要标识。这些共同的文化属性将阿卡狄亚人凝聚为一个整体，同时也促进了阿卡狄亚地区统一认同的形成，这为公元前 4 世纪阿卡狄亚同盟的建立奠定了族群与文化基础。

山脉纵横导致阿卡狄亚人的生存空间被割裂，这使得统一的阿卡狄亚族群被划分为了多个彼此相对独立的次一级族群，而这些次一级族群又可以划分为更小的族群。阿卡狄亚人在拥有共同的阿卡狄亚人身份的同时，有了更具体的族群身份，在拥有统一的阿卡狄亚族群认同的同时，也有了更具体的族群认同。阿卡狄亚地区内部多个相对独立的次一级族群以及与之对应的族群认同的存在，在一定程度上导致了阿卡狄亚地区的城邦经常处于一种彼此独立、各自为政的状态，这使得阿卡狄亚地区在古典时代的大部分时间里一直处于分裂状态。因此，阿卡狄亚地区分裂的政治格局有着深层次的族群与文化原因。

第二，阿卡狄亚地区政治的发展，始终未能摆脱外部因素的影响，大多情况下是一种本能和被动的应激反应。

公元前 4 世纪早期，希腊局势的变动，尤其是伯罗奔尼撒半岛掀起的反斯巴达民主改革浪潮，为阿卡狄亚地区的政治统一创造了条件。公元前 371 年，斯巴达入侵阿卡狄亚，面对外敌斯巴达的威胁，阿卡狄亚人团结起来，建立了阿卡狄亚历史上唯一一个地区性国家——阿卡狄亚同盟。阿卡狄亚同盟成立后，阿卡狄亚人一直致力于反斯巴达战争。同盟早期，阿卡狄亚联合忒拜、埃利斯、阿尔戈斯等国展开了一系列对斯巴达及其盟友的战争，同时积极扩大伯罗奔尼撒半岛上的民主阵营，试图从政治上削弱斯巴达在半岛的影响。在联合忒拜等国反斯巴达的同时，阿卡狄亚同盟还防范和抵制忒拜在伯罗奔尼撒半岛扩大影响。无论是反斯巴达，还是抵制忒拜，阿卡狄亚同盟对外政策的基本立场是确定的，即不让任何势力在伯罗奔尼撒半岛称霸。然而，阿卡狄亚同盟在反对霸权势力的同时，侵犯了埃利斯人的利益，引发了与埃利斯人的战争。阿卡狄亚同盟与埃利斯人的战争以及战争带来的一系列问题，成为引起同盟内部不和的重要诱因。同盟晚期，忒拜干涉阿卡狄亚同盟事务则成为导致同盟迅速瓦解的助燃剂。在外部因素的刺激下，阿卡狄亚同盟的内部矛盾不断激化，公元前 362 年阿卡狄亚同盟正式分裂，阿卡狄亚地区政治的统一格局宣告结束。

同盟瓦解后，阿卡狄亚地区重新回到了原先的分裂状态。分裂后的阿卡狄亚在实力和影响力上都大不如前，先后落入马其顿、阿凯亚同盟以及罗马的控制中，但这并不表示阿卡狄亚影响力的消失，泰盖亚、曼提内亚、麦伽罗波利斯等阿卡狄亚主要城邦继续活跃在历史舞台上。公元前362年以后，泰盖亚、曼提内亚、麦伽罗波利斯基本延续了阿卡狄亚同盟分裂时的对外政策，曼提内亚亲斯巴达，泰盖亚和麦伽罗波利斯反斯巴达。

公元前3世纪中期以后，阿卡狄亚城邦相继加入了当时伯罗奔尼撒半岛上实力最强的国家——阿凯亚同盟，成为阿凯亚同盟的成员。在此后的一个世纪中，阿卡狄亚城邦一直都是阿凯亚同盟的成员，听从阿凯亚同盟的领导和指挥。在此期间，麦伽罗波利斯在阿凯亚同盟中一度占据着重要地位，来自麦伽罗波利斯的政治家对阿凯亚同盟的对外政策产生了重大影响。公元前2世纪早期，阿凯亚同盟与罗马的矛盾不断升级，双方爆发了战争。公元前146年，罗马在与阿凯亚同盟的战争中赢得胜利，阿凯亚同盟瓦解，阿卡狄亚被并入到了罗马的马其顿行省。公元前27年，罗马将伯罗奔尼撒半岛从马其顿行省中拆分出来，改名阿凯亚行省，阿卡狄亚成为阿凯亚行省的构成部分。公元前1世纪时，阿卡狄亚地区的许多城邦都变成了废墟，最终退出了历史舞台。

第三，阿卡狄亚地区"两强而余弱"的格局，使得曼提内亚和泰盖亚的相互关系成为地区政治发展的"晴雨表"。

纵观阿卡狄亚地区从分裂到统一，再从统一到分裂的演变过程，地区性强邦曼提内亚和泰盖亚发挥了重要作用。琉克特拉战役后，曼提内亚和泰盖亚的友好合作是阿卡狄亚同盟得以建立的必要前提。公元前370年至公元前365年，阿卡狄亚同盟取得的对斯巴达及其盟友的一系列军事胜利是在曼提内亚和泰盖亚的领导下实现的。阿卡狄亚同盟发展为伯罗奔尼撒半岛的新兴强国，也是这两个城邦共同推动的结果。同盟晚期，外部因素诱发了阿卡狄亚同盟内部的矛盾不和，但导致同盟分裂的根本原因是阿卡狄亚同盟内部的矛盾，尤其是曼提内亚与泰盖亚的对立。曼提内亚与泰盖亚关系的恶化，直接导致阿卡狄亚同盟分裂为以曼提内亚为首和以泰盖亚为首的两大敌对阵营。

阿卡狄亚同盟的分裂有一定的必然性，因为该同盟仅仅是曼提内亚和泰盖亚这两个地区性强邦主导下的松散的地区政治组织，并没有发展成为足以驾驭阿卡狄亚各邦的政治实体。因此，一旦泰盖亚和曼提内亚这两个主要城邦的相互关系发生变化，必然会影响同盟的命运。短时间内，曼提内亚与泰盖亚虽然实现了友好合作，但对立与竞争始终是两邦关系的主线，这使得阿卡狄亚同盟终究难逃分裂的厄运。

其实，类似曼提内亚与泰盖亚的这种城邦间的竞争，不仅存在于阿卡狄亚地区，还流行于整个希腊世界，其本质是国家间的权力角逐。谋取更多利益、获得更高地位的欲望，使权力角逐成为国家间关系的主要内容，而政治实体的多元化以及伴随产生的利益多元化，则使国家间的交错竞争演变为彼此牵制，达到一种"均势"。国家间的较量从未停止，因而这种"均势"并不稳定。公元前 4 世纪，希腊城邦间的持续混战就是很好的说明。正如汉斯·摩根索（Hans Morgenthau）所总结的，"在时间上和空间上，权力争夺都是普遍存在且经实践证实的。纵观整个历史时代，无论社会、经济和政治状况如何，不可否认的是，国家间的接触发生在权力角逐的过程中。"[1] 无论是曼提内亚、泰盖亚，还是希腊其他地区性强邦，抑或更大范围的希腊邦际关系体系下的国家，都难逃权力争斗的困局。

---

[1] Hans Morgenthau, *Politics among Nations：The Struggle for Power and Peace*, New York：Alfred A. Knopf, 1948, pp. 16 – 17.

参考文献

一 外文文献

1. 古代文本及铭文

Aelian, *De Natura Animalium*, in E. H. Warmington ed., *Aelian: On animals II*, Loeb Classical Library, Cambridge, Massachusetts: Harvad University Press, 1959.

Aelian, *Varia Historia*, in Nigel G. Wilson trans., *Aelian: Historical Miscellany*, Loeb Classical Library, Cambridge, Massachusetts: Harvard University Press, 1997.

Aeschylus, *Persians*, in Alan H. Sommerstein ed., *Aeschylus I: Persians, Seven against Thebes, Suppliants, Prometheus bound*, Loeb Classical Library, Cambridge, Massachusetts: Harvard University Press, 2008.

Aeschylus, *Seven Against Thebes*, in *Aeschylus I: Persians, Seven against Thebes, Suppliants, Prometheus bound*, Loeb Classical Library, Cambridge, Massachusetts: Harvard University Press, 2008.

Aischines, *Against Ctesiphon*, in Charles Darwin Adams trans., *Aeschines: Speeches*, Loeb Classical Library, Cambridge, Massachusetts: Harvard University Press, 1919.

Andocides, *On the Peace*, in *Minor Attic Orators I*, Loeb Classical Library,

Cambridge, Massachusetts: Harvard University Press, 1941.

Apollodorus, *Epitome*, in Apollodorus, *The Library II: Books* 3.10 – *end and Epitome*, Loeb Classical Library, Cambridge, Massachusetts: Harvard University Press, 1921.

Apollodorus, *The Library*, in Apollodorus, *The Library I: Books* 1 – 3.9, Loeb Classical Library, Cambridge, Massachusetts: Harvard University Press, 1921.

Apollonius Rhodius, *Argonautica*, in Apollonius Rhodius, *Argonautica*, Loeb Classical Library, Cambridge, Massachusetts: Harvard University Press, 2008.

Aristophanes, *Plutus*, in N. G. Wilson ed. , *Aristophanea: studies on the text of Aristophanes*, Oxford and New York: Oxford University Press, 2009.

Aristophanes, *Thesmophoriazusae*, in Jeffrey Henderson ed. , *Aristophanes III*, Loeb Classical Library, Cambridge, Massachusetts: Harvard University Press, 2000.

Arrian, *Anabasis Alexandri*, in *Arrian I: Anabasis of Alexander: Books* 1 – 4, Loeb Classical Library, Cambridge, Massachusetts: Harvard University Press, 1976.

Athenaeus, *Deipnosophistae*, in S. Douglas Olson ed. , *Athenaeus I: The learned banqueters: Books I – III.106e*, Loeb Classical Library, Cambridge, Massachusetts: Harvard University Press, 2006.

Callimachus, *Fragment*, in C. A. Trypanis ed. , *Callimachus: Fragments*, Loeb Classical Library, Cambridge, Massachusetts: Harvard University Press, 1958.

Chalcenterus, Didymus, *De Demosthene commenta cum anonymi inm Aristocrateam lexico*, Lipsiae: B. G. Teubneri, 1904.

Clement of Alexandria, *Protrepticus*, in Jeffrey Henderson ed. , *Clement of*

Alexandria, Loeb Classical Library, Cambridge, Massachusetts: Harvard University Press, 1919.

Cornelius Tacitus, *The Annals*, in *Tacitus IV*, Loeb Classical Library, Cambridge, Massachusetts: Harvard University Press, 1937.

Demosthenes, *Second Philippic*, in J. H. Vince trans. , *Demosthenes I: Orations 1 – 17 and 20: Olynthiacs 1 – 3. Philippic 1. On the Peace. Philippic 2. On Halonnesus. On the Chersonese. Philippics 3 and 4. Answer to Philip's Letter. Philip's Letter. On Organization. On the Navy-boards. For the Liberty of the Rhodians. For the People of Megalopolis. On the Treaty with Alexander. Against Leptines*, Loeb Classical Library, Cambridge, Massachusetts: Harvard University Press, 1930.

Demosthenes, *For the Megalopolitans*, in J. H. Vince trans. , *Demosthenes I: Orations 1 – 17 and 20: Olynthiacs 1 – 3. Philippic 1. On the Peace. Philippic 2. On Halonnesus. On the Chersonese. Philippics 3 and 4. Answer to Philip's Letter. Philip's Letter. On Organization. On the Navy-boards. For the Liberty of the Rhodians. For the People of Megalopolis. On the Treaty with Alexander. Against Leptines*, Loeb Classical Library, Cambridge, Massachusetts: Harvard University Press, 1930.

Demosthenes, *On the Crown*, in C. A. Vince and J. H. Vince trans. , *Demosthenes II: Orations 18 – 19: De Corona, De Falsa Legatione*, Loeb Classical Library, Cambridge, Massachusetts: Harvard University Press, 1926.

Demosthenes, *On the False Embassy*, in C. A. Vince and J. H. Vince trans. , *Demosthenes II: Orations 18 – 19: De Corona, De Falsa Legatione*, Loeb Classical Library, Cambridge, Massachusetts: Harvard University Press, 1926.

Dinarchus, *Against Demosthenes*, in J. O. Burtt trans. , *Minor Attic Orators II: Lycurgus, Dinarchus, Demades, Hyperides*, Loeb Classical Library, Cambridge, Massachusetts: Harvard University Press, 1954.

Diodorus Siculus, *The Library of History*, in *Diodorus Siculus II: The Library of History: Books II.* 35 – *IV.* 58, Loeb Classical Library, Cambridge, Massachusetts: Harvard University Press, 1935.

Diodorus Siculus, *The Library of History*, in *Diodorus Siculus III: The Library of History: Books IV.* 59 – *VIII*, Loeb Classical Library, Cambridge, Massachusetts: Harvard University Press, 1939.

Diodorus Siculus, *The Library of History*, in *Diodorus Siculus IV: The Library of History: Books IX* – *XII.* 40, Loeb Classical Library, Cambridge, Massachusetts: Harvard University Press, 1946.

Diodorus Siculus, *The Library of History*, in *Diodorus Siculus V: The Library of History: Books XII.* 41 – *XIII*, Loeb Classical Library, Cambridge, Massachusetts: Harvard University Press, 1950.

Diodorus Siculus, *The Library of History*, in *Diodorus Siculus VI: The Library of History: Books XIV* – *XV.* 19, Loeb Classical Library, Cambridge, Massachusetts: Harvard University Press, 1954.

Diodorus Siculus, *The Library of History*, in *Diodorus Siculus VII: The Library of History: Books XV.* 20 – *XVI.* 65, Loeb Classical Library, Cambridge, Massachusetts: Harvard University Press, 1952.

Diodorus Siculus, *The Library of History*, in *Diodorus Siculus VIII: The Library of History: Books XVI.* 66 – *XVII*, Loeb Classical Library, Cambridge, Massachusetts: Harvard University Press, 1963.

Diodorus Siculus, *The Library of Histories*, in *Diodorus Siculus IX: The Library of History: Books XVIII* – *XIX.* 65, Loeb Classical Library, Cambridge, Massachusetts: Harvard University Press, 1947.

Diodorus Siculus, *The Library of History*, in *Diodorus Siculus XI: The Library of History: Books XXI* – *XXXII*, Loeb Classical Library, Cambridge, Massachusetts: Harvard University Press, 1957.

Diogenes Laertius, *Lives of Eminent Philosophers*, in Diogenes Laertius, *Lives of eminent philosophers I: Books I – III*, Loeb Classical Library, Cambridge, Massachusetts: Harvard University Press, 1972.

Dionysius of Halicarnassus, *Antiquitate Romanae*, in *Dionysius of Halicarnassus I: Roman Antiquities: Books I – II*, Loeb Classical Library, Cambridge, Massachusetts: Harvard University Press, 1937.

Dittenberger, Wilhelm and Purgold, Karl eds. , *Olympia, Vol. V: Die Inschriften von Olympia*, Berlin, 1896.

Dittenberger, Wilhelm ed. , *Inscriptiones Graecae, VII. Inscriptiones Megaridis, Oropiae, Boeotiae*, Berlin, 1892.

Dittenberger, Wilhelm ed. , *Sylloge Inscriptionum Graecarum*, 3rd edition, Leipzig, 1915 – 1924.

Euripides, *Fragment*, in Christopher Collard and Martin Cropp eds and trans. , *Euripides VII: Fragments Aegeus-Meleager*, Loeb Classical Library, Cambridge, Massachusetts: Harvard University Press, 2008.

Euripides, *Ion*, in *Euripides IV: Trojan women, Iphigenia among the Taurians, Ion*, Loeb Classical Library, Cambridge, Massachusetts: Harvard University Press, 1999.

Euripides, *Phoenissae*, in *Euripides V: Helen, Phoenician Women, Orestes*, Loeb Classical Library, Cambridge, Massachusetts: Harvard University Press, 2002.

Eusebius, *Praeparatio evangelica*, in Eusebius, *Eusebii Pamphili Evangelicae Praeparationis Libri XV*, Oxonii and Novi Eboraci: Typographeo Academico, 1903.

Friedrich Hiller von Gaertringen ed. , *Inscriptiones Graecae, V. 2. Inscriptiones Arcadiae*, Berlin, 1913.

Hermippos, *Fragment*, in Douglas E. Gerber ed. , *Greek Iambic Poetry: from the seventh to the fifth centuries B. C. ,* Loeb Classical Library,

Cambridge, Massachusetts: Harvard University Press, 1999.

Herodotus, *The Persian Wars*, in *Herodotus I: Books I – II*, Loeb Classical Library, Cambridge, Massachusetts: Harvard University Press, 1920.

Herodotus, *The Persian Wars*, in *Herodotus II: Books III – IV*, Loeb Classical Library, Cambridge, Massachusetts: Harvard University Press, 1921.

Herodotus, *The Persian Wars*, in *Herodotus III: Books V – VII*, Loeb Classical Library, Cambridge, Massachusetts: Harvard University Press, 1925.

Herodotus, *The Persian Wars*, in *Herodotus IV: Books IIIV – IX*, Loeb Classical Library, Cambridge, Massachusetts: Harvard University Press, 1925.

Hesiod, *Fragment*, in Glenn W. Most ed. , *Hesiod II: The shield, Catalogue of women, Other fragments*, Loeb Classical Library, Cambridge, Massachusetts: Harvard University Press, 2007. *Homeric Hymns*, in Martin L. Weat ed. , *Homeric hymns, Homeric apocrypha, lives of Homer*, Loeb Classical Library, Cambridge, Massachusetts: Harvard University Press, 2003.

Homer, *Illiad*, in Homer, *Iliad I: Books I – XII*, Loeb Classical Library, Cambridge, Massachusetts: Harvard University Press, 1999.

Homer, *Odyssey*, in Homer, *Odyssey I: Books I – XII*, Loeb Classical Library, Cambridge, Massachusetts: Harvard University Press, 1995.

Hondius, Jacob E. ed. , *Supplementum Epigraphicum Graecum*, Vols. 1 – 11, Leiden, 1923 – 1954.

Hyperides, *Against Athenogenes*, in J. O. Burtt trans. , *Minor Attic Orators II: Lycurgus, Dinarchus, Demades, Hyperides*, Loeb Classical Library, Cambridge, Massachusetts: Harvard University Press.

Isocrates, *On the Peace*, in *Isocrates II*, Loeb Classical Library, Cambridge, Massachusetts: Harvard University Press, 1929.

Isocrates, *Plataius*, in *Isocrates III*, Loeb Classical Library, Cambridge, Massachusetts: Harvard University Press, 1945.

Isocrates, *To Philip*, in *Isocrates I*, Loeb Classical Library, Cambridge, Massachusetts: Harvard University Press, 1928.

Jacoby, F. ed. , *Die Fragmente der Griechischen Historiker*, Leiden & New York: E. J. Brill, 1923.

Justinus, *Epitome of Pompeius Trogus' Philippic Histories*, in J. S. Watson, *Justin, Cornelius Nepos, and Eutropius*, London: G. Bell, 1886.

Kirchner, Johannes ed. , *Inscriptiones Graecae II et III*: *Inscriptiones Atticae Euclidis anno posteriores*, 2nd edn. , Berlin, 1913 – 1940.

Kolbe, Walter ed. , *Inscriptiones Graecae*, *V*, 1. *Inscriptiones Laconiae et Messeniae*, Berlin, 1913.

Lambert, Stephen D. ed. , *Inscriptiones Graecae II et III*: *Inscriptiones Atticae Euclidis anno posteriores*, *Part I*, *Leges et decreta. Fasc.* 2, *Leges et decreta annorum* 352/1 – 322/1, Berlin, 2012.

Livy, *History of Rome*, in Frank Gardner Moore trans. , *Livy VII*: *Books XXVI – XXVII*, Loeb Classical Library, Cambridge, Massachusetts: Harvard University Press, 1943.

Livy, *History of Rome*, in Frank Gardner Moore trans. , *Livy VIII*: *Books XXVIII – XXX*, Loeb Classical Library, Cambridge, Massachusetts: Harvard University Press, 1949.

Livy, *History of Rome*, in Evan T. Sage trans. , *Livy IX*: *Books XXXI – XXXIV*, Loeb Classical Library, Cambridge, Massachusetts: Harvard University Press, 1935.

Livy, *History of Rome*, in Evan T. Sage trans. , *Livy X*: *Books XXXV – XXXVII*, Loeb Classical Library, Cambridge, Massachusetts: Harvard University Press, 1958.

Livy, *History of Rome*, in Evan T. Sage trans. , *Livy XI: Books XXXVIII –
　　XXXIX*, *Loeb Classical Library*, *Cambridge*, *Massachusetts: Harvard
　　University Press*, 1936.

Longus, *Daphnis et Chloe*, in Jeffrey Henderson ed. , *Longus*, *Xenophon of
　　Ephesus*, Loeb Classical Library, Cambridge, Massachusetts: Harvard
　　University Press, 1916.

Lucian, *Dialogi deorum*, in *Lucian VII*, Loeb Classical Library, Cam-
　　bridge, Massachusetts: Harvard University Press, 1961.

Lucian, *Dialogi mortuorum*, in *Lucian VII*, Loeb Classical Library, Cam-
　　bridge, Massachusetts: Harvard University Press, 1961.

McKechnie, P. and Kern, S. J. eds. , *Hellenica Oxyrhynchia*, Warminster:
　　Aris & Phillips, 1988.

Menander, *Dyskolos*, in W. G. Arnott ed. , *Menader I*, Loeb Classical Li-
　　brary, Cambridge, Massachusetts: Harvard University Press, 1979.

Muller, C. ed. , *Fragmenta Historicorum Graearum*, Parisius: A Firmin
　　Didot, 1841 – 1870.

Nonnos, *Dionysiaca*, in *Nonnos I*, Loeb Classical Library, Cambridge,
　　Massachusetts: Harvard University Press, 1940.

Nonnos, *Dionysiaca*, in *Nonnos II*, Loeb Classical Library, Cambridge,
　　Massachusetts: Harvard University Press, 1940.

Ovid, *Fasti*, in G. P . Goold rev. , *Ovid V*, Loeb Classical Library, Cam-
　　bridge, Massachusetts: Harvard University Press, 1989.

Pausanias, *Description of Greece*, in Pausanias, *Description of Greece: Book
　　III – V*, Loeb Classical Library, Cambridge, Massachusetts: Harvard
　　University Press, 1926.

Pausanias, *Description of Greece*, in Pausanias, *Description of Greece: Book
　　VIII. 22 – X*, Loeb Classical Library, Cambridge, Massachusetts:
　　Harvard University Press, 1935.

Pausanias, *Description of Greece*, in Pausanias, *Description of Greece*: *Books I – II*, Loeb Classical Library, Cambridge, Massachusetts: Harvard University Press, 1918.

Pausanias, *Description of Greece*, in Pausanias, *Description of Greece*: *Books VI – VIII.* 21, Loeb Classical Library, Cambridge, Massachusetts: Harvard University Press, 1933.

Petrus Allanus Hansen ed. , *Carmina Epigraphica Graeca Saeculi IV A. Chr. N.* , Berlin and New York: de Gruyter, 1989.

Pindar, *Fragment*, in William H. Race ed. , *Pindar II*, Loeb Classical Library, Cambridge, Massachusetts: Harvard University Press, 1997.

Pindar, *Olympian Odes*, in *Pindar I*: *Olympian Odes*, *Pythian Odes*, Loeb Classical Library, Cambridge, Massachusetts: Harvard University Press, 1997.

Plato, *Cratylus*, in *Plato IV*, Loeb Classical Library, Cambridge, Massachusetts: Harvard University Press, 1926.

Plato, *Minos*, in *Plato XII*: *Charmides*, *Alcibiades I and II*, *Hipparchus*, *The Lovers*, *Theages*, *Minos*, *Epinomis*, Loeb Classical Library, Cambridge, Massachusetts: Harvard University Press, 1927.

Plato, *Republic*, in *Plato V*, Loeb Classical Library, Cambridge, Massachusetts: Harvard University Press, 1930.

Plato, *Republic*, in *Plato VI*: *Republic*: *Books VI – X*, Loeb Classical Library, Cambridge, Massachusetts: Harvard University Press, 1935.

Pleket, Henry W. and Stroud, Ronald S. eds. , *Supplementum Epigraphicum Draecum*, *Vols.* 26 – 41, Amsterdam, 1979 – 1994.

Plutarch, *Demosthenes*, in *Plutarch VII*: *Demosthenes and Cicero*, *Alexander and Caesar*, Loeb Classical Library, Cambridge, Massachusetts: Harvard University Press, 1919.

Plutarch, *Agesilaus*, in *Plutarch V*: *Agesilaus and Pompey*, *Pelopidas and*

Marcellus, Loeb Classical Library, Cambridge, Massachusetts: Harvard University Press, 1917.

Plutarch, *Aratus*, in *Plutarch XI*: *Aratus*, *Artaxerxes*, *Galba*, *Otho*, Loeb Classical Library, Cambridge, Massachusetts: Harvard University Press, 1926. Massachusetts: Harvard University Press, 1919.

Plutarch, *Demetrius*, in *Plutarch IX*: *Demetrius and Antony*, *Pyrrhus and Caius Marius*, Loeb Classical Library, Cambridge, Massachusetts: Harvard University Press, 1920.

Plutarch, *Lysander*, in *Plutarch IV*: *Alcibiades and Coriolanus*, *Lysander and Sulla*, Loeb Classical Library, Cambridge, Massachusetts: Harvard University Press, 1916.

Plutarch, *Philopoemen*, in *Plutarch X*: *Agis and Cleomenes*, *Tiberius and Caius Gracchus*, *Philopoemen and Titus Flaminius*, Loeb Classical Library, Cambridge, Massachusetts: Harvard University Press, 1921.

Plutarch, *Vitae decem oratorum*, in *Plutarch*: *Moralia X*, Loeb Classical Library, Cambridge, Massachusetts: Harvard University Press, 1936.

Polyainos, *Strategemata*, in R. Shepherd trans. , *Polyaeus's*: *Stratagems of War*, London: printed for George Nicol, 1793.

Polybius, *The Histories*, in *Polybius I*: *Books* 1 – 2, Loeb Classical Library, Cambridge, Massachusetts: Harvard University Press, 1922.

Polybius, *The Histories*, in *Polybius II*: *Books* 3 – 4, Loeb Classical Library, Cambridge, Massachusetts: Harvard University Press, 1922.

Polybius, *The Histories*, in *Polybius III*: *Books* 5 – 8, Loeb Classical Library, Cambridge, Massachusetts: Harvard University Press, 1923.

Polybius, *The Histories*, in *Polybius IV*: *Books* 9 – 15, Loeb Classical Library, Cambridge, Massachusetts: Harvard University Press, 1925.

Polybius, *The Histories*, in *Polybius V*: *Books* 16 – 27, Loeb Classical Library, Cambridge, Massachusetts: Harvard University Press, 1926.

Polybius, *The Histories*, in *Polybius VI*: *Books* 28 – 39, Loeb Classical Library, Cambridge, Massachusetts: Harvard University Press, 1927.

Porphyry, *On abstinence from animal food*, in Thomas Taylor ed. , *Select works of Porphyry*: *containing his four books On abstinence from animal food*, *his treatise On the Homeric cave of the nymphs*, *and his Auxiliaries to the perception of intelligible natures*, London: T. Rodd, 1823.

Quintus Curtius, *Historiarum Alexandri Magni*, in J. C. Rolfe trans. , *Quintus Curtius I*: *History of Alexander*: *Books* 6 – 10, Loeb Classical Library, Cambridge, Massachusetts: Harvard University Press, 1946.

Rhodes, P. J. and Osborne, Robin eds. , *Greek Historical Inscription*, 404 – 323 *B. C.* , New York: Oxford University Press, 2007.

Scholia in Aeschinem, in Mervin R. Dilts ed. , *Scholia in Aeschinem*, Stutgardiae: B. G. Teubner, 1992.

Simonides, *Epigrams*, in David A. Campbell ed. , *Greek Lyric III*, Loeb Classical Library, Cambridge, Massachusetts: Harvard University Press, 1991.

Sophocles, *Oedipus at Colonus*, in *Sophocles II*: *Antigone*, *The women of Trachus*, *Philoctetes*, *Oedipus at Colonus*, Loeb Classical Library, Cambridge, Massachusetts: Harvard University Press, 1994.

Strabo, *Geographica*, in Strabo, *Geography*: *Books* 8 – 9, Loeb Classical Library, Cambridge, Massachusetts: Harvard University Press, 1927.

Theocritus, *Idyllia*, in *Greek Bucolic Poets*, Loeb Classical Library, Cambridge, Massachusetts: Harvard University Press, 1912.

Theophrastus, *Historia Plantarum*, in *Theophrastus*: *Enquiry into Plants*: *Books I – V*, Loeb Classical Library, Cambridge, Massachusetts: Harvard University Press, 1916.

Theophrastus, *De lapidibus*, in D. E. Eichholz ed. , *Theophrastus*: *De lapidibus*, Oxford: Clarendon Press, 1965.

Thucydides, *History of The Peloponnesian War*, in *Thucydides I*: *Books I – II*, Loeb Classical Library, Cambridge, Massachusetts: Harvard University Press, 1919.

Thucydides, *History of The Peloponnesian War*, in *Thucydides II*: *Books III – IV*, Loeb Classical Library, Cambridge, Massachusetts: Harvard University Press, 1920.

Thucydides, *History of The Peloponnesian War*, in *Thucydides III*: *Books V – VI*, Loeb Classical Library, Cambridge, Massachusetts: Harvard University Press, 1921.

Thucydides, *History of The Peloponnesian War*, in *Thucydides IV*: *Books VII – VIII*, Loeb Classical Library, Cambridge, Massachusetts: Harvard University Press, 1923.

Tod, M. N. ed. , *A Selection of Greek Historical Inscriptions*, Oxford: Clarendon Press, 1948.

Virgil, Eclogues, *in* G. P. Goold Rev. ed. , *Virgil I*: *Eclogues*, *Georgics*, *Aeneid Books I – VI*, Loeb Classical Library, Cambridge, Massachusetts: Harvard University Press, 1999.

Xenophon, *Anabasis*, in *Xenophon III*: *Anabasis*, Loeb Classical Library, Cambridge, Massachusetts: Harvard University Press, 2001.

Xenophon, *Hellenica*, in *Xenophon I*: *Hellenica*: *Books I – IV*, Loeb Classical Library, Cambridge, Massachusetts: Harvard University Press, 1918.

Xenophon, *Hellenica*, in *Xenophon II*: *Hellenica*: *Books V – VII*, Loeb Classical Library, Cambridge, Massachusetts: Harvard University Press, 1921.

2. 著作

Beck, Hans, *A Companion to Ancient Greek Government*, Wiley-Blackwell, 2013.

Beck, Hans, *Polis und Koinon Untersuchungen Zur Geschichte Und Struktur Der Griechischen Bundesstaaten Im 4. Jh. V. Chr*, 1997.

Beloch, K. J., *Griechische Geschiche*, 2nd ed., Berlin and Leipzig, 1922 – 1931.

Beloch, K. J., *Historische Beiträge zur Bevölkerungslehre*, *Vol. I Die bevölkerung der griechisch-römischen Welt*, Leipzig: Duncker & Humblot, 1886.

Bieber, M., *The History of the Greek and Roman Theater*, Princeton, 1961.

Bjune, A. E., Overland, A. and Krzywinski, K., *Palynological Investigations of the Athena Alea Temple in Tegea*, *Greece. Report from a Preliminary Study of a Profile North of the Sanctuary*, University of Bergen, 1997.

Bonnechere, P., *Le sacrifice human en Grèce ancienne*, Presses universitaires de Liège, 1994: 85 – 96.

Borgeaud, Phillip, *The Cult of Pan in Ancient Greece*, K. Atlass and J. Redfield trans., University of Chicago Press, 1988.

Brock, Roger and Hodkinson, Stephen eds., *Alternatives to Athens: Varieties of Political Organization and Community in Ancient Greece*, Oxford: Oxford University Press, 2002.

Buckler, John and Beck, Hans, *Central Greece and the Politics of Power in the Fourth Century B. C.*, New York: Cambridge University Press, 2008.

Burkert, Walter, *Homo Necans: The Anthropology of Ancient Greek Sacrificial Ritual and Myth*, California: University of California Press, 1983.

Cooper, F. A., *The Temple of Apollo Bassitas*, *Vol. 1: The Achitecture*, Princeton: American School of Classical Studies at Athens, 1996.

Cramer, J. A. rev., *A Geographical and Historical Description of Ancient Greek*, *with a Map, and a Plan of Athens*, *Vol. III*, Oxford: Clarendon Press, 1828.

Creuzer, F. , *Symbolik und Mythologie der alten Völker, besonders der Griechen*, Vol. 3, Leipzig and Darmstadt: C. W. Leske, 1841.

Fougeres, G. , *Mantinee et l'Arcadie Orientale*, Paris: Fonte-moing, 1989.

Frazer, James G. , *The Golden Bough: A Study of Magic and Religion*, London: Macmillan and Co. , 1900.

Gardner, Ernest A. et al, *Excavations at Megalopolis*, 1890 – 1891, London: Pub. by the Council, 1892.

Gimbutas, M. , *The Kurgan Culture and the Indo – Europeanization of Europe: selected articles from 1952 to 1993*, Washington D. C. : Institute for the Study of Man, 1997.

Glotz, Gustave, *The Greek City*, New York: Barnes and Noble, 1965.

Gruppe, O. , *Griechische mythologie und religionsgeschichte*, Beck, 1902.

Hall, Jonathan M. , *Ethnic Indentity in Greek Antiquity*, Cambridge: Cambridge University Press, 1997.

Hansen, Mogens Herman and Nielsen, Thomas Heine eds. , *An Inventory of Archaic and Classical Poleis*, Oxford: Oxford university Press, 2004.

Head, Barclay Vincent, *Historia Numorum: A Manual of Numismatics*, Oxford University Press, 1911.

Hellmann, M. C. , *Recherches sur le vocabulaire de l'architecture grecque, d'après les inscriptions de Délos*, Vol. 278, Ecole française d'Athènes, 1992.

Hicks, E. L. and Hill, G. F. eds. , *A Manual of Greek Historical Inscriptions*, Oxford: Clarendon Press, 1901.

Hiersche, Rolf, *Grundzüge der griechischen Sprachgeschichte bis zur klassischen Zeit*, Wiesbaden: Reichert, 1970.

Higgins, M. and Higgins, R. , *A Geological Companion to Greece and the Aegean*, London, 1996.

Hughes, Dennis D., *Human Sacrifice in Ancient Greece*, London and New York: Routledge, 1991.

Jost, Madeleine, *Sanctuaires et Cultes d'Arcadie* (École française d'Athènes: Études péloponnésiennes 9), Paris: Librairie Philosophique J. Vrin, 1985.

Kraay, C. M., *Archaic and Classical Greek Coins*, London: Methuen, 1976.

Larson, J. A. O., *Greek Federal States*, Oxford: Clarendon Press, 1968.

Lauer, J. F., *System der griechischen Mythologie*, Berlin, 1853.

Launey, M., *Recherches sur les armées hellénistiques*, réimpression avec addenda et mise ã jour, en postface, par Y. Garlan, P. Gauthier & C. Orrieux, Paris, 1987.

Lauter, H., *Die Architektur des Hellenismus*, Oarmstadt, 1986.

Lintott, Andrew, *Violence, Civil Strife and Revolution in the Classical City, 750 – 330 B. C.*, New York: Croom Helm, 1982.

Manni, Eugenio, *Demetrio Poliorcete*, Rome: Angelo Signorelli, 1951.

McDonald, William Andrew, *The Political Meeting Places of the Greeks*, Baltimore: Johns Hopkins Press, 1943.

Miller, D. Gary, *Ancient Greek Dialects and Early Authors*, Göttingen: Hubert & Co. Gmbh & Co. KG, 2014.

Müller, C. O., *The History and Antiquities of the Doric Race*, H. Tufnell and G. C. Lewis trans., Oxford: Oxford University Press, 1830.

Nielsen, Thomas Heine and Roy, James eds., *Defining Ancient Arkadia: symposium*, April, 1 – 4 1998, Acts of the Copenhagen Polis Centre Vol. 6, Copenhagen: [Munksgaard], 1999.

Nielsen, Thomas Heine, *Arcadia and its poleis in the Archaic and Classical Periods*, Göttingen: Vandenhoeck & Ruprecht, 2002.

Ogden, Daniel, *A Companion to Greek Religion*, Blackwell Publishing, 2007.

Parke, Herbert William, *Greek Mercenary Soldiers from the Earliest Times to the Battle of Ipsus*, Oxford: Clarendon Press, 1933.

Pelon, O., *Tholoi, Tumuliet Cercles Funeraires: Recherches sur lesmonumentsfuneraires de plan circulaire dan l'Égée de l'âge du Bronze (IIIe et IIe millenairesav. J. - C.)*, Paris: Écolefrançaise d'Athènes, 1976.

Pritchett, W. K., *The Greek State at War V*, University of California Press, 1991.

Pritchett, W. K., *Studies in Ancient Greek Topography*, University of California Press, 1969.

Rhodes, P. J., *A History of the Classical Greek World*, 478 – 323 B. C., Blackwell Publishing, 2006.

Ruijgh, Cornelis Jord, *études sur la grammaire et le vocabulaire du grec mycénien*, Amsterdam: Hakkert, 1967.

Sealey, R., *A History of the Greek City States 700 – 338 B. C.*, London: University of California Press, 1976.

Seebohm, Hugh E., *On the Structure of Greek Tribal Society*, London: Macmillan and Co., 1895.

Seltman, C., *Greek Coins*, London: Methuen, 1955.

Shilpey, Graham, *The Greek World After Alexander 323 – 30 B. C.*, London and New York: Routledge, 2000.

Smith, Anthony D., *The Ethnic Origin of Nations*, Oxford: Basil Blackwell, 1986.

Tarn, W. W., *Antigonus Gonatas*, Oxford, 1913.

Usener, Hermann, *Götternamen: Versuch einer Lehre von der religiösen Begriffsbildung*, Bonn: F. Cohen, 1896.

Walbank, F. W., *Aratos of Sicyon*, Cambridge: Cambridge University Press, 1933.

Williams, Roderick T., *The Confederate Coinage of the Arcadians in the*

Fifth Century, New York: America Numismatic Society, 1965.

3. 学位论文

Berkey, D. L. , "The Struggle for Hegemony: Greek Interstate Politics and Foreign Policy, 404 – 371 B. C. ", Ph. D. diss. , New Haven: Yale University, 2001.

DeVoto, James G. , "Agesilaos II and the Politics of Sparta, 404 – 377 B. C. ", Ph. D. diss. , Loyola University of Chicago, 1982.

Hoover, Karen R. , "A Political History of Megalopolis and the Arcadian Federation, 370 – 361 B. C. ", M. A. thesis. , Duquesne University, 1990.

Piper, Linda Jane, "A History of Sparta: 323 – 146 B. C. ", Ph. D. diss. , The Ohio State University, 1966.

Trundle, Matthew Freeman, "The Classical Greek Mercenary and his Relationship to the Greek Polis", Ph. D. diss. , McMaster University, 1996.

4. 期刊论文

Bather, A. G. , "The Development of the Plan of the Thersilion", *The Journal of Hellenic Studies*, Vol. 13, 1892: 328 – 337.

Benzi, M. , Graziadio, G. and Boschian, G. , "The Last Mycenaeans in Italy? Late LH IIIC Pottery from Punta Meliso, Leuca", *SMEA*, 38, 1996: 95 – 128.

Bolanacchi-Condoléon, E. , "Megarou Episkepsis I", *Horos*, Vol. 10 – 12, 1992 – 1998: 473 – 490.

Burke, Edmund M. , "Athens after the Peloponnesian War: Restoration Efforts and the Role of Maritime", *Classical Antiquity*, Vol. 9, No. 1, 1990: 1 – 13.

Bury, J. B. , "The Double City of Megalopolis", *The Journal of Hellenic Studies*, Vol. 18, 1898: 15 – 22.

Campbell, Sh., "The Cistercian Monastery of Zaraka", *EchCl*, 16, 1997: 177 – 196.

Cawkwell, G. L., "The Foundation of the Second Athenian Confederacy", *The Classical Quarterly*, Vol. 23, No. 1, 1973: 47 – 60.

Dickins, Guy and Kourouniotis, K., "Damophon of Messene: II", *The Annual of the British school at Athens*, Vol. 13, 1907: 357 – 404.

Dickins, Guy, "Damophon of Messene III", *The Annual of the British School at Athens*, Vol. 17, 1910/1911: 80 – 87.

Dickins, Guy, "Damophon of Messene", *The Annual of the British School at Athens*, Vol. 12, 1905/1906: 109 – 136.

Durie, E., "Les fonctions sacerdotales au sanctuaire de Despina à Lykosoura-Arcadie", *Horos*, 2, 1984: 137 – 147.

Forsen, B., "Population and Political Strength of Some Southeastern Arkadian Poleis", Pernille Flensted-Jensen ed., *Further Studies in the Ancient Greek Polis*, Stuttgart: Franz Steiner, 2000: 35 – 55.

Foucart, Paul, "Une inscription inédite copiée à Tégée en 1868", *Comptes rendus des séances de l'Académie des Inscriptions et Belles-Lettres*, Vol. 3, No. 1, 1869: 99 – 100.

Gruen, Erich S., "Aratus and the Achaean Alliance with Macedon", *Historia*, 21, 1972: 609 – 625.

Hanson, Victor, "Epameinondas, the Battle of Leuktra (371 B. C.), and the 'Revolution' in Greek Battle Tactics", *Classical Antiquity*, Vol. 7, 1988: 190.

Harding, Ph. and Williams, H., "Funerary Inscriptions from Stymphalos", *ZPE*, 93, 1992: 57 – 66.

Hodkinson, Stephen and Hodkinson, Hilary, "Mantineia and the Mantinike: Settlement and Society in the Greek Polis", *The Annual of the British School at Athen*, Vol. 76, 1981: 239 – 396.

Hodkinson, Stephen, "Animal Husbandry in the Greek Polis", in C. R. Whittaker ed. , *Pastoral Economies in Classical Antiquity*, Cambridege: The Cambridge Philological Society, 1988: 35 – 74.

Hüls, C. M. , Erlenkeuser, H. , Nadeau, M. J. , Grootes, P. M. and Andersen, N. , "Experimental Study on the Origin of Cremated Bone Apatite Carbon", *Radiocarbon*, Vol. 55, No. 2 – 3, 2013: 501 – 513.

Jahn, O. , "Über Lykoreus", in *Berichte über die Verhandlungen der königlich sächsischen Gesellschaft der Wissenschaften zu Leipzig*, Leipzig: Weidmann'sche Buchhandlung, 1848: 416 – 430.

Jenkyns, Richard, "Virgil and Arcadia", *The Journal of Roman Studies*, Vol. 79, 1989: 26 – 39.

Jost, Madeleine, "Deux mythes de métamorphose en animal et leurs interprétations: Lykaon et Kallisto", *Kernos: Revue internationale et pluridisciplinaire de religion grecque antique*, Vol. 18, 2005: 347 – 370.

Jost, Madeleine, "Mystery Cults in Arcadia", in Michael B. Cosmopoulos ed. , *Greek Mysteries: The Archaeology and Ritual of Ancient Greek Secret Cult*, London and New York: Routledge, 2003: 157 – 164.

Judeich, W. , "Athen und Theben vom Königsfrieden bis zur Schlacht bei Leuktra", *Rheinisches Museum*, 76, 1927: 171 – 197.

Kagan, Donald, "The Economic Origins of the Corinthian War (395 – 387 B. C.)", *La Parola del Passato*, 1961: 321 – 342.

Kourouniotes, K. , "To en Lukosoura Megaron tes Despoines", *ArchEph*, 1912: 142 – 161.

Kourouniotes, K. , "Ἀνασκαφαὶ Λυκαίου", *ArchEph*, 1904: 152 – 214.

Krasilnikoff, J. A. , "The Regular Payment of Aegean Mercenaries in the Classical Period", *ClMed*, 44, 1993: 77 – 95.

Larsen，J. A. O.，"The Aetolian-Achaean Alliance of CA. 238 – 220 B. C. " *Classical Philology*，Vol. 70，1975：159 – 172.

Lolos，Y.，"The Hadrianic Aqueduct at Stymphalos"，*Hesperia*，66，1997：271 – 314.

McQueen，E. I.，"Some Notes on the Anti – Macedonian Movement in the Peloponnese in 331 B. C. "，*Historia：Zeitschrift für Alte Geschichte*，Bd. 27，H. 1，1978：40 – 64.

Mitsos，M.，"Inscriptions de Stymphalos"，*REG*，59 – 60，1946 – 47：150 – 314.

Mylonas，G.，"The Lykaian Altar of Zeus"，in *Classical Studies in Honor of W. A. Oldfather*，Urbana：University of Illinois Press，1943：122 – 133.

Nielsen，Thomas Heine，"Arcadia：City-Ethnics and Tribalism"，in M. H. Hansen and K. Raaflaub eds.，*More Studies in the Ancient Greek Polis*，Stuttgart：Franz Steiner，1996：117 – 163.

Nielsen，Thomas Heine，"Was There Arkadian Confederacy in the Fifth Century B. C. ?" in M. H. Hansen and K. Raaflaub eds.，*More Studies in the Ancient Greek Polis*，Stuttgart：Franz Steiner，1996：39 – 62.

Orlandos，A.，"Ἀνασκαφαὶ Στυμφάλου"，*Prakt*，1928：120 – 123.

Orlandos，A.，"Ἀνασκαφαὶ ἐν Στυμφάλῳ（1925）"，*Prakt*，1925：51 – 55.

Orlandos，A.，"Ἀνασκαφαὶ ἐν Στυμφάλῳ"，*Prakt*，1926：131 – 139.

Orlandos，A.，"Ἀνασκαφαὶ ἐν Στυμφάλῳ"，*Prakt*，1927：53 – 56.

Orlandos，A.，"Ἐργασίαἐν Στυμφάλῳ"，*Prakt*，1929：92.

Orlandos，A.，"Ἀνασκαφαὶ ἐν Στυμφάλῳ"，*Prakt*，1922 – 24：117 – 123.

Parker，Holt N.，"The Linguistic Case for Aiolian Migration Reconsidered"，*Hesperia*，77：431 – 464.

Psoma，S.，"Ἀρκαδικόν"，*Horos*，13，1999：81 – 96.

Richter, Gisela M. A. , "Recent Acquisitions by the Metopolitan Museum of Art", *American Journal of Archaeoligy*, Vol. 43, No. 2, 1939: 189 – 201.

Risch, E. , "La posizione del dialetto dorico", in D. Musti ed. , *Le origini dei Greci: Dori e mondo egeo*, 1985: 13 – 35.

Roberts, Jennifer Tolbert, "The Athenian Conservatives and the Impeachment Trials of the Corinthian War", *Hermes*, 108. Bd. , H. 1, 1980: 100 – 114.

Roebuck, Carl, "The Settlements of Philip II with the Greek States in 338 B. C. ", *Classical Philology*, Vol. 43, 1948: 73 – 92.

Romano, D. G. , "A New Topographical and Architectural Survey of the Sanctuary of Zeus at Mt. Lykaion", in E. Østby ed. , *Ancient Arcadia: Papers from the Third International Seminar on Ancient Arcadia, Held at the Norwegian Institute at Athens*, 7 – 10 *May*, 2002, Athens: Norwegian Institute at Athens, 2005: 381 – 391.

Roy, James, "Agis II of Sparta at Heraea in 400 B. C. ", *The Classical Quarterly*, Vol. 59, 2009: 437 – 443.

Roy, James, "Arcadian Nationality as Seen in Xenophon's ' Anabasis ' ", *Mnemosyne*, Vol. 25, 1972: 129 – 136.

Roy, James, "On Seeming Backward: How the Arkadians Did It", in S. D. Lambert ed. , *Sociable Man: Essays on Ancient Greek Social Behaviour in Honour of Nick Fisher*, Swansea, 2011: 67 – 85.

Roy, James, "Orchomenus and Clitor", *The Classical Quarterly*, Vol. 22, 1972: 78 – 80.

Roy, James, "The Mercenaries of Cyrus", *Historia*, 16, 1967: 287 – 323.

Roy, James, "The Urban Layout of Megalopolis in its Civic and Confederate Context", *British School at Athens Studies*, Vol. 15, 2007: 289 –

295.

Ryder, T. T. B. , "Athenian Foreign Policy and the Peace-Conference at Sparta in 371 B. C. ", *The Classical Quarterly*, Vol. 13, No. 2, 1963: 237 – 241.

Salavoura, Eleni, "Μυκηναϊκή Αρκαδία: Αποτίμηση των γνώσεών μας", in Erik Østby ed. , *Ancient Arcadia*, Athen: The Norwegian Institute, 2005: 35 – 48.

Sanders, G. D. R. and Whitbread, I. K. , "Central Places and Major Roads in the Peloponnese", *The Annual of the British School at Athens*, Vol. 85, 1990: 333 – 361.

Schmidt, Katrin, "The Peace of Antalcidas and the Idea of the Koine Eirene. A Panhellenic Peace Movement", *Revue Internationale des droits de l'Antiquité*, 46, 1999: 81 – 96.

Seager, Robin, "The King's Peace and the Balance of Power in Greece, 386 – 362 B. C. ", *Athenaeum*, Vol. 52, 1974: 36 – 63.

Simpson, R. H. , "Antigonus, Polyperchon and the Macedonian Regency", *Historia: Zeitschrift für Alte Geschichte*, Bd. 6, H. 3, 1957: 371 – 373.

Smyth, Herbert Weir, "The Arcado-Cyprian Dialect", *American Philological Association* (1869 – 1896), Vol. 18, 1887: 59 – 133, 158 – 159.

Starkovich, B. M. , Forthcoming. Appendix 5: Mt. Lykaion preliminary faunal report, in D. G. Romano and M. E. Voyatzis eds. , Mt. Lykaion Excavation and Survey Project Part 1: Upper Sanctuary: Preliminary Report 2004 – 2010, *Hesperia: The Journal of the American School of Classical Studies at Athens*, Vol. 83, No. 4, 2014: 569 – 652.

Starkovich, B. M. , Hodgins, G. W. L. , Voyatzis, Mary E. and Romano, David Gilman "Dating Gods: Radiocarbon Dates from the Sanctuary of

Zeus on Mt. Lykaion (Arcadia, Greece)", in A. J. T. Jull and C. Hatté eds. , *Proceedings of the* 21*th International Radiocarbon Conference*, Vol. 55, No. 2 –3, 2013: 501 –513.

Steel, Louise, "The Social Impact of Mycenaean Imported Pottery in Cyprus", *The Annual of the British School at Athens*, Vol. 93, 1998: 285 –296.

Strauss, Barry S. , "Thrasybulus and Conon: A Rivalry in Athens in the 390s B. C. ", *The American Journal of Philology*, Vol. 105, No. 1, 1984: 37 –48.

Syriopoulos, C. T. , "The Homeric 'Windy Enispe': A Prehistoric Settlement in North-Western Arcadia near the River Ladon", *The Annual of the British School at Athens*, Vol. 68, 1973: 193 –205.

Wallace, W. P. , "Kleomenes, Marathon, the Helots, and Arkadia", *The Journal of Hellenic Studies*, Vol. 74, 1954: 32 –35.

Wheeler, E. , "Hoplomachia and Greek Dances in Arms", *Greek, Roman and Byzantine Studies*, 23, 1982: 223 –233.

Williams, H. , Schaus, G. and Cronkite Price, S. -M. , "Excavations at Stymphalos, 1995", *EchCl*, 15, 1996: 75 –98.

Williams, H. , "Investigations at Ancient Stymphalos", *EchCl* 2, 1983: 194 –205.

Williams, H. , "Investigations at Ancient Stymphalos", *EchCl* 3, 1984: 174 –186.

Williams, H. , "Investigations at Ancient Stymphalos", *EchCl* 4, 1985: 194 –205.

Williams, H. and Schaus, G. , "The Sanctuary of Athena at Ancient Stymphalos", in S. Deacy and A. Villing eds. , *Athena in the Classical World*, Leiden, 2000: 75 –94.

Williams, H. and S. -M. Cronkite Price, "Excavations at Stymphalos, 1994",

EchCl，14，1995：1 – 22.

Williams, H., et al., "Excavations at Stymphalos, 1996", *EchCl*, 16, 1997：23 – 73.

Williams, H., et al., "Excavations at Stymphalos, 1997", *EchCl*, 17, 1998：261 – 319.

Williams, H., et al., "Excavations at Stymphalos, 1999 – 2002", *Mouseion*, 2, 2003：135 – 187.

Woodhouse, W. J., "The Campaign and Battle of Mantineia in 418 B. C. ", *The Annual of the British School at Athens*, Vol. 22, 1918：51 – 84.

二 词典工具

Cancik, Hubert and Schneider, Helmuth eds., *Brill's New Pauly：Encyclopaedia of the Ancient World*, Leiden-Boston：Brill Academic Publishers, 2007, 2009.

Hammomd, N. G. L. and Scullard, H. H. eds., *The Oxford Classical Dictionary*, New York：Oxford University Press, 1996.

三 中文文献

1. 著作

［古希腊］阿里安：《亚历山大远征记》，［英］E. 伊利夫·罗布逊英译，李活译，商务印书馆 2010 年版。

［古希腊］柏拉图：《柏拉图全集》，王晓朝译，人民出版社 2014 年版。

顾准：《希腊城邦制度》，中国社会科学出版社 1982 年版。

［英］简·艾伦·赫丽生：《希腊宗教研究导论》，谢世坚译，广西师

范大学出版社 2006 年版。

［古希腊］普鲁塔克：《希腊罗马名人传（上册)》，陆永庭、吴彭鹏等译，商务印书馆 2010 年版。

孙晶晶：《古希腊的社会文化与城邦同盟》，上海三联书店出版社 2011 年版。

［古罗马］维吉尔：《牧歌》，杨宪益译，上海人民出版社 2015 年版。

［古希腊］希罗多德：《希腊波斯战争史》，王以铸译，商务印书馆 2010 年版。

［古希腊］修昔底德：《伯罗奔尼撒战争史》，谢德风译，商务印书馆 2010 年版。

晏绍祥：《古典历史研究史（上下卷)》，北京大学出版社 2013 年版。

2. 学位论文

胡琳：《埃托利亚同盟的早期发展》，硕士学位论文，华中师范大学，2012 年。

杨婵：《希腊化时代的阿卡亚同盟研究》，硕士学位论文，山西师范大学，2014 年。

3. 期刊论文

蔡丽娟、徐晓旭：《泛希腊崇拜与古代希腊民族认同》，《史林》2013 年第 6 期。

黄洋：《古代希腊的城邦与宗教——以雅典为个案的探讨》，《北京大学学报》2010 年第 6 期。

黄洋：《迈锡尼文明、"黑暗时代"与希腊城邦的兴起》，《世界历史》2010 年第 3 期。

孙晶晶、李慎令：《古希腊城邦同盟的类型》，《前沿》2010 年第 7 期。

徐晓旭：《古代希腊民族认同中的个别主义与泛希腊主义》，《华中师范大学学报》2008 年第 4 期。

徐晓旭：《古代希腊人的族群话语》，《古代文明》2017 年第 2 期。

徐晓旭：《古代希腊人族群认同的形成》，《外国问题研究》2017 年第

1 期。

徐晓旭：《古希腊人的"民族"概念》，《世界民族》2004 年第 2 期。

徐晓旭：《文化选择与希腊化时代的族群认同》，《中国社会科学》2015 年第 3 期。

英文译表

A

Achaia　阿凯亚

Achidamos　阿基达摩斯

Aegytis　埃基提斯

Aetolia　埃托利亚

Agapenor　阿伽佩诺尔

Agariste　阿伽利斯泰

Agelaos　阿盖劳斯

Agesilaos　阿盖西劳斯

Agis　阿基斯

Aigys　埃基斯

Aigytai　埃基泰

Aipytos　埃皮托斯

Aischines　埃斯基尼斯

Akanthos　阿坎托斯

Akarnanes　阿卡尔纳尼斯

Akontion　阿孔提昂

Akriphios　阿克里菲奥斯

Akroreioi　阿克罗雷人

Alea　阿莱亚

Alesios　阿莱西奥斯

Alexippida　阿莱克西皮达斯

Alkimenes　阿尔基麦奈斯

Alpheios　阿尔菲奥斯

Alipheira　阿利菲拉

Altis　阿尔提斯

Alyzeia　阿利吉亚

Ambracia　安布拉奇亚

Amiantos　阿米安托斯

Amphipolis　安菲波利斯

Amphissa　安菲萨

Anaphlystos　阿那弗吕斯托斯

Anaxibios　阿那克西比奥斯

Andokides　安多基戴斯

Androsthenes　安德罗斯泰奈斯

Ankaios　安凯奥斯

Antalkidas　安塔尔基达斯

Antigoneia　安提戈尼亚

Antigonos　安提戈诺斯

Antigenes　安提戈尼斯

Antiochos　安条克

Antipater　安提帕特

Anytos　阿尼托斯

Apheidas　阿菲达斯

Aphrodite　阿弗罗狄特

Apollonia　阿波罗尼亚

Appius Claudius Pulcher　阿庇乌斯·克
　劳迪乌斯·普尔凯尔

Aratos　阿拉托斯

Archidamos　阿基达摩斯

Argos　阿尔戈斯

Argolis　阿尔戈利斯

Aristainos　阿里斯泰诺斯

Aristippos　阿里斯提波斯

Aristocrates　阿利斯托克拉泰斯

Aristodamos　阿里斯多达莫斯

Arkadia　阿卡狄亚

Arkas　阿尔卡斯

Arkesilaos　阿尔凯西劳斯

Aronia　阿罗尼亚

Artaxerxes　阿尔塔薛西斯

Artemis　阿尔特弥斯

Asea　阿塞亚

Asine　阿西奈

Asklepios　阿斯克莱皮奥斯

Astylos　阿斯提罗斯

Atalanta　阿塔兰塔

Athena Alea　阿莱亚·雅典娜

Auge　奥盖

Aule　奥莱

Azan　阿赞

Azania　阿扎尼亚

B

Battos　巴托斯

Belbinatis　贝尔比那提斯

Blenina　布莱尼那

Boeotia　贝奥提亚

C

Cassander　卡山德

Chabrias　卡布利亚斯

Chaeronea　喀罗尼亚

Chalkidike　卡尔基狄凯

Charisia　卡利西亚

Chersonesos　凯尔索奈索斯

Compasion　孔帕西昂

D

Daemon　戴蒙

Damophon　达摩丰

Delphi　德尔菲

Demetrius　德莫特里乌斯

Demeter　德墨特尔

Demonax　戴蒙纳克斯

Derkylidas　戴尔库利达斯

Despoina　戴斯波伊娜

Diaeos　狄埃奥斯

Dipaia　狄派亚

Dipoina　狄波伊那

Diogenes　第欧根尼

Dionysos　狄奥尼索斯

Dodona　多多那

Dryops　德吕奥普斯

E

Echemos　埃盖摩斯

Elis　埃利斯

Elaeos　埃莱奥斯

Elateia　埃拉提亚

Elatos　埃拉托斯

Enispe　埃尼斯佩

Epameinondas　埃帕米农达

Epidauros　埃皮道罗斯

Epikrates　埃皮克拉泰斯

Epirus　伊比鲁斯

Ephoros　埃佛罗斯

Erymanthos　埃吕曼托斯

Eukampidas　欧卡姆皮达斯

Euphorionos　欧佛利翁诺斯

Euphron　欧弗隆

Eutaia　欧泰亚

Eutresia　欧特莱西亚

G

Gortys　戈提斯

Gytheion　居泰昂

H

Hades　哈德斯

Haimonia　海摩尼亚

Haliartos　哈里亚尔多斯

Helos　赫罗斯

Heraia　赫莱亚

Herakles　赫拉克莱斯

Hermes　赫尔墨斯

Hermippos　海尔米波斯

Herippidas　赫利皮达斯

Hieronymos　希埃罗尼摩斯

Hippokoon　希波科翁

Hopoleas　霍波莱斯

Hyllos　叙罗斯

I

Iasaia　伊萨亚

Iasios　伊亚西奥斯

Imbros　因布罗斯

Illyria　伊里利亚

Iphikrates　伊菲克拉泰斯

Ismenias　伊斯麦尼亚斯

J

Justinus　尤斯提努斯

K

Kadmeia　卡德美亚

Kallia　卡利亚

Kallibios　卡利比奥斯

Kallisto　卡利斯托

Karyai　卡吕埃

Kastor　卡斯托尔

Kephalos　凯法罗斯

Kepheos　凯菲奥斯

Kaphyai　卡菲亚

Kerkidas　凯尔基达斯

Kerkyra　科基拉

Kirra　基拉

Klazomenai　克拉佐麦奈

Kleigenes　克雷盖奈斯

Kleitor　克雷托尔

Kleisthenes　克雷斯泰奈斯

Kleolaos　克莱奥劳斯

Kleombrotos　克莱姆布罗托斯

Kleomenes　克莱奥麦奈斯

Knidos　科尼多斯

Knossos　克诺索斯

Konon　科农

Kore　科莱

Korinthia　科林提亚

Koroneia　科罗尼亚

Krete　克里特

Krissa　克里萨

Kritolaos　克利托劳斯

Kromnos　克罗米诺斯

Kyllene　库莱奈

Kynaitha　库奈塔

Kynouria　库努利亚

L

Ladon　拉顿

Lakonia　拉科尼亚

Lampeia　拉姆佩亚

Laodokeion　劳多奇翁

Laphanes　拉法奈斯

Las　拉斯

Lasion　拉西昂

Lechaion　莱凯翁

Lemnos　莱姆诺斯

Leontiades　莱翁提亚戴斯

Leuktra　琉克特拉

Leuktron　琉克特隆

Lochaios　罗凯奥斯

Lokris　罗克利斯

Lousoi　鲁索伊

Lycortas　吕科尔塔斯

Lydiades　吕狄亚戴斯

Lykaia　吕凯亚

Lykaios　吕凯奥斯

Lykaon　吕卡昂

Lykomodes　吕科摩戴斯

Lykosoura　吕科苏拉

Lykourgos　吕库尔戈斯

Lysandros　吕桑德罗斯

Lysippos　吕西波斯

M

Machanidas　马卡尼达斯

Mainalia　麦那利亚

Mainalon　麦那隆

Maiandros　迈安德罗斯

Malea　玛莱亚

Makaria　马卡里亚

Mantineia　曼提内亚

Marcus Fulvius　马库斯·弗拉维乌斯

Marganeas　马尔迦奈亚斯

Megalopolis　麦伽罗波利斯

Megara　麦加拉

Memnon　麦姆农

Menander　米南德

Messenia　美塞尼亚

Methydrion　麦提德里昂

Miltiades　米太亚德

Mnasippos　姆那西波斯

N

Nabis　纳比斯

Naupaktos　诺帕克托斯

Nestani　奈斯塔尼

Nikodamos　尼科达摩斯

Nikophanes　尼科法尼斯

Nomia　诺米亚

Nonakris　诺那克里斯

Nyktimos　尼克提摩斯

O

Oligyrtos　奥利古尔托斯

Oion　奥伊昂

Olynthos　奥林托斯

Onomarchos　奥诺马科斯

Orchomenos　奥尔科麦诺斯

Oresthasion　奥莱斯塔西昂

Oresthis　奥莱斯提斯

Oropos　奥罗波斯

Oryxis　奥吕克西斯

P

Paion　派昂

Palaepaphos　帕莱帕佛斯

Pallation　帕拉提昂

Pallene　帕莱奈

Pammenes　帕姆麦奈斯

Pan　潘

Paphos　帕佛斯

Parnassos　帕那索斯

Parnon　帕农

Paroreia　帕罗雷亚

Parrhasia　帕拉西亚

Parthenion　帕泰尼昂

Pasimelos　帕西麦罗斯

Pausanias　保萨尼亚斯

Pelasgia　佩拉斯吉亚

Pelasgos　佩拉斯戈斯

Pella　佩拉

Pellene　佩莱奈

Pelopidas　佩罗皮达斯

Peltae　佩尔泰

Peraitheis　佩莱提斯

Peraithenses　佩莱坦塞斯

Persephone　珀尔塞福涅

Piraeus　庇雷乌斯

Pharnabazos　法尔那巴佐斯

Phleious　弗雷乌斯

Pheneos　菲奈奥斯

Pherai　菲莱

Phigaleia　菲伽雷亚

Phillip　腓力

Philocrates　菲罗克拉泰斯

Philochoros　菲罗克罗斯

Philopoemen　菲罗波伊门

Phoebidas　佛伊比达斯

Phokis　佛基斯

Phormis　佛尔米斯

Phylarchos　菲拉尔科斯

Phyle　斐莱

Pisa　皮萨

Plataia　普拉泰亚

Polydeukes　波吕戴乌凯斯

Polyperchon　波利伯孔

Possikrates　波西克拉泰斯

Praxitas　普拉克西塔斯

Proseis　普罗西斯

Proxenos　普罗克塞诺斯

Psophis　普索菲斯

Psyttalea　普叙塔莱亚

Ptolederma　普托莱德尔玛

Pyrros　皮洛士

Q

Quintus Curtius　昆图斯·库尔提乌斯

Quintus Caecilius Metellus　昆图斯·凯
　西里乌斯·麦泰鲁斯

R

Rhion　里翁

Rhipe　利佩

S

Sellasia　塞拉西亚

Sikyon　西库昂

Simonides　西门尼德

Skirdonion　斯基尔多尼昂

Skiritis　斯基里提斯

Sklathos　斯克拉多斯

Skyros　斯居罗斯

Soumateion　苏玛提昂

Sousa　苏撒

Sphodrias　斯佛德里亚斯

Stasippos　斯塔西波斯

Strategos　执政官

Stratia　斯特拉提亚

Strouthas　斯特鲁塔斯

Stymphalos　斯提姆法罗斯

Susiana　苏西亚那

T

Taugetos　陶盖托斯

Tegea　泰盖亚

Tellon　戴隆

Teuthis　泰乌提斯

Teuthras　泰乌特拉斯

Thasos　塔索斯

Thebai　忒拜

Thelpousa　泰尔普萨

Theoxenos　泰奥克塞诺斯

Thersilion　泰尔西里昂

Thespiai　泰斯皮埃

Thesmophoria   泰斯摩佛利亚

Thibron   提布隆

Thisoa   提索阿

Thrasyboulos   特拉叙布罗斯

Thriasis   特利亚西斯

Timokrates   提莫克拉泰斯

Timon   提蒙

Timotheos   提莫泰奥斯

Tiribazos   提里巴佐斯

Tissaphernes   提萨佩尔奈斯

Trapezous   特拉佩祖斯

Trikoloni   特里克罗尼

Triphylia   特利菲利亚

Troezen   特罗埃曾

Tripolis   特里波利斯

Tyndareos   提达莱奥斯

Tyndardai   提达尔戴

X

Xenias   克塞尼亚斯

Xerxes   薛西斯

Z

Zakynthos   扎肯托斯

Zenodotos   泽诺多托斯

Zoitia   佐伊提亚

后　记

　　本书是在我的博士学位论文基础上修改完成的，主要研究古希腊阿卡狄亚地区的政治发展史。我对古希腊政治史的研究源于在华中师范大学攻读硕士学位期间，在与我的导师徐晓旭老师讨论古希腊国家类型时，注意到在城邦之外还存在另一种类型的国家，即同盟国家（或联邦国家）。这类国家在古希腊历史中，尤其是政治发展史中占有重要地位，但国内学界对这类国家的研究比较少，于是我开始关注古希腊同盟国家。在徐老师的指导下，我将阿卡狄亚同盟作为我的硕士学位论文的研究对象。攻读博士学位期间，我继续搜集相关资料，深入探究阿卡狄亚地区的政治发展，完成了博士学位论文的写作，经过后续的调整和修改，最后呈现出现在的书稿。

　　在本书出版之际，我首先要感谢我的博士生导师徐晓旭老师。在书稿写作、修改及命名的过程中，徐老师给予我悉心的指导，提出许多独到的见解，让我受益匪浅，在解读古典文献方面给了我很大的帮助。我还要感谢海南师范大学历史文化学院的各位领导，本书出版有幸得到学院的资助，感谢学院各位领导的帮助和支持。最后，我要感谢为本书出版编辑付出辛劳的张湉编辑。

齐　虹

2023 年 3 月